住空間の経済史

戦前期東京の都市形成と
借家・借間市場

小野 浩

日本経済評論社

目　次

序　章　課題と方法　1

第1節　ハコとしての住戸とヒトがつくる住空間　1
第2節　都市形成史研究における本書の位置　3
　序-2-1　都市化の把握方法　3
　序-2-2　都市化の段階性——宅地形成から都市形成へ——　5
　序-2-3　都市形成と住宅市場——「無秩序」なるものの把握——　8
第3節　土地・建物に関する社会経済史的研究における本書の位置　10
　序-3-1　戦前期不動産業の「二重構造」　10
　序-3-2　貸家業と借家市場の歴史的研究　12
第4節　本書の構成　15

第Ⅰ部　関東大震災以前

第1章　震災以前の建物ストックと住宅需給　21

第1節　「大東京」における土地・建物の数量的概観　21
　1-1-1　東京市内の建物ストックと土地利用の変化　21
　1-1-2　郊外の建物ストックと土地利用の変化　28
第2節　震災以前の住宅需給の推移　30
　1-2-1　第一次大戦以前の住宅需給　30
　1-2-2　大戦景気期から1920年恐慌後にかけての住宅需給　32

小　括　33

第2章　大戦景気期の量的住宅難 …… 35

　　第1節　大戦景気と貸家投資　36
　　　　2-1-1　不動産投資に対する認識と利回り　36
　　　　2-1-2　期待利回り低下の主要因——建築費の高騰——　41
　　　　2-1-3　期待利回り低下の副次的要因——地代の上昇——　45
　　第2節　家賃水準の二極分化——「新規家賃」と「継続家賃」——　48
　　　　2-2-1　家賃問題の争点化と客観的な家賃水準　48
　　　　2-2-2　家計における「継続家賃」の位置変化　51
　　　　2-2-3　新旧家賃水準の乖離　57
　　小　括　61

第3章　1920年恐慌後の経済的住宅難 …… 67

　　第1節　近郊の短期収益型の貸家投資　68
　　　　3-1-1　実需に基づく近郊貸地供給の増加　68
　　　　3-1-2　借家需給均衡と住環境の低下　73
　　第2節　量的住宅難から経済的住宅難へ　78
　　　　3-2-1　貸家・貸間払底と仲介業　78
　　　　3-2-2　経済的住宅難の顕在化　79
　　小　括　83

第Ⅱ部　関東大震災以後

第4章　関東大震災後の絶対的住宅難 …… 91

第 1 節　絶対的住宅難への緊急的対応　92

　　4-1-1　震災被害と借家需給の変動　92

　　4-1-2　「仮建築」による住宅復興　93

第 2 節　「仮建築」の長期化と集団バラック問題　99

　　4-2-1　「仮建築」の制度的問題　99

　　4-2-2　集団バラック問題　103

小　括　105

第 5 章　慢性不況下の経済的住宅難 …………………………… 109

第 1 節　震災復興期の住宅難の変容　109

　　5-1-1　絶対的住宅難の解消　109

　　5-1-2　経済的住宅難の深刻化　115

第 2 節　昭和恐慌期の経済的住宅難　121

　　5-2-1　東京市内の借家市場と借間市場との関係　121

　　5-2-2　家賃値下運動の展開と家賃水準の低下　126

小　括　130

第 6 章　戦間期の RC 造アパートの実践と木造アパート市場の形成 ………………………………………………………… 135

第 1 節　震災復興期における同潤会の住宅供給事業　135

　　6-1-1　同潤会の設立　135

　　6-1-2　震災直後の応急的住宅供給　138

　　6-1-3　借家市場の変化と事業方針の転換　146

第 2 節　1930年代における木造アパート市場の形成　152

　　6-2-1　1930年代初頭の住宅状況　152

　　　　6-2-2　木造アパート市場の形成　159
　　小　括　168

終　章　総　括 …………………………………… 173

あとがき　177
索　引　179
図表索引　183

序　章　課題と方法

　本書の課題は，戦前期東京の借家市場と借間市場の展開過程を，住戸と住空間をめぐる各主体の重層的関係に着目しながら俯瞰することを通じて，都市形成に関する新たな歴史像を提示することである[1]。

　戦前期東京の土地と建物で構成される都市空間をめぐる各主体の関係は多岐にわたるが，主要な3つの経済的関係として，①地主と借地人［貸家家主］，②貸家家主と借家人，③貸間貸主［借家人］と借間人との関係を挙げることができる。本書では，②の関係を基軸としつつ，①および③の関係も射程に入れて，借家市場の重層的な構造を把握する。各主体の関係を規定する最も重要な経済的要素の1つは，賃貸価格［①地代・②家賃・③間代］である。本書の基本的な視座は，戦前期の都市形成を，都市空間をめぐる各主体の関係性の集合的な所産である市場を通じて描き出そうとする点にある。

第1節　ハコとしての住戸とヒトがつくる住空間

　本書の主題が「住宅」の経済史ではなく，「住空間」の経済史である理由は，現在の1住宅＝1世帯という住宅と世帯［住居と生計を共にしている人の集まり，単身者を含む］との一般的対応関係を，戦前期の都市の状況に当てはめて歴史像を描くことができないからである。現在の統計調査上の定義にしたがえば，住宅市場における「住宅」とは「完全に区画された建物の全部又は一部で，ひとつの世帯が独立して居住することができるように建築されたもの」および「共同住宅及び長屋建住宅では，ひとつの世帯が独立して居住するこができる1区画」を指す[2]。現在，住宅は「ひとつの世帯が独立して居住する」ことを

前提として設計・建設され，実際，基本的にはそのようなカタチで利用されている[3]。ところが，戦前期の都市では，1住宅＝複数世帯という住宅と世帯との対応関係が広範に成立しており，現代的な規範や住居観に基づいて，戦前期東京の住まいの歴史像や住宅市場の全貌を把握することはできない。

　本書では，本来的には1つの世帯が独立して居住することが想定される完全に区画された単独の住宅［戸建住宅］および長屋・集合住宅などの1区画［1戸］を「住戸」，実際に生計をともにしている1つの世帯によって居住行為が営まれている場［区画の独立性は問わない］を「住空間」と定義する。本書内の住空間という用語は，平面図で表されるような特定の建物の具体的な建築構造や間取り，機能性や意匠等を指すものではなく，世帯により居住行為が営まれている空間を，属人的に把握するための本書独自の概念である。すなわち，住戸が「生活の器」それ自体［建物としてのハードなハコ］を指すのに対して，住空間は「生活の器」の使われ方［ヒトの営為によってつくられるソフトな空間］を指している。後者は「生きられた空間」[4]の一部であり，ヒトが生きる生活空間そのものである。1棟の居住用建物［1棟としてのハードなハコ］を指す場合は，「住宅」［または住棟］と称する。つまり，1住宅＝1住戸［戸建］または1住棟＝複数住戸［長屋・集合住宅］，1住戸＝1世帯［単独世帯］または1住戸＝複数世帯［同居世帯］である。

　以上の定義にしたがえば，各世帯の生活空間としての住空間は住戸のなかに形成され，1住空間＝1世帯の関係が成立するが，1住空間＝1住戸であるとは限らない。戦前期の都市では，間借り・住み込み・下宿屋・寄宿舎・木賃宿など，完全に区画されておらず，住戸単位では把握できない多様な居住形態が存在したが[5]，それらは必ずしも若年層や貧困層における限界的性格の強い周辺的な居住形態であるとは限らない。むしろ，その存在は借家市場の内部において，重要な一機構として積極的に組み込まれ，都市形成の一端を担っているのである。一方，空家は住戸ではあるが，ヒトが生活している住空間ではない［1住戸＝0住空間］。したがって，ハコとしての空家がどれだけ集積しても，それは「生きられた空間」としての都市にはならない。空家は住空間ではなく，

利用可能な住戸のストックである。本書では，宅地・住戸・住空間の需給動態を把握する方法として，地主／家主［借地人］／借家世帯［貸間貸主世帯］／借間世帯，4主体間の3つの関係に着目する。

第2節　都市形成史研究における本書の位置

序-2-1　都市化の把握方法

　はじめに，都市形成を対象とする歴史研究における本書の位置を明らかにする。都市形成の諸過程は総括的に「都市化」と表現されるが，都市化は「社会の工業化・近代化」にともなう「都市およびその周辺地域にける急激な人口増加」，「同時にそこに住む人々の生活様式や社会関係，社会意識」の変化を含む幅広い概念である[6]。本書の射程は，「都市およびその周辺地域にける急激な人口増加」という現象それ自体に限定される。なぜなら，人間生活の基底に居住行為がある以上，ある地域における人口増加という現象は，その地域における何らかの具体的な住戸と住空間の形成を必然的にともなうからである。人口移動は住宅需要の移動に他ならない。住戸の供給を前提として展開する住空間の形成は，人口移動現象の重要な1つの局面であり，この切り口から戦前期東京の都市形成の歴史像を描き出すことが，本書の目的である。

　本書が対象とする時期と地域は，主に1910年代から30年代前半にかけての，いわゆる「大東京」である。「大東京」は地理的に特定される概念ではないが，本書では，都市と郊外を1つの市場圏として統一的に把握するため，東京市15区［都市］および周辺5郡［郊外］からなる地理的領域を「大東京」と称する。

　「大東京」という空間のなかで「郊外なるもの」が存在する地域とその性質は，時代とともに変遷した。奥井復太郎の分類にしたがって「郊外の地域的変遷」を時期区分すれば[7]，第1期は「江戸時代」から「大体明治にまで引続いた郊外的田園風趣」の時期，第2期が「明治末期より大正中頃まで」の時期，第3期は「現在」［関東大震災以降・昭和初期］である。各時期において「郊外な

るもの」が見出される地域は、第1期が「旧市内中」、第2期が「省線山の手線、大体に於いて其の外側」であり、第3期には「現東京市域［1932年に成立した新東京市35区］の境界又は所によつては更に外方」へと移行した。この過程で「郊外なるものの性質」は「別荘又は隠宅乃至は寮の如きものを建てた地域」から「住宅地としての郊外」へと変容した。すなわち、「大都市膨張に付随する郊外現象としての特色は確かに、住宅を求める為めの溢出人口であつて、其処に職場を求める為めの移住ではない（勿論、郊外人口丈けを目的として商売する人々を除く）。これが住宅郊外としての現代［関東大震災以降］の特色であり、前述の様に、隠遁者や保養、静養人の居宅でないからして茲に当然、郊外地の成立と発達について或る条件が必要になつて来る」のである。この「条件」とは「郊外と都心地とを結ぶ施設」、すなわち、職住分離の条件となる「郊外交通機関」である。

　原田勝正は「東京の市街地拡大が鉄道の持つ輸送機能とどのようにかかわってきたか」というテーマを設定し、「鉄道という『線』を、地域という『面』と、その結節点の駅という『点』との関係」で捉えようとした[8]。また、鈴木勇一郎は「近代の大都市の形成過程」について、鉄道を中心とする「骨格」、都市計画などの「計画」、市街地形成の「実態」という3側面から、「大東京」と「大大坂」の形成過程を明らかにしようとした[9]。両者とも近代の都市形成の「骨格」として、鉄道の存在を重視している。戦前期「大東京」の鉄道網の形成と都市化との関係については、両書が詳細に論じている。この論点については、原田・鈴木に依拠しつつ、本書では、鉄道の存在を都市化のベクトルを決定する所与の条件の1つとみなす。

　鈴木は「都市がめざしていく理想のモデル」として「田園都市」を措定したが、実際には「日本的な『田園都市』の建設が進められず、無秩序な市街地化が進行し、環境の悪化が急速に進んでいった」[10]と結論付けている。関東大震災以前において、「有産階級の口より、文化村や文化的住宅云々が喧伝せられて居るが一般民衆の生活とは、殆んど全く没交渉で、多数者は、昔ながらの雨露を凌ぐのみに過ぎない悲惨な有様」[11]であったとすれば、「有産階級の口」

から喧伝される「田園都市」は，目指すべき都市の「モデル」として，どの程度の普遍性をもち得たのであろうか。「モデル」と「実態」との乖離を，どのように理解すべきか。

1890年代の「人口転換」［死亡率と出生率の逆転］により「蟻地獄」から「生存の空間」へと変容を遂げた東京は，1920〜30年代にかけて「第一次都市化」の時代を迎える[12]。従来，戦前期の東京市近郊の人口増加という現象は，「市部が飽和状態になり郡部に人口が進出」[13]，「市街地の膨張と市内→郊外への人口移動」[14]，「『大都市』としての空間的な展開」[15]，「市街地の拡大」[16] などの表現方法で把握されてきた。都市近郊の人口増加および市街地の外延的拡大［郊外化］をイメージするうえで，これらの抽象化は有用である。一方において，「飽和」，「進出」，「移動」，「展開」，「膨張」，「拡大」などの観念的な言葉で表現される事柄の社会経済実態，その1つの局面である「住戸の供給」と「需要＝住空間の形成」について実証的に解明することも，都市形成の歴史像を構築するうえで有用であると考えられる。また，人口移動は必ずしも外方向［市内→郊外］に限定されるものではなく，双方向的なものであるが，「進出」，「膨張」，「拡大」という言葉で把握される都市化の歴史像は，一方向的なものにならざるを得ない。

したがって，本書では既成市街地の人口増加と郊外への人口移動［場合によっては，郊外から都心部への人口移動］という現象を，都市およびその郊外における「生きられた空間」あるいは「生存の空間」＝住空間の形成過程として把握する。この方法を用いれば，都市の外延的拡大の側面のみならず，既成市街地の再編成や都心回帰など，都市の内包的成長，内向的都市化の側面も併せて把握できる利点がある。すなわち，都市の内包的・外延的形成を一貫した視座から統一的に捉えることが可能である。

序-2-2　都市化の段階性——宅地形成から都市形成へ——

都市化を「都市およびその周辺地域にける急激な人口増加」にともなう既成市街地の再編成および周辺地域における農村的土地利用の都市的土地利用への

転換として把握するとき，その過程にはいくつかの段階が存在する。大正初期の東京市近郊の土地利用の変化は以下に引用される通りである。

　　東京市に近き第一帯及び第二帯に入れば，従来の農業地帯が住宅地区に変じ，為に農民の所有地たる畑が，宅地に変ずる事多きのみならず，従来広かりし宅地内にすら，数軒の貸家を見るに至れる所少なからず[17]。

　上記の引用文中の「畑が，宅地に変ずる」段階と「従来広かりし宅地内にすら，数軒の貸家を見るに至れる」段階との間には，タイムラグが存在する。また，前者の行為主体［地主］と後者の行為主体［家主］が一致しているとは限らない。したがって，都市化の段階を大きく分ければ，(0) 田から畑［または不耕作地］への転換＝宅地形成の下地，(Ⅰ) 畑［または不耕作地］から宅地への転換＝宅地形成，(Ⅱ) 建物建設，(Ⅲ) 建物利用，4つの段階［(0) を除けば3つの段階］がある。各段階の間には一定のタイムラグが存在するだけではなく，依拠している時間軸も異なる。本書で検討される住戸ストックの形成は (Ⅱ) 段階，住空間の形成は (Ⅲ) 段階に該当する。本書では，(0) または (Ⅰ) 段階から (Ⅲ) 段階に至る過程を一括して「都市化」，(0) または (Ⅰ) 段階の宅地開発の過程を「宅地形成」，(Ⅱ) 段階から (Ⅲ) 段階に至る人口増加［住戸の供給と需要・住空間の形成］の過程を「都市形成」と呼んで区別する。本書で用いる「都市形成」という用語は，建物の供給＝ハコの視点ではなく，ハコの供給を前提とする人口移動＝ヒトの視点からみた都市の形成を指している。

　(Ⅰ) 段階の宅地形成については，歴史研究の蓄積がある。「戦前東京の市街地形成」を検討した『戦前の住宅政策の変遷に関する調査Ⅲ』［以下『調査Ⅲ』］では，「市街地形成」を5つの「典型」［①大名屋敷地開発，②組合区画整理等，③震災復興区画整理，④郊外分譲住宅地，⑤同潤会住宅・公営住宅］の集まりとして把握した[18]。また，長谷川徳之助は東京の住宅立地の推移を，その名称の変化に着目して5つの世代に区分した。すなわち，第1世代＝明治末期の

特定秘密保護法と横浜事件、私たちの不自由と自由

米田 綱路

 特定秘密保護法案の審議が大詰めを迎えた一二月初め、国会前で悪法反対を叫びながら横浜事件を思い浮かべた。"二一世紀の治安維持法"制定の動きのなかで、戦中の言論人と出版人に対する一大弾圧事件が、七〇年の歳月を飛び越えて師走の寒空に浮上した。

 その何日か前に、横浜事件の被害者の一人で改造社の編集者だった小野康人さんの息子・新一さんと娘の斎藤信子さんが、法案反対の声を上げたことを知った。二人にとって横浜事件は父の雪冤だけでなく、治安維持法の再来を阻止するための歴史でもあった。いまから三〇年近く前、"戦後政治の総決算"を掲げた中曽根政権が国家秘密法（スパイ防止法）案を国会に上程した。特定秘密保護法の嚆矢であり、戦後四〇年にして治安維持法の再来かと、二人の母で小野康人さんの妻・貞さんは危機感をつのらせた。夫は二年二カ月も拘束されて激しい拷問を受け、冤罪の重荷を負わされたが、裁いた側の横浜地裁はＧＨＱの進駐直前に裁判記録を焼き捨てた。約六〇人を逮捕し、四人を獄死させた国家犯罪の証拠を隠滅したのである。夫亡きあと貞さんは、現在への危機感に突き動かされるようにして再審請求に取り組んだ。母亡きあとは二人が引き継いだ。

 そしていま、特定秘密保護法に直面する私たちが、横浜事件の記憶を継承し伝達する局面に立っている。安倍政権は改憲によって、憲法に保障された言論・出版の自由に制限をかけようとする。特定秘密保護法はその布石にほかならない。それゆえ言論人や出版人にはすべからくこの事件を思い出す必然性がある。私たちの血肉である言論・出版の自由は、この事件の歴史的記憶される言論・出版の不自由の歴史に象徴さ

評論
No.194
2014.1

特定秘密保護法と横浜事件、
　私たちの不自由と自由　米田綱路　1
『松岡二十世とその時代』、そして「戦後」
　すら知らない世代の私たちは
　　　　　　　　　　　　　田代優子　4
ポスト・ケインズ派経済学の新しい地平
　——『金融危機の理論と現実』刊行に
　寄せて　　　　　　　　　横川信治　8
協同の社会システムの担い手
　としての生協　　　　　　小木曽洋司　10
三行半研究余滴⑨
　妾の三くだり半　　　　　髙木　侃　12
　　　神保町の窓から　14／新刊案内　16

日本経済評論社

と表裏一体のものだからだ。言いかえれば、自由が脅かされるとき、それはつねに浮上するテーマであり、日本近代史上未曾有の不自由の経験を深く知ることこそが、自由を守る行動の歴史的起点となるのである。

しかし、言論や出版の世界でそうした当事者意識はまだまだ希薄だ。そして私たちは相乗的な危機に見舞われ続けている。当事者意識の希薄化と、経済的危機の深刻化がそれだ。

先だっての神戸元町の老舗・海文堂書店の閉店に象徴されるように、日本列島各地で読書界を支え、出版文化を維持してきた伝統ある書店が次々と姿を消している。インターネット書店の台頭や電子メディアの伸長などによって、出版をめぐる従来の環境は変容と後退を強いられ続けてすでに久しい。だが、問題は現象面だけにとどま

らない。読書によって培われてきた言論と知的公共性、出版文化を支えてきた精神の根幹が腐りつつあるという深奥の問題こそが、出版文化を蝕み、ますます空洞化させている。いまは横浜事件のような書権による言論弾圧の前に、当事者である言論人や出版人の萎縮と自己規制、無関心の拡大が最大の"検閲"と化して、言論・出版の自由にローラーをかけている。私はここ十数年、書評紙の片隅に身を置きながらそんな実感をもっている。

出版の苦境はさまざまに分析できるとしても、一つ挙げれば書き手と読者が出版の知的公共性、すなわち本を媒介に形成されてきた「読書共同体」から離れてしまい、不自由の歴史に対する感度や洞察力を鈍らせ、自由に対する当事者意識を希薄化させている現実がある。それが出版苦境の根本原因の

一つであろう。

読書共同体とは、『図書新聞』を創業した田所太郎の言葉である。哲学者の戸坂潤のジャーナリズム論、文明批評としての書評論に学んだ田所は、著者、出版社、印刷所、製本所、書店、読者など、本に関わる人びとが創り上げるコミュニティを読書共同体と呼び、人びとを結び「一條の橋となるため」に『創刊のことば』。敗戦後に書評紙を創刊した。田所は横浜事件の発端の一つとなった『日本読書新聞』の出身であり、戸坂は治安維持法で囚われ敗戦直前に獄死している。自由な読書共同体を目指す架け橋の橋脚は、不自由の経験を土台としていたのだ。

書評とはいわば、本というメディアを手がかりに、さらなるコミュニケーションを生み出し、読書のコミュニティをよりゆたかなものにしていく

とを第一義とする言論である。だがいま、その言論が見る見るやせ細っている。これは前述した、出版文化を支える精神の根腐れと同根の問題ではないか。私たちはどうしてもメディアの変容に目を奪われがちだが、問題はコミュニティの解体とともに深まっている。そこで書き手と問題意識やテーマを共有することができなければ、出版人は孤立化して良書を読書界に送り出すことができなくなる。読者が育たず、ますます出版から離れていけば、業としての出版も立ち行かなくなる。

この悪循環は「知識人」の消滅とともに加速化している。今日、知識人という言葉は死語と化して久しいが、実はそれは出版の苦境と無縁でないどころか、死命を制する問題なのである。なぜなら知識人の消滅は、出版社にとっては書き手ならびに読者の消滅を

意味するからだ。出版と知識人の関係は読書共同体の紐帯であり、その活性化こそが知的公共性をゆたかにしていく血流だった。それゆえ知識人が消えれば、出版も衰退し、読者も消えてしまう。ここでいう知識人とは当然、学者や専門家と同義ではない。みずからの所属や立場を越えて普遍的なものの見方を提示でき、またその見方を獲得しようと努める知性の持ち主のことである。読書によって自由なコミュニティの当事者意識を育む知性といってもいい。

3・11以後の状況を鑑みれば、知識人が原子力ムラに連なる研究者や言論人の対極的存在であることは、もはや火を見るより明らかであろう。一世紀前にマックス・ウェーバーが予見した「精神なき専門人」の跋扈は、理系と文系を問わず今日のアカデミズムを厚

く覆っている。ではジャーナリズムはどうか。マスメディアのあり方を見れば、やはりウェーバーが予見した「心情なき享楽人」の坩堝である。読書共同体の一翼を担ってきたはずの両者は、その共同体の衰退と崩壊を食い止め、より高めていく存在たり得てはいない。

私は「同時代史叢書」の一冊として刊行予定の『出版と知識人──読書共同体の現代史』（仮題）で、出版と知識人をテーマに戦後の読書共同体の歩みを跡づけ、こうした現状に一石を投じたいと考えている。読書共同体をゆたかなものにした精神文化のありかを今日に伝え、横浜事件を起点とした言論・出版の自由を書評紙の現場から実践的に描くことが、特定秘密保護法や改憲に対する私なりの抵抗である。

「よねだ こうじ／図書新聞スタッフライター」

『松岡二十世とその時代』、そして「戦後」すら知らない世代の私たちは

田代　優子

松岡將氏による大著『松岡二十世(はたよ)とその時代』を読み終えた。あとがきに、父の生涯とその死をその時代背景とともに綿密に追跡したこの一冊を、母の墓前に供えられるとの安堵の気持ちが綴られている。松岡氏が十年もの歳月をこの著作にかけたのは、母への供養のためといっても過言ではあるまい。

小作争議が結ぶ愛

「父が、彼女と子供達にして呉れたのは、物質面で見る限りは、満洲での一家そろっての数年間の人並みの暮しだけだった」という環境において、著者は母親と苦労を分かち合いながら育ったのである。

母よい子は北海道の一農村の娘とはいえ、もとは新潟から新天地を求めて土地を開いた進取の家系を持ち、この石田家のリーダーシップがあっての、世に知られた昭和二(一九二七)年秋の樺戸郡月形村小作争議であった。彼女の父と弟たちの活躍は文中に詳しいが、よい子も農村女性のリーダーとして自ら地主の家に乗り込んで戦い、あらぬ公務執行妨害・傷害容疑で検挙されるなど、中央にいたらどんな女性解放運動家になっていただろうかと思わせる。その彼女が帝大出の農民運動の指導者として月形村にやって来た二十世と出会い、わずかひと月あまりで結婚するというロマンスには、胸がときめかずにはいられない。二十世の職場である日本農民組合北海道聯合会の幹部が発起人となって開かれた「会費制結婚祝賀会」の案内状には──

「松岡二十世君と石田よい子さんとの間に結婚談が持ち上がったのは月形争議の起こった時からでーん。争議の先鋭化はこの二人の結婚を誘発し、松岡君と石田嬢との輝ける指導は石田君と二人を奮い立たせた程の勇敢な婦人部々長だった彼女の父と弟たちの活躍によったのだ。二人の恋愛関係を発展せしめないではおかなかった。今や月形争議は有利に解決され、としてこの際、二人の恋愛は、必然に結婚へと転化して有終の美を結ぶべきである。」

かくして宮城県北の、小藩とはいえ登米藩(とよま)の祐筆を代々務めた松岡家の三男は、親の同意も得ずに北海道の農村の娘と結婚した。だが、悲しいことに

ふたりの生活は、旭川共産党事件(北海道三・一五事件)による二十世の網走投獄やその後の東京、大陸での単身赴任、よい子の病気療養などによって絶えず分断され、平穏な時期は、太平洋戦争中の新京(長春)における数年しかなかった。しかし二十世が治安維持法違反の前歴を持ちながら、年を追っての戦況悪化に伴うあの厳しい時代に、おのれを生かす職場を求めることができたのも、妻、母、同志としての資質にすぐれたよい子の存在があったからに違いない。実際、彼女は夫や夫の家族の代わりに家計を支えるべく、お針子縫いから郵便局勤務、露店での小間物商(幼い將氏を連れて!)と、常によく働き続けていた。「今日は今日でも明けぬ夜はなく明日は明日、寝るより楽がこの世にあろか」という彼女の口癖は、知らずとキリストの教えに通

じていた、と將氏は述懐している。当時、キリスト教も、共産主義も、その ミクスチャーのようなトルストイ運動も、日本風に解釈やアレンジをされて広まっていたが、いずれもエリートが国家の視野から理想社会の建設に身を投じていく際の精神的支柱として、きわめて大きな役割を果たしていた。こうしたエリートと内助の功が、二〇一三年放映の大河ドラマの新島襄と妻八重のように、二十世とよい子の関係にも結実していたのである。

私の学んだこと

さて、この大著から、「戦後」すら知らない私が学んだことは数多い。千九六七)年生まれで、昭和四十二六百名にもおよぶ共産党員容疑者の全国一斉検挙という歴史的大事件については、二十世をはじめ多くの関係者の

事例が詳述されており、かなりリアルに知ることができた。この時期に有能な「思想的反体制者」を牢獄に繋いだことは、法の悪用あるいは国家思想統一上の必要悪だったというには、あまりにも惜しい国家的知性の損失であったと思う。

また、わが国の「國體」に関しては、旭川共産党事件についての大審院上告審での治安維持法違反被告事件棄却判決の「判示要旨」で初めてその定義がなされ、さらにはそれがポツダム宣言受諾を告げたあの昭和二十(一九四五)年八月十五日の「玉音放送」にも存し、ひいては約一年後の貴族院における新憲法制定に関する論議・質疑の中心だったという事実は、実に興味深いと思った。こうしたあいまいな「國體」のもとで、あるいはそうだったからこそ、この小さな発展途上の国をし

て、貴重なエリートたちを獄につなぎ、あるいは台湾、朝鮮、満洲へ派遣し、戦力では絶対的に劣る列強に宣戦布告し、南洋諸島にまで軍事進出した無謀さとその失敗、そしてそれから惹きおこされた無数の悲惨事も、振り返れば当然の因果応報といえるのだろう。

本書では時代と戦況を説明するのに多くの軍歌を引用しているので、私は、逐一、ＹｏｕＴｕｂｅで聴いてみた。それらの歌詞と映像は、戦争を肌で知らない私に、当時の切迫した空気を如実に感じさせる。露営の歌、麦と兵隊、愛国の花、満洲国国歌、大東亜決戦の歌、アッツ島決戦勇士顕彰国民歌……そして私は軍歌の世界観である「生きて還らじ」の精神に圧倒された。エリート層のみならず、国民の多くが「お国のため」というマインドになれた強さは、逆に個人の判断を狂わ

せることになったが、遠くの島で同胞の勇士が血戦中と聴けば、誰しもそのように自分を納得させるほかなかったとも言える。

東洋的理想国家を目指した満洲国に、二十世自身は、「王道楽土」を超えて「世のため人のため」に赴いたのであろう。しかし「王道楽土」の現実は、「前歴者」の二十世にとってさらなる苦難の連続であった。彼の高邁な精神と能力を発揮するには時代が悪すぎたというほかはない。在シベリア日本人抑留者向けの「日本新聞」に寄せた二十世の長歌を読むと胸が詰まる。

……こゝにして　わがあれ國に　もひと度　湧きおこりつる　ひやくしょうの　もろ聲聞こゆ　土地よこせ　米うばうなと　浦々に　みちてあふるるもの聲に　まことをこめて……

反歌　きみがやに　むしろにいねて

かたらいし　りやくしようの　よきひすでにくるべし

学生時代にフリードリッヒ・エンゲルス著『ドイツ農民戦争』を翻訳して以来、農民運動指導者として人民の立場からの理想郷建設に思いを馳せて生きてきた二十世が、家庭に最後に残した言葉は、「社会主義国家の現実をこの目で見てくるから、なにも心配することはない」であった。

それから五十年足らずでソ連は崩壊し、我が国の農村も崩壊し始めている。日本はわずか一世代で飽食の経済大国となった。しかし本書に描かれている一人の男の生きた時代の出来事が、戦争を含めすべて因果と応報で成り立っているように、一層国際化された現代の私たちもまた、この先すべからく因果と応報の結果に甘んじなければならまい。二十世が生きたのは確かに激動

の時代であった。発展途上の段階で国土が膨張し、エリートの間でも様々な主義主張が錯綜し、国家としての統率が取れずに多くの犠牲者を出し、戦況を悪化させたのはまことに残念だが、しかし当時のリーダーたちには、武士の時代から続く知性と教養と、国や理想に殉ずる気概があった。戦後の復興を成し遂げるだけの気力があった。しかし、この先はどうなるのだろう。

過去は裁くのではなく学ぶのだ

直接的な戦争体験がない私たちは、右からも左からも解放された新しい視点をもって客観的で公正な歴史観を築くことから始めたい。それには一部の意見を鵜呑みにしたり、近視眼的なマスコミに扇動されたりせず、自ら見て聞いて読んで歩いてそして考えて、国際的かつ通史的な勉強を積み重ねていく

しかない。六十余もの国が参戦した先の世界大戦は、その歴史的経緯もまたあまりに複雑で、一様に結論付けることは不可能だ。立場が違えば、竹島・尖閣諸島の領有権問題も慰安婦問題も沖縄米軍基地問題も、いかような解釈も成り立つのである。そもそも政治と個人の感情を同じ文脈で論じることはできない。どんなに想像を逞しくしても、例えば明日にでもソ連軍戦車隊が攻めこんでくるかもしれないという在満邦人の恐怖を実感できないし、また理想と現実のギャップに不本意な選択を取るしかなかった為政者の苦悩を知ることはできない。

歴史を知るということは、それによって過去や現在を裁くためではない。私たち世代が彼らのトラウマに触れる権利はないはずだ。大切なのは、同じ過ちを犯さないために、そのような不

幸な事態を引き起こした因果関係を多角的かつ大局的に学ぶことである。それは直接的な戦争経験がないからこそ可能なのであり、数知れぬ幾多の犠牲者の上に築かれた平和の時代に生きている私たち世代の責務でもあろう。時代に翻弄されつつ真摯に生きた一人の男とその時代についての史実を大量の資料と冷静な分析によってまとめたこの大著が、こうした公正な歴史観をはぐくむための一助になることは間違いない。

[たしろ ゆうこ／通訳・翻訳者／昭和四十二年群馬県太田市生]

松岡將著
装幀：渡辺美知子
A5判　本体4800円

ポスト・ケインズ派経済学の新しい地平
——『金融危機の理論と現実』刊行に寄せて

横川 信治

ヤン・クレーゲルは、日本では初期の『政治経済学の再構築——ポスト・ケインズ派経済学入門』（一九七八年、日本経済評論社）で、ポスト・ケインズ派のアプローチにもとづく経済理論の研究によって知られているが、その後のミンスキーの金融不安定性仮説の発展・拡張を中心とする研究は、一部の金融論の専門家を除いてあまり知られていない。

筆者は二〇〇一年のミンスキー学会、二〇〇三年のICAPE国際学会での彼の基調報告でポスト・ケインズ派やラディカル派における彼の影響力の強さを実感し、その後二〇〇九年に精華大学でのIDEAS国際学会で親しく議論をする機会を得た。クレーゲルはこの時点ですでにケインズとミンスキーの伝統にそって、彼らの創造的な洞察力を、国際的次元、発展途上国、証券化・金融自由化について拡張し、アジア通貨危機とサブプライム危機を分析する視点を確立していた。クレーゲルの膨大な業績から、そのエッセンスを知ることができる最も重要な論文を集めて、彼の積極的な賛同を得た。

ミンスキーの金融不安定性仮説は、ほぼすべての事業資産が借り入れによって所有される現代の資本主義の対象に、銀行と企業のバランスシートの分析から始まる。ミンスキーによれば持続的な経済的安定性は、資産の運用によって得られる貨幣収入と負債の元利返済に必要な貨幣支出の「安全性のゆとり幅」を内生的に減少させ、「安全性のゆとり幅」が常に十分である投機的金融から、一時的に不十分である投機的金融、さらには正味現在価値が負になる「ポンツィ」金融へと、金融構造を脆弱化させる。クレーゲルは、国の経常収支を企業のバランスシートに代替することによって、この枠組みを国際金融に適用する。

クレーゲルは規定の恐慌を次のように分析する。雇用を増大させるために資本輸出を利用する二つの方法がある。第一は対外借入によって雇用を増大する方法であり、第二は輸出による雇用の増加を下支えするために、経常収支赤字国へ資本輸出する方法である。アジア諸国は、アジア通貨危機までは第一

の方法をとり、資本輸入を通じて工業化を進め、輸出の増大を通じて、一時的には経常収支が赤字になるが最終的には元利返済が可能な投機的金融を実現していた。アジアの為替レートがドルに対して長い間安定的であり続けたので、国内外の借り手と貸し手はともに安全性のゆとり幅を縮小し、さらに一九九五年以降はデリバティブ契約による短期資本の流入が増大し、ポンツィ金融に変化した。一九九七年に国際資本市場が融資をやめた段階で資本の逆流が起こり金融危機に陥った。アジア通貨危機後は、通貨危機から自衛するために第二の方法がとられ、アメリカが主要な債務国としてポンツィ金融に陥ることになった。基軸通貨国のアメリカでは、経常収支赤字の拡大すなわち国際的不均衡の拡大が無制限に可能であった。アメリカの国内的要因でサブプライム危機が発生すると、ポンツィ金融に陥っていた諸国は資本の逆流による資産価値の低下を通じて経常収支黒字のヘッジ金融諸国は輸出の減少を通じて危機に陥った。

以上のような恐慌分析から、次のような政策提言が引き出される。現在の国際金融体制は、一方で経常収支黒字のヘッジ金融国が存在するためには他方でポンツィ金融国が存在せざるを得ない非常に不安定な体制である。すべての国が雇用拡大のために投機的金融を行えるような国際通貨体制であれば、すべての国で雇用を確保することができ、また国際通貨体制としても安定している。これを可能にするためには、ブレトンウッズ会議でケインズが主張した国際清算同盟のような世界中央銀行が国際決済機構として機能し、また投機的金融で一時的に資金が不足する

国があれば資金を供給すればよい。アジア通貨危機は、IMFの融資条件によって負債デフレーションを引き起こし、アジア各国で深刻な産業恐慌に発展した。一九三〇年代以来、恐慌後の負債デフレーションに対する政策はフィッシャーやシカゴ学派のマネーサプライの増大が主流であったが、負債デフレーション危機を食い止めるというミンスキーの観点からは十分ではない。ケインズ型の財政政策を通じて家計の所得と企業の利潤を増大させ、銀行と家計によって保持されている損失を相殺し、バランスシートを直接的に改善する必要がある。

本書は、経済・金融問題に関心をもつ研究者・大学院生・学部生だけではなく、特に多くの社会人に読んでいただきたいと望んでいる。

［よこかわのぶはる／武蔵大学教授］

協同の社会システムの担い手としての生協

小木曽　洋司

東欧革命以後、市民社会が注目され、その実在を可視化しようとする試みも現れている。日本でも、阪神・淡路大震災以後、NPOへの注目が集まり、一九九八年にNPO法が制定された。

それは日本の文脈で市民社会が現実感をもって語られることになる社会的基盤でもある。この社会的基盤には他にも社会的企業、社会的協同組合などが含まれており、その総称としてサード・セクターと言われるようになっている。

このセクターの興隆は、しかしながら、手放しで喜ぶわけにもいかない。経済のグローバル化によって、日本の大企業は多国籍企業へと脱皮し、国際的な分業体制を採用することになる。その結果、国内各地方に集積されていたその下請け、あるいは関連企業の雇用が失われたうえに、政治的には三位一体の改革によって地方自治体の財政はますます厳しくなってきた。地域間格差、都市－農村格差が拡大し、都市間・地域間競争が激しくなるからこそ橋本大阪市長のような政治的リーダーシップの現象が現れてくるのである。

これは格差社会の内容を表現する一つの側面であるが、競争社会の激化は自己責任という形で人の内面まで浸透する。自己責任論という他者や自己を認識するフィルターを内面化することによって社会関係・人間関係の貧困化を招いている。格差社会においてその被害をこうむっている若者がとくにそうした自己責任というフィルターを内面化しているからこそ自己評価が低いと同時に他者と関係がつくりにくいという問題を抱える。そうした「生きにくさ」の解決にしてサード・セクターが生起するのである。

問題はこの先である。サード・セクターがどんな社会を形成しうるのか。それとも社会の格差構造を前提にした、言わば規制緩和された市場の欠陥を補完する機能にとどまるかもあろう。グローバル経済下の多国籍企業を基軸にした社会構造をさらに推し進めるために、TPP、原発推進という選択肢があることを如実に示している。それに対して対置されるのが協同の社会システムである。こうした構想を持つのはサード・セクターの中でも生協をはじ

めとする協同組合セクターである。なぜなら協同組合は「われわれの」生活を組み立てる方法であり、その根底にあるのが信頼関係であるからだ。一人一票制という決定方式は出資額とは無関係であることを意味しており、市場原理とは根本的に異なるがゆえに、市場原理の生活世界への浸透によってますます協同組合自体の危機が自覚されている。大きく報道された、毒物が混入した冷凍餃子事件は生協にとってはその存在理由さえ問われる事件であったが、その背景にある食糧の生産供給システムのあり方が問われていることを忘れてはならない。

協同の社会システムの模索とは対等な信頼関係を基礎とした社会システムを構造化する運動を意味する。その模索の主体である生協は、組合員を狭い意味での「消費者」という規定から解放することによって「生活者」の協同を組み立てる試みを始めている。その一つの事例はコープあいちで取り組まれているコメ卵の生産システムである。米を飼料に使用することで、近隣農家をこのシステムに組み入れ、一〇個三〇〇円という価格を支える生協組合員を、遺伝子組み換えトウモロコシなどの飼料原料の学習とともに拡大している。獣医でもある養鶏農家の経営者を核として近隣農家と都市の組合員が直接的な協働も含め、市場原理では到底不可能な、そして農政に左右されないシステムを構築しようとしているのである。それは地域社会の再生という意義を持ち、また消費者と生産者の対立構造を克服する試みでもある。

生協を協同の社会システムの一つの担い手と見なすとき、生協事業からスピンアウトしたNPOなどの社会目的を持った事業体との連携を視野に入れなくてはならない。たとえば、愛知県瀬戸市の商店街の一角に事務所を持つNPO法人「窓のひろば」は近くの団地を舞台に外国人労働者も対象に含めた健康チェック相談事業を、医療生協をはじめとする各国の通訳ボランティアなど様々な人的資源を結びつけて行っている。そこでは国籍は相対化される。このNPO法人は生協のモーニングコープの配達を請け負っていたワーカーズコレクティブの組合員が、それを契機に生み出した組織と活動である。

以上のように協同の社会システムの形成という観点から生協を見るとき、実に様々な協同の主体の中で新たな信頼を醸成する事業を組み立てられる可能性が見えてくるのではないだろうか。

[おぎそ・ようし／中京大学准教授]

三行半研究余滴⑨

妾の三くだり半

高木 侃

これまで連載に用いた離縁状はいずれも筆者所蔵のものである。これからも断わりのない限り筆者所蔵のもので、なるべく最近入手し、活字になっていない珍しいものを紹介しながら、その離縁状研究上の意義にふれていきたい。

今回の「ふで」女に関する離縁状三通は、往来物研究の第一人者小泉吉永氏から譲り受けたものである。

時の経過をおって述べると、左頁の明治二十年旧十月付けの離別壱通が古く、吉田勇右衛門から室田ふでにあてたもので、本文には「近年ヨリ拙者忍妻ニ致し居候へ共、此度都合ニ依リ」離別したとあり、続いてだれと再婚しても構わないとしたためている。中郡

新治村・矢田村はともに丹波国で、現在の京丹後市である。

ここには「忍妻」とあるが、筆者はこれを妾と考える。もっとも妾の離縁状の典型的な例は「私儀、其許と馴染合居候所、今般以御立入を、納得之上、手切ニ相成」などとしたためられ、「馴染」んだ女と「手切れ」することであったが、ここでは「忍妻」と表現したわけである。

ここには写真を掲げなかったが、その直後「ふで」は指田友治郎の妾になったようで、しかも、二か月もしない年の暮れ一二月二四日には別れることになり、また離別壱通が「ふで」宛てに書かれている。本文前半には「一、

此女、私シ隠寿持来ル処、都合依ニ暇差出ミ」とあり、友治郎は爪印を捺している。ここには「隠素」とある。一〇日後の年明け、左の離縁状が再び書かれた。

用紙はタテ二四・二センチ、ヨコ三二・八センチであるが、半紙を半分にして、丁度その句半分に書かれている。

　　　離別壱通
一 此女、拙者掛合相成り候処、都合依テ咄差山シ向後拙者置ア死去迄差構え無之、為後日加判

可致ス、離別依て如件

明治廿一年第一月四日離　斬

峯山泉町
指田友治郎㊞

矢田村　　矢田邑

室田兵太郎殿　　室田ふで

峯山泉町も現在の京丹後市である。
本文の読み下し文はこうである。

この女、拙者掛け合いに相成り候処、都合によって暇差出し、向後拙者において死まで差し構えこれなく、後日のため加判致すべく、離別よってくだんのごとし

これらの三通に見られる特徴は、いずれも三行半にしたためられていることのほか、まず「ふで」が「忍妻」・「隠妻」、つまりは妾であったこと、一両年の間に二人の男性と関係をもち、いずれも解消したことである。

妾は忍ぶもの、隠すものであり、堂々と公にする関係ではないので（戸籍の届という公示手段に頼れない）、それだけ関係解消の文書、離縁状の授受が重要であった。文書が解消の確たる証拠になったからである。とくに指田友治郎の例では、初めの離別状は爪印であったが、明治になると契約証書には印鑑が要求されたので、あらためて印章が捺されている。「加判可致」とあるのは証人の加印ではなく、本人が印を加えることを意味したのである。なお、印は朱肉をもって捺している。

もう一つの特徴は夫婦の名前を同列に書き、その間に一二月のものは「斬」、一月のものは「離斬」と書き、「斬」の字の縦棒を長く引いている。夫婦の縁を切ったという呪術的な意味をもった行為である。近江・美濃国の慣行で、夫婦両名の間を本当にハサミ・剃刀で切ったり、手で破いたりしたときに夫婦名の間に筆で縦棒を引いたりしたのである。丹後国にもこの習俗が存在したことを推測せしめる。

［たかぎ　ただし／太田市立縁切寺満徳寺資料館名誉館長・比較家族史学会会長］

神保町の窓から

▼今朝は元旦である。昨夜は、年末から予行演習が続けられていた「紅白歌合戦」に熱中するヘーワな家族を目の端に映しながら、自民一強の安倍政権の一年を思った。首相の何たる自信に満ち満ちた一年だったろう。「日本を取り戻す」をスローガンに、集団的自衛権の行使を唱い、中東、アジアに強行日程で営業出張した。憲法改定をぶち上げ、そこでは原発や武器の輸出取引まで話し合われたに違いない。

そして、年末の特定秘密保護法案の強行可決。多くの国民が、この法案の怖さの本質を承知できないうちに「やってしまえ」式の強引さだった。寒空で国会議事堂をとり囲んでいた人々の声が、一瞬静まりかえった。「お前、そこまでやるのかよ」。これほど国民が舐められたことがあっただろうか。見方によっては安保以来というデモ隊を前にして、蛙のしょんべん然とした面構えだった。あの晩、蕎麦屋で呑んでいたのだが、国会をとり囲む人びとの叫びを聞きながら、ぬくぬく呑んでる自分に少し後ろめたさを感じたが、それは焼酎と一緒に飲み込んでしまった。

一二月二六日。事務所(オヒス)は靖国神社のすぐ側だというのに、安倍首相がモーニング姿で神社に参拝したことも、その夜のニュースを聞くまで迂闊にも知らずにいた。政権一年を無事過ごせたことへの感謝だという。翌朝新聞で見た話だが、ネット上には「いいね」が溢れたという。パソコンを開いてみたら、あるある。「日本国万歳！ 安倍大宰相万歳！」「国民を代表し、国の指導者としての責任を果たした」「反対する奴がいたら、もう一回参拝したれ」。もちろん参拝反対も同じしばしばあるが、(最員目か)こちらの方が言語に説得性がある。二日休の二八日時点でのヤフーの意識調査は、「この参拝は妥当と思うか」と問いかけ、三四万人の回答者のうち二八万人近く(約八割)が「妥当」と答えたと報じた。ある投書者は、御巣鷹山の飛行機事故や災害で亡くなった人が出たとき、そこに慰霊碑をたてるだろう、靖国も戦争の慰霊碑なんだ、それにお参りして何が悪いか、と絡んでいる。そういう理屈になるのだろうか。ヒットラーやスターリンにも止の部分はあっただろうか、あんな虐殺者の墓にお参りするのが「妥当」だろうか。家族や末裔ならいざ知らず、貴殿は国の元首なんだ。

アメリカのやることにも不可思議なところはあるが、そのアメリカさえもが「日本の指導者が近隣諸国との緊張を悪化

させるような行動をとったことに、米国政府は失望している」と即座に声明を出した。その他多くの国が失望ないし不快を表明している。とにかく、去年は安倍がらみで国中が引っ搔き回された年だった。それに比べたら猪瀬都知事のコソコソ退陣など、とっても可愛く見えた。

今年！　また屠蘇を呑みながら明けたけど、十分仕事し、快不快にはすかさず発言し、満足のいく敗北の年にしたいと思う。われわれは何としても生き抜く。一人でもいい、哀愁の仲間がいる限り。

▼次は内輪の回顧。社業では五八点の新刊書を拵えました。総頁数一万七九三二頁、定価合計二五万二〇〇円。これと云って売れたものもなく、さりとて極端に興行成績の悪い役者もいなかった。新聞を賑わしたものは色川大吉さんの『近代の光と闇』、それから根津朝彦さんの『戦後「中央公論」と「風流夢譚」事件』。さらに松岡將さんの『松岡二十世とその時代』でした。色川さんは小社にとっては最も名の知れた世界的歴史学者。ひとつふたつの新聞書評などではピクリともしない人だが、われわれにとっては一般紙でとりあげられるなんてめったにないことなので、年初から気をよくした。

売れ行きは好調な滑り出しだったので、「忽ち増刷り！」と広告の文面まで用意していたのだが、現代社会は辛口の評点を下した。根津さんの本は所謂研究書だ。日頃の臆病さが初版部数を抑えることにつながり、たちまち増刷する羽目になった。当の根津さんはそんなことには頓着しない。ご自分のブログに書評してくれた紙誌を列記している。「朝日」「神奈川」「毎日」「京都」「読売」……大寺萌音さん、小谷野敦さんのカスタマーレビューも紹介されていて、根津さんが褒められても貶されても、これからの研究に動じない姿が伝わってくる。話のできる出版社で本が出せたと言ってくれるので、売れたこと以上にうれしい。松岡さんの労作もあちこちでとりあげられ、著者と出版社を一喜一憂させた。エンゲルスの「ドイツ農民戦争」を初邦訳した二十世。小林多喜二の「不在地主」に二十世の書いたビラが引用されていることや「転形期の人々」に出てくる青年のモデルなど、もう誰も話題にしない。だが、富良野、月形小作争議を指導し、治安維持法違反で網走監獄にぶち込まれ、人生がねじまげられてもクニと百姓のことを思いつつシベリアに死んでいった一人のインテリゲンチャの一生は壮絶である。父に「あなたの一生は何だったのか」と問いかけた元高級官僚は、本書の上梓で何が癒されたのだろうか。まだ、聞いていない。

（吟）

新刊案内

価格は税別

中国リスクと日本経済
石山嘉英著

高度成長を続け、アメリカに次ぐ経済大国となった中国。しかし、成長の鈍化にともない歪んだ大国化のツケが回ってきている。日本は「中国リスク」にどう対処したらいいのか。

四六判 一八〇〇円

戦後の越え方——歴史・地域・政治・思考
雨宮昭一著

四六判 二八〇〇円

〈シリーズ 社会・経済を学ぶ〉
明日の協同を担うのは誰か——基礎からの協同組合論
佐藤信著

A5判 三〇〇〇円

〈ポスト・ケインジアン叢書37〉
金融危機の理論と現実——ミンスキー・クライシスの解明
J・A・クレーゲル著／横川信治編・監訳

A5判 三四〇〇円

共済事業とはなにか〈上〉〈下〉——共済概念の探究
相馬健次著

A5判 三八〇〇円

グスクと按司〈上〉〈下〉〈沖縄史を読み解く 3〉
——日本の中世前期と琉球古代

来間泰男著

荘園とイエの成立で誕生した日本史における武士。沖縄史ではどうだったのか。11〜13世紀の日本史と沖縄史を描き、沖縄史の新しい時代区分を提案する。

四六判 上三三〇〇円、下三四〇〇円

〈シリーズ 社会・経済を学ぶ〉
地域問題をどう解決するのか——地域開発政策概論
小田清著

拡大する一方の地域間格差の是正は不可能か。地域問題の本質と是正のあり方を明らかにする。

A6判 二〇〇〇円

地方独自課税の理論と現実——神奈川・水源環境税を事例に
高井正著

A5判 一八〇〇円

次世代ネットワークの経済学——需要・供給分析からの展望
髙野直樹著

A5判 四〇〇〇円

変動のゆくえ〈激動のインド 第1巻〉
水島司編

A5判 四〇〇〇円

経済学は面白い——常盤政治著作選集
同刊行委員会発行

A5判 三〇〇〇円

経済地理学年報 Vol.59 No.4

B5判 二五〇〇円

同時代史研究 第6号

D5判 一五〇〇円

色川大吉人物論集 めぐりあったひとびと
色川大吉著

さまざまな生涯をいきた50人の方たちを、歴史家として客観的に位置づけ、そのひとびとの繋にわたし沖縄史を映しだす。新色川自分史！

四六判 二八〇〇円

評論 第194号 2014年1月31日発行

〒101-0051 東京都千代田区神田神保町3-2
E-mail:info8188@nikkeihyo.co.jp
http://www.nikkeihyo.co.jp

発行所 **日本経済評論社**
電話 03(3230)1661
FAX 03(3265)2993
〔送料80円〕

「山」［御殿山など］，第 2 世代＝大正初期の「園」［松濤園など］，第 3 世代＝関東大震災後の「名無し」住宅地，第 4 世代＝戦後の「丘」［ひばりが丘など］と「平」［常盤平など］，そして第 5 世代＝「ニュータウン」である[19]。長谷川は第 3 世代の「名無し」住宅地について，「先見の明を持った杉並区井荻と，ただスプロールに委ねてしまった中野区野方や沼袋との都市形成の差のあまりにも大きいこと」を強調している[20]。「名無し」住宅地の開発において，（Ｉ）段階の「先見」性と計画性の有無が，（Ⅱ）段階以降の都市形成に規定的影響を及ぼすことは一面において確かであるが，後述のように，その影響力は相対的なものである。

　計画的宅地開発の「典型」のうち，①「大名屋敷地開発」と④「郊外分譲住宅地」については，特に建築史・都市計画史の領域を中心に個別事例研究の蓄積がある[21]。②「組合区画整理等」については，高嶋修一が玉川全円耕地整理事業を事例として，社会の段階的変化を明らかにした[22]。③「震災復興区画整理」については，福岡峻治が震災復興計画の成立過程，特に帝都復興土地区画整理事業の実施過程を明らかにした[23]。また，田中傑は「帝都復興に対する評価を『市街地の最大の構成要素』たる建築物の再建実態を踏まえて」行うことにより，帝都復興の到達点と限界を論じた[24]。⑤「同潤会・公営住宅」については，建築史・住宅政策史の領域を中心に，同潤会アパートの歴史的意義が論じられてきた[25]。これらの諸研究は，必ずしも都市形成過程の解明を主な目的とするものではないが，それぞれの研究が分析・考察の対象としている個別具体的な事例は，関東大震災後の「建築物の再建実態」を除いて，『調査Ⅲ』や長谷川『宅地形成史』において，計画的な都市形成の「典型」とみなされている。

　『調査Ⅲ』や長谷川『宅地形成史』では，「都市とか土地とかを一体的な概念として全体的に分析」[26]することにより，都市化の歴史的把握を試みたが，その方法をやや強引に総括すれば，計画的宅地開発の「典型」を地理的かつ時系列的に配列し，それらの補集合に「無秩序」または「スプロール」という言葉を当てはめて理解する方法である。この方法を採用する限り，「無秩序」なる

ものは間接的に把握され，都市計画の視点から否定的な評価を付与され，その実態が正面から分析されることはない。当該期の都市形成の特質を明らかにするためには，「無秩序」なるものを形成する自生的秩序としての住宅市場に目を向ける必要がある。

序-2-3　都市形成と住宅市場──「無秩序」なるものの把握──

　宅地形成のあり方が，その後の都市形成に不可逆的な影響を及ぼすことは一面において確かであるが，ミクロの土地利用に対する影響力は，とりわけ都市化の最前線である郊外では相対的に小さい。本書では，以下の見方と方法を提示する。都市化の（Ⅰ）宅地形成の段階では，「典型」①～④は一定の公共性に裏付けられた個別具体的な空間として点在しているが，（Ⅱ）建物建設の段階，さらに（Ⅲ）建物利用の段階へと移行するにしたがって，「典型」間あるいは，「典型」と「名無し」との間に存在した質的差異は相対的なものになり，場合によって「典型」は「名無し」のなかに埋没して個性を喪失することもある。都市化の担い手が地主から建築主［家主］，建築主から居住者［借家人］へ移行するにしたがって，公共性や計画性の介在する余地は小さくなり，「建築自由の原則」の下，最終的には「無秩序」に至る。「用途地域制」「建築・土地利用規制」は「市街化を詳細にコントロールできるような機能」をもっておらず，「建築活動そのものを誘導する手段」は存在しなかった[27]。「建築自由の原則」が維持される限り，「［建物の］所有者にとって，使用価値的な保全が自らの経済的利益につながる関係」が生み出されず，「私的で閉ざされた特別な空間」として私的利害が追求されて「壮大なスプロール」がもたらされる[28]。

　「線」［鉄道］によって都市化のベクトルが与えられ，「点」［駅］によって特定地域における都市化の中心［起点］が与えられるとしても，「面」の次元で展開する都市形成［建物建設→人口移動＝建物利用］の過程や戦前期「大東京」のレベルで俯瞰すれば，本来的に「無秩序」である。すなわち，宅地形成のあり方が計画的であるか，無計画的であるかを問わず，有名な住宅地であれ，「名無し」の住宅地であれ，結局，宅地造成後の1筆ごと，あるいは1筆内の土地

利用［建物建設とその利用］は，⑤などの一部の先進的なケース［「一団地」の宅地造成と建物建設の行為主体が一致しているレアケース］を除いて，あまり計画性を見出すことができない。特に（Ⅲ）段階に至れば，本源的に計画性は存在しない。住空間は住戸以上に標準化あるいは定型化することが不可能な財であり，少なくとも戦前期の東京では，借家人が自己の借家をどのように利用しても，家主との契約の範囲内であれば自由であったし，貸家を所有する家主が空家を空家のまま放置したとしても，それは家主の自由であった［これらの自由の行使に対する同時代的な批判は存在するが］。

　都市化が人口移動＝住宅需要の移動の過程である以上，（Ⅰ）から（Ⅲ）段階まで，すなわち，宅地造成から建物建設とその利用に至るまでの過程を「一体的な概念として全体的に分析」する必要があるが，本書では，特に（Ⅱ）建物建設の段階，および，（Ⅲ）建物利用の段階に着目し，（Ⅰ）段階の計画性の有無という視点を相対化する。（Ⅱ）および（Ⅲ）段階において，規範となる都市像や公的介入による制御を欠く，計画者や設計者の存在しない本来的に「無秩序」な戦前期「大東京」の都市形成に一定の枠組みを与える根本的な原理は，ディベロッパーやブローカーが喧伝する「田園都市」の謳い文句や都市計画や建築規制ではなく，自生的秩序としての市場である。「建築自由の原則」の下で，賃貸価格に基づく市場の機能は，依拠する時間軸の異なる都市化の各段階を通底する「無秩序」な都市形成の原理である。本書では，都市形成過程における市場の機能の存在を自明の前提とするのではなく，借家・借間市場の調整機構としての実態を正面から検討し，その特質を実証的に明らかにする。商品として供給される住戸と需要者が求める生活の基盤としての住戸［住空間］，市場における両者の不一致から生じる住宅難という切り口から，戦前期「大東京」の都市形成の特質を明らかにする。

第3節　土地・建物に関する社会経済史的研究における本書の位置

序-3-1　戦前期不動産業の「二重構造」

つぎに，戦前期の都市の土地・建物に関する社会経済史的研究における本書の位置を明らかにする。土地・建物の歴史的研究は，それらの所有と供給という側面からアプローチされてきた。土地所有に関する歴史研究は，水本浩・大滝光[29]や小林重敬[30]らの研究によって先鞭がつけられた。1990年代後半以降，野村悦子[31]や名武なつ紀[32]らによる地籍台帳を活用した実証的分析の深化により，都市の土地所有構造の解明が進展した。また，問題関心は異なるが，沼尻晃伸[33]や高嶋修一[34]も都市郊外の土地所有の動向について実証的な分析を行っている。

一方，宅地・建物の供給［生産［開発］・売買・賃貸］主体に焦点をあてる不動産業史研究が進展している。産業史としての不動産業史研究の嚆矢は『不動産業界沿革史』[35]である。1980年代以降，旗手勲[36]，日笠端[37]，石見尚[38]らにより本格的な歴史研究が着手された。1990年代半ばには，橋本寿朗を中心とする研究会により『不動産業に関する史的研究』[39]が刊行され，同研究を継承・発展させた橘川武郎・粕谷誠編『日本不動産業史』[40]は，現在の不動産業史研究の広がりと深化を示す1つの到達点である。

不動産業史研究が他の産業史研究に比して遅れた理由は，第1に，「不動産は非常に差別化された財」であり「場所が異なれば，異時点間の比較はできないし，時間が異なれば，異地点間の比較もできない……不動産業の歴史分析においては，価格という情報は十分には利用できない」という困難性が横たわっているからである[41]。実際，「水平的に多数の地点の価格を継続的に」得られるような「網羅的な調査は戦前日本では，ほとんどおこなわれていない」のが事実であり，利用可能なデータは限定される。第2に，「不動産業は，兼業と

してあるいは，生業的に小規模におこなわれることが多く，その実態を統一的に考察することは困難である」からである。

戦前期の不動産業は「特異な大企業」と「前近代的な色彩の強かった零細な小経営」からなる「二重構造」として把握されるが[42]，専業の近代的大企業による不動産開発の個別事例研究が充実する一方で，上記の困難性の存在により，「零細な小経営」，すなわち，伝統的な「庶民の家作経営」[43]に関する歴史研究はあまり活発化をみなかった。

ところが，不動産のなかから住宅をとり出してみれば，戦前期「大東京」の住宅供給の大部分を担った主体は，明らかに後者であった。石見は西欧諸国との対比において，戦前期日本の貸家業を以下のように総括し，否定的な評価を与えた。

> わが国での貸家の建設は主として庶民の家作経営の域を出なかった。ここに日本資本主義の資本蓄積の弱さ，国内市場開拓の浅さが，民間住宅の貧弱さに端的に表現されている。ひいては近代日本不動産業の発達の限界があったのである[44]。

石見の指摘は正鵠を射たものであるが，本書では，異なる視点と方法に立つことによって，新しい歴史認識を提示する。すなわち，住宅供給の大部分を担った「庶民の家作経営」を「近代日本不動産業の発達の限界」として捉えるのではなく，数百万人に及ぶ厖大な人口を東京市とその郊外に定着させ，彼らの生存と生活を支え，社会的再生産を可能にした重要な基盤として積極的に評価する。「資本蓄積の弱さ」や「不動産業の発達の限界」ではなく，日本の大都市形成と近代経済成長を可能にした1つのシステムとして，「庶民の家作経営」を正面から分析の対象としてとり扱い，借家市場の社会経済的実態を明らかにする。この視点に立てば，都市形成史研究と産業史研究としての不動産業史とを架橋することも可能になる。

序-3-2　貸家業と借家市場の歴史的研究

「建築自由の原則」の下，「庶民の家作経営」により供給される戦前期の貸家の実態について，水平的，継続的かつ網羅的に捉えることは困難であるが，個別具体的な「家作経営」の事例について，歴史的に分析することは可能である。戦前期の貸家業研究に先鞭をつけたのは，加藤由利子である。加藤は明治期東京市内の貸地貸家経営について多くの事例を検討したうえで，「借家需要に応じてさまざまな職業の人々が家主となるが，その多くは小規模な副業的経営で，商人，実業家，近郊農村地主，私的金融業者，小金をためた俸給生活者，および金利生活者などであり，前近代的零細経営が都市の基本的居住形態である借家を支えていた」と総括した[45]。明治期の貸家業に表れている「小規模な副業的」性格は，大正・昭和初期に至るまで変わらない。貸家業における多様な家主の存在形態に対して，特定の「職業」や「階級」などの概念を当てはめて分析することは難しいが，家主層に共通する特徴を1つ挙げれば，一定以上の資産［「家作を持つだけの預金」］[46]を保有していることである。

加藤は明治期から昭和初期にかけて，「資産家のなかには貸地貸家経営を職業とするものが増加傾向にあった」[47]ことを明らかにしたが，彼らの基本的な性格は貸地「地主」であり，彼らにとって貸家経営は付随的なものであった。加藤は戦前期下谷区M家を事例として借地上貸家家主の経営実態を明らかにしたが，貸家経営の「煩雑」性が「資産保全目的の大土地所有者」が貸家経営を避けた理由であると指摘している[48]。貸家業を営むためには，土地と家屋が必要であるが，こうした理由により，土地の提供者である大地主と家屋の経営者である中小家主との間に分業関係が成立し，東京市内では借地上の貸家経営が広範に展開した。したがって，近郊農村地主を除く大部分の家主は借地人であり，「資産家」リストに掲載されるほどの大きな資産を保有していない「商人，実業家……私的金融業者，小金をためた俸給生活者，および金利生活者」等の新旧都市中間層である。彼らが副業的に，換言すれば，投資の一手段として行ったのが「庶民の家作経営」であった。

戦間期の住宅供給問題について研究した山口由等［2004］は、近代都市史研究において「生活空間の供給構造そのものの解明は依然として研究の空白領域として残されている」と指摘し、「貸家供給と家主層の実態、住宅産業や不動産業の展開」などを解明する必要性を主張した[49]。この主張は至極妥当なものであるが、産業の視点ではなく、「生活空間」の視点から都市の歴史像を描き出すためには、貸家業や不動産業などの供給［ハコ］の側面のみならず、需要［ヒト］の側面からのアプローチも必要になる。本書の課題は、このような特質を有する貸家業の行為主体である家主を、地主／家主［借地人］／借家人［貸間貸主］／借間人、賃貸価格を紐帯とする4主体で構成される重層的市場のなかに位置付け、長期の時間軸のなかで行われる「住戸」の「供給」と短期の時間軸のなかで変動する「住空間」の「需要」の両面から、動態的な借家・借間市場の構造と展開を明らかにすることである。

山口由等［1997］は第一次世界大戦後の大阪市の都市化と住宅問題について論じた[50]。同論文は大阪市の産業構造、建築活動、通勤移動から地域構造の動態を明らかにしたうえで、住宅需給の地域性と都市住民の行動様式から住宅難の深刻化を分析した。本書では、山口［1997］で提示された需要の地域的偏在を生み出す「収入機会の地域性」［収入階層による居住地選択の相違］という視点を基礎としながら、供給の地域的偏在を生み出す地代や家賃水準の差、および関東大震災がもたらした影響を枠組みに入れて、戦前期東京借家市場の分析を行う。また、同論文で今後の課題として指摘されている「郊外化が困難と思われる住民の生活実態」については、借間市場の機能を分析することにより、その一端を解明する。

戦前期の住宅難を分析した代表的な研究は、西山卯三『住宅問題』[51]である。同書は西山が眼前［第二次世界大戦下］の住宅難の本質について、理論的かつ歴史的な把握を試みた労作である。西山は住宅難の「表面的な現れ方」の相違に着目し、これを「絶対的住宅難」と「経済的住宅難」に区分した。前者は「急性」の住宅難で、「相当の家賃を支払ひ得る能力があつてもその住居を求め難い場合」、すなわち、「住宅の需要に対する供給の絶対的不足」から生じる住宅

難を指す。一方，後者は「慢性」の住宅難で，「一般勤労者階級の経済的困窮に基く住宅難」であり「社会の下層階級がその所得の範囲内で文明国民相当の住宅を得るに困難な場合」，すなわち，「住宅はあつても需要者の支払ひ得る経済的能力が充分でないといふ場合」を指す。

　2つの異なる「現れ方」をする住宅難は，貸家が「商品として供給される」ことから生じる「需要供給の均衡破壊」によってもたらされる。すなわち，住宅需給は「土地所有者（地主），生産者（建築企業家，大工），経営者（家主），居住者（借家人）……之等四者の独自の活動に全く委ねられる事になり，自由なる商品生産と営利経済によつて齎らされる経済的法則にしたがつて，資本主義社会に於ける住宅問題の特殊な表れを実現する」のである。貸家は長期間にわたって「時間的に切売り」される「商品」であり，好況時のように「物価・労賃・金利の高い時期に建てれば夫だけ損失の危険が多い」という特徴をもつ。好況時に都市の借家需要は増加するため「絶対的住宅難」が発生し，「家賃の騰貴がやがて騰貴した建築材料・労賃・金利を償ひ得る水準に達すると始めて新しい住宅の供給が行はれる」局面へと移行する。結果として，「住宅の供給はその需要に絶えず遅れ勝」となり，「[貸家]経営の長期性と要求[借家需要]の一時性との矛盾」が住宅難を生み出す原因の1つとなる。

　本書では，住戸フローの供給不足に起因する「量的住宅難」，住戸ストックの喪失に起因する「絶対的住宅難」，家賃水準と家賃負担力の差に起因する「経済的住宅難」，以上の3種類の住宅難に区分して，借家市場を分析する。その際，西山の住宅経済理論の精緻化を目指すのではなく，西山が提示した理論に実証的根拠を与えつつ，新たに空間の概念や「経営の長期性と要求の一時性との矛盾」を克服する需要者の能動的行動を分析の枠組みに入れることにより，借家・借間市場を通じて形成される生存・生活空間としての都市の歴史像を構築する。

第 4 節　本書の構成

　以上の課題と方法に基づき，本書は戦前期東京の「無秩序」な都市形成を，借家・借間市場の分析を通じて，住戸と住空間の両面から把握する。

　関東大震災以前の東京借家市場を分析した第Ⅰ部は，第 1 章から第 3 章までの 3 つの章により構成される。第 1 章「震災以前の建物ストックと住宅需給」では，第Ⅰ部における借家市場分析の前提として，1910年代から関東大震災直前にかけての「大東京」における建物ストックと住宅需給の動向を定量的に把握する。第 2 章「大戦景気期の量的住宅難」では，第一次大戦期の好況期における東京市内の借家市場について分析する。第 1 に，貸家投資を規定する諸要因に着目し，市場の構造的特質から生じる東京市内の量的住宅難を検討する。第 2 に，家賃水準の二極化やタイムラグなど，本書全体に関わる家賃の特質を明らかにする。第 3 章「1920年恐慌後の経済的住宅難」では，1910年代末の「大正バブル」の絶頂期から1920年恐慌後にかけての東京市近郊における借家市場について分析する。第 1 に，市内と近郊との条件の相違に着目し，「大東京」全体としての需給均衡と矛盾蓄積について検討する。第 2 に，1920年恐慌を転換点とする市場環境の転換にともなう住宅難の「現れ方」の変化，すなわち，量的住宅難から経済的住宅難への移行と需要者の能動的行動について明らかにする。

　関東大震災以後の東京借家市場を分析した第Ⅱ部は，第 4 章から第 6 章までの 3 つの章により構成されている。第 4 章「関東大震災後の絶対的住宅難」では，震災後の焼失区域における住戸再建方式である「仮建築」が東京市内の借家市場に与えた影響について，短期間に需要が大きく変動した郊外借家市場の動向も見据えながら明らかにする。第 5 章「慢性不況下の経済的住宅難」では，震災後の絶対的住宅難が昭和恐慌期の深刻な経済的住宅難へと移行していく1920年代後半から1930年代初頭にかけての東京借家市場について分析する。昭和恐慌期の深刻な経済的住宅難の矛盾が，借家市場のなかに重層的に形成され

る借間市場の機能を通じて「解消」される一方で，その歪みが全国的な家賃値下運動を通じて改善される過程を明らかにする。第6章「戦間期のRC造アパートの実践と木造アパート市場の形成」では，1920年代のRC造アパートの試みと1930年代の木造アパート市場の形成について分析する。震災後の前者の実践が，後者に一定の影響を与えつつ，新しい借家市場が創造される過程として把握する。

注
1) 本書では，多様な住まいの形態のなかから，特に借家と借間に焦点をあてて検討する。住宅ストックの定量的な分析を行う場合を除いて，持家は分析の対象外である。なぜなら，戦前期の東京市や大阪市などの大都市では，8割前後ないし9割以上の世帯が借家または借間に居住しており，当該期の住宅難は，借家・借間世帯の住まい確保の問題に集約されるからである。
2) 国土交通省住宅局『平成24年住宅市場動向調査報告書』2013年，4頁。
3) ただし，近年，貸間可能なマンションなど1住宅＝1世帯を前提としない住宅供給も行われている（「間貸しで賢くマイホーム」『日本経済新聞』2013年8月2日付）。
4) 成田龍一「近代都市と民衆」6頁（成田龍一編『都市と民衆』吉川弘文館，1993年）。
5) 戦前期の国勢調査において，借間世帯は単独の「世帯」であるが，家事使用人，住み込みの従業員，素人下宿の単身の下宿人は戸主の「世帯」に包含され，専業下宿屋・寄宿舎等の単身者はまとめて1つの「準世帯」とされた。
6) 今井勝人・馬場哲編『都市化の比較史 日本とドイツ』日本経済評論社，2004年，はしがきⅲ頁。
7) 以下，奥井復太郎『現代大都市論』有斐閣，1940年，367～371頁に拠る。
8) 原田勝正「東京の市街地拡大と鉄道網（1）」；「東京の市街地拡大と鉄道網（2）」（原田勝正・塩崎文雄編『東京・関東大震災前後』日本経済評論社，1997年）。
9) 鈴木勇一郎『近代日本の大都市形成』岩田書院，2004年。
10) 同上，164頁。
11) 岩井男威「住宅問題の考察（1）」6頁（『生活運動』1巻1号，1922年11月）。
12) 前掲，成田「近代都市と民衆」12-13，21-22頁。
13) 同上，22頁。

14）福岡峻治『東京の復興計画』日本評論社，1991年，20頁。
15）前掲，鈴木『近代日本の大都市形成』17頁。
16）前掲，原田「東京の市街地拡大と鉄道網（1）」3頁。
17）小田内通敏『帝都と近郊』大倉研究所，1918年，86頁。
18）日本住宅総合センター『戦前の住宅政策の変遷に関する調査Ⅲ』日本住宅総合センター，1983年。
19）長谷川徳之助『東京の宅地形成史』住まいの図書館出版局，1988年，5〜9頁。
20）同上，180頁。
21）代表的な研究としては，山口廣編『郊外住宅地の系譜』鹿島出版会，1987年；片木篤・藤谷陽悦・角野幸博編『近代日本の郊外住宅地』鹿島出版会，2000年など。
22）高嶋修一『都市近郊の耕地整理と地域社会』日本経済評論社，2013年。
23）前掲，福岡『東京の復興計画』。
24）田中傑『帝都復興と生活空間』東京大学出版会，2006年。
25）佐野滋ほか『同潤会のアパートメントとその時代』鹿島出版会，1998年；内田青蔵『同潤会に学べ』王国社，2004年；本間義人『内務省住宅政策の教訓』御茶の水書房，1988年など。
26）前掲，長谷川『東京の宅地形成史』249頁。
27）石田頼房『日本近代都市計画の展開』自治体研究社，2004年，101頁。
28）山田良治『私的空間と公共性』日本経済評論社，2010年，74〜77頁。
29）水本浩・大滝洸「明治30年代末の東京市の宅地所有状況」（神奈川大学『商経法論叢』13巻2号，1964年10月）。
30）小林重敬「大正期における東京の土地所有と宅地経営」（『都市計画　別冊』10号，1975年10月）。
31）野村悦子「明治45年の地籍台帳の分析による宅地所有形態の類型化」（『日本建築学会計画系論文集』504号，1998年2月）；野村悦子「明治末期から昭和初期までの旧大名の宅地所有地の変遷」（『日本建築学会計画系論文集』517号，1999年3月）。
32）名武なつ紀『都市の展開と土地所有』日本経済評論社，2007年。
33）沼尻晃伸『工場立地と都市計画』東京大学出版会，2002年。
34）前掲，高嶋『都市近郊の耕地整理と地域社会』。
35）不動産業界沿革史出版特別委員会『不動産業界沿革史』東京都宅地建物取引業協会，1975年。
36）旗手勲『日本資本主義の生成と不動産業』国際連合大学，1981年。
37）日笠端編『土地問題と都市計画』東京大学出版会，1981年。

38） 石見尚『日本不動産業発達史』日本住宅総合センター，1990年。
39） 橋本寿朗編『不動産業に関する史的研究』Ⅰ～Ⅲ巻，日本住宅総合センター，1994～96年。
40） 橘川武郎・粕谷誠編『日本不動産業史』名古屋大学出版会，2007年。
41） 同上，11頁。以下，同書に拠る。
42） 前掲，旗手『日本資本主義の生成と不動産業』1頁。
43） 前掲，石見『日本不動産業発達史』10頁。
44） 同上，10頁。
45） 加藤由利子「明治における宅地所有の状況と貸地貸家経営（その2）」127頁（『青山学院女子短期大学紀要』40輯，1986年）。
46） 加藤美侖『金銭活用安全利殖是丈は心得おくべし』誠文堂，1919年，162頁。
47） 加藤由利子「貸地貸家経営者層について――東京における貸地貸家経営に関する歴史的研究　その2――」596頁（『日本建築学会学術講演梗概集1988』1989年10月）。
48） 加藤由利子「戦前における借地上貸家経営について――東京下谷区M家の事例――」（『青山学院女子短期大学紀要』44輯，1990年）。
49） 山口由等「大都市の膨張と生活空間の構築」28頁（『歴史と経済』183号，2004年4月）。
50） 山口由等「第1次大戦後の都市構造の変容――住宅問題を中心として」（『土地制度史学』156号，1997年7月）。
51） 西山卯三『住宅問題』相模書房，1942年。以下，同書に拠る。

第Ⅰ部　関東大震災以前

第1章　震災以前の建物ストックと住宅需給

　本章では，第2章から第3章にかけて行われる関東大震災以前の借家市場分析の前提として，1910年代から20年代初頭にかけての「大東京」における建物ストックと住宅需給の動向を定量的に把握する。

第1節　「大東京」における土地・建物の数量的概観

1-1-1　東京市内の建物ストックと土地利用の変化

商業機能の集積と住宅延面積の緩慢な拡張

　第1に，関東大震災以前の東京市における建物ストックの変化を，用途別の建物棟数と延面積から明らかにする。表1-1によれば，1916年末から1922年末にかけて，東京市の建物棟数は1万1,106棟増加し，延面積は61万3,623坪増加した。1棟あたり延面積は1.0坪増加したが，延面積の増加に対する用途別寄与率をみると，「住宅」[34.6%]が最も高く，ついで「銀行・会社」[29.0%]，「工場」[23.7%]であった。「住宅」の寄与率の高さは，建物ストック全体に占める住宅の比重の高さを反映しているが，「住宅」1棟あたり延面積の増加は0.2坪に止まった。一方，延面積の増加率を用途別にみれば，「銀行・会社」[101.7%]が最も高く，ついで「工場」[71.5%]，「倉庫」[12.6%]とつづく。特に「銀行・会社」は延面積の増加率が棟数の増加率を大きく上回っており，「銀行・会社」1棟あたり延面積は44.6坪から64.3坪へ大幅に増加した。以上のように，当該期の東京市内では，住宅ストックの増加が建物ストックの増加に寄与したが，一方において，商工業用の建物ストックの増加，とりわけ1棟

表1-1 用途別建物棟数, 延面積（東京市, 1916・22年）

	1916年末 棟数	1916年末 延面積（坪）	1916年末 1棟あたり	1922年末 棟数	1922年末 延面積（坪）	1922年末 1棟あたり	棟数増加率（％）	延面積増加率（％）	延面積寄与率（％）
公共施設	8,747	663,989	75.9	8,872	690,437	77.8	1.4	4.0	4.3
寺社・教会等	4,501	135,479	30.1	4,536	137,606	30.3	0.8	1.6	0.3
銀行・会社	3,928	175,245	44.6	5,495	353,414	64.3	39.9	101.7	29.0
工場	4,347	203,225	46.8	7,021	348,445	49.6	61.5	71.5	23.7
倉庫	18,988	349,250	18.4	20,218	393,213	19.4	6.5	12.6	7.2
劇場・娯楽施設	369	38,374	104.0	407	42,271	103.9	10.3	10.2	0.6
住宅	298,315	6,498,942	21.8	305,190	6,711,491	22.0	2.3	3.3	34.6
その他	6,674	113,104	16.9	5,236	114,354	21.8	−21.5	1.1	0.2
計	345,869	8,177,608	23.6	356,975	8,791,231	24.6	3.2	7.5	100.0

出所：東京市役所『東京市統計年表（第14回）』1917年, 188～193頁；『東京市統計年表（第20回）』1924年, 120～125頁より作成。

表1-2 私有有租地1,000坪あたり用途別建物延面積（東京市, 1916・22年）

東京市15区	1916年末（坪）住宅	銀行・会社	工場・倉庫	1922年末（坪）住宅	銀行・会社	工場・倉庫	増加率（％）住宅	銀行・会社	工場・倉庫
麹町	558	35	15	514	117	60	−7.9	238.6	291.1
神田	671	18	30	620	28	59	−7.6	53.1	95.4
日本橋	892	91	119	916	154	133	2.6	69.3	11.0
京橋	1,042	65	74	971	147	129	−6.9	125.2	74.0
芝	453	16	12	449	34	38	−0.9	112.8	228.7
麻布	431	1	20	462	1	21	7.2	44.7	8.5
赤坂	378	2	11	410	2	12	8.6	4.5	11.2
四谷	443	5	59	415	6	56	−6.5	6.4	−6.4
牛込	415	3	11	421	4	13	1.6	11.5	18.8
小石川	286	1	18	346	1	25	21.2	61.0	32.6
本郷	399	2	12	436	6	18	9.3	124.2	51.0
下谷	702	5	30	799	7	25	13.8	43.0	−16.3
浅草	790	9	47	798	10	49	1.0	8.5	4.7
本所	395	9	114	437	21	147	10.6	122.0	29.0
深川	342	6	84	358	8	97	4.7	33.6	16.0
計	502	14	43	520	27	57	3.5	102.1	34.5

出所：『東京市統計年表（第14回）』74～75, 128～187頁；『東京市統計年表（第20回）』18～19, 60～119頁より作成した。

注：建物に関するデータは各年12月31日現在, 土地に関するデータは各翌年1月1日現在の値である。

あたり面積の増大により, 土地利用の高度化が進展した。

　第2に, 東京市各区の用途別建築密度［容積率］から土地利用の地域的な変化を把握する。表1-2は1916年末と1922年末の東京市15区における私有有租

第1章　震災以前の建物ストックと住宅需給　23

表1-3　住宅ストックの増減（東京市，1916年末→1922年末）

東京市15区	棟数	増加率（％）	延面積（坪）	増加率（％）
麹　町	-592	-4.8	-39,329	-10.5
神　田	-1,439	-8.2	-38,877	-10.1
日本橋	-396	-1.8	12,563	2.7
京　橋	-778	-3.3	-17,747	-3.6
芝	-1,162	-4.4	-32,826	-5.6
麻　布	130	0.9	25,172	6.8
赤　坂	157	1.4	16,085	7.2
四　谷	2,016	19.8	44,851	27.1
牛　込	-165	-0.9	373	0.1
小石川	2,268	10.2	69,442	19.4
本　郷	1,053	5.6	34,432	8.6
下　谷	2,871	9.9	63,850	10.9
浅　草	269	0.9	5,667	0.8
本　所	947	3.5	46,745	9.8
深　川	1,696	7.8	22,148	4.7
計	6,875	2.3	212,549	3.3

出所：表1-2と同じ。

地1,000坪あたり用途別建物延面積を集計，比較したものである。1916年末を基準とすると，1922年末の東京市における「住宅」[1]建築密度が3.5％の上昇に止まったのに対して，「工場・倉庫」建築密度は34.5％，「銀行・会社」建築密度は102.1％の大幅な上昇をみた。地域別の変化を概観すれば，都心部における「銀行・会社」の集積が顕著である。第一次大戦期から1920年恐慌後にかけて，市内の多くの地域で「銀行・会社」および「工場・倉庫」建築密度が上昇したが，特に麹町区，日本橋区，京橋区の3区において「銀行・会社」の建築密度が2.3倍ないし3.4倍の高い伸びを示した。また，上記3区では，私有有租地1,000坪あたり「銀行・会社」延面積が100坪を超過し，建物ストックという側面からみた都市空間における商業機能の拡大と集積が大きく進展した。一方，麹町区，神田区，京橋区，芝区，四谷区[2]の5区では，「住宅」建築密度が1％ないし8％程度低下した。表1-3に示されるように，上記5区中，四谷区を除く都心4区では，「住宅」棟数と「住宅」延面積がともに減少した。

表1-4 竣工建物棟数,延面積（東京市,1921・22年の合算）

		棟 数（棟）				延 坪 数（坪）			
		住 宅 向				住宅向	商業向	工業向	計
	平屋	2階建	3階建以上	計	(%)				
新 築	513	3,154	40	3,707	29.6	124,113	77,030	20,581	221,724
(%)	13.8	85.1	1.1	100.0		56.0	34.7	9.3	100.0
増 築	1,098	2,299	63	3,460	27.6	58,262	55,183	24,817	138,262
改築等	1,860	3,400	97	5,357	42.8	139,721	94,452	25,590	259,763
計	3,471	8,853	200	12,524	100.0	322,096	226,665	70,988	619,749

出所：警視庁総監官房文書課『警視庁統計書（大正10年）』1922年, 222～235頁；警視庁総監官房文書課『警視庁統計書（大正11年）』1924年, 168～181頁より作成。
注：「改築等」には「大修繕」,「大変更」が含まれる。「移築」は含まれない。

　第一次大戦期から1920年恐慌後にかけて，東京市の都心部では住宅ストックの取壊し［日本橋区を除く都心4区で12.9万坪の純減］をともなう土地利用の転換，居住用建物から商工業用建物への建て替えと後者1棟あたり規模の拡大が進行した。

　東京市のなかでも中心的な商業地であった日本橋区では，「銀行・会社」建築密度の上昇，商業用建物への転換にともない「住宅」棟数が減少したにもかかわらず，1棟あたり「住宅」延面積が拡大した。これは同区において，商業機能の集積と住空間の拡大が同時に進行したことを意味する。後者についてより厳密にいえば，日本橋区では「住宅」の建蔽率［建坪／敷地面積］の上昇にくわえて，容積率［延坪数／敷地面積］の上昇が同時に進行したことが，延面積としての「住宅」ストック総量の拡大を可能にしたのである。同区では従来から平屋家屋は相対的に少なかったが，当該期を通じて平屋家屋率［平屋棟数／総住宅棟数］は19.6％［1916年］から17.9％［1922年］に低下しており，東京市内で住宅1棟あたりの2階建化が最も進んだ地域であった。

　第3に，表1-4から東京市内の建築活動を概観すると，1921～22年の東京市内の住宅竣工棟数の85.1％は2階建住宅［3階建以上は1.1％］であり，建築活動に占める新築の割合［新築棟数／竣工棟数］は3割程度であった。建築活動の中心は「改築」［「構造上主要ナル部分」の「大修繕」,「大変更」を含む］

表1-5 世帯数，人口，住宅ストックの推移（東京市，1915年末〜22年末）

	公簿現住				住宅ストック				1棟あたり延面積（坪）	1人あたり延面積（坪）
	世帯数（千世帯）	指数	人口（千人）	指数	棟数（千棟）	指数	延面積（千坪）	指数		
1915年末	585	100.0	2,247	100.0	294	100.0	6,373	100.0	21.7	2.84
1916	602	102.9	2,284	101.6	298	101.4	6,499	102.0	21.8	2.85
1917	621	106.0	2,353	104.7	297	101.0	6,507	102.1	21.9	2.76
1918	609	104.1	2,332	103.8	303	103.0	6,592	103.4	21.7	2.83
1919	623	106.4	2,360	105.0	304	103.3	6,598	103.5	21.7	2.80
1920	622	106.3	2,378	105.8	308	104.6	6,726	105.5	21.9	2.83
1921	638	109.1	2,438	108.5	307	104.4	6,746	105.8	22.0	2.77
1922	641	109.6	2,478	110.3	305	103.7	6,711	105.3	22.0	2.71

出所：『東京市統計年表』各年次より作成。
注：1920年に東京市は内藤新宿町を編入した。

であるが，住宅の「改築」は棟数の増加に結びつかず，延面積の増大に対する寄与は小さい。延面積の増大に寄与するのは「新築」と「増築」であり，両者を合わせれば建築活動の57.2％を占める。都心5区［麹町区，神田区，日本橋区，京橋区，芝区］をとり囲む周辺区では，住宅の新築棟数の増加にともなう延面積の増大にくわえて，2階建比率の上昇と増築を通じて延面積が増大し，市内の多くの地域で「住宅」建築密度が上昇した。東京市の平屋住宅率は，51.5％［1916年］から48.7％［1922年］に低下したが，住宅ストックの99％以上は木造家屋であり，建築構造上の制約のなかで，周辺区における新築と増築を中心とする緩慢な空間の拡張［住宅1棟あたり0.2坪の増加］が進行した。

建築密度の上昇と地域差

　表1-5から東京市内の住宅ストックの推移をみると，1915年から1922年にかけて，住宅棟数は29.4万棟から30.5万棟に3.7％増加し，同延面積は637.3万坪から671.1万坪に5.3％増加した。ただし，1921年から22年にかけて，住宅棟数は減少に転じている。住宅棟数の減少は都心部における土地利用の転換にくわえて，表1-6に示されるように，私有有租地［宅地］面積の絶対的な減少によるものと考えられる。

表1-6　私有地の建蔽率の推移（東京市, 1915年末〜22年末）

	私的建物 建坪 (A)（千坪）	私有有租地面積 (B) （千坪）	増加数（坪）	建蔽率① A/B (%)
1915年末	5,890	12,943	—	45.5
1916	5,954	12,942	-609	46.0
1917	6,036	12,966	23,278	46.6
1918	6,163	13,016	50,486	47.3
1919	6,168	13,038	21,908	47.3
1920	6,268	13,073	35,175	47.9
1921	6,261	12,993	-80,688	48.2
1922	6,256	12,915	-77,487	48.4

出所：『東京市統計年表』各年次より作成。
注：「私的建物」は「官衙公署」，「官舎公舎」，「学校・図書館」以外のすべての建物を指す。私有有租地は各年末（12月31日現在）ではなく，翌年初（1月1日現在）の値である。1923年初現在，東京市の地目別私有有租地面積の98％以上は「宅地」である。

　東京市内の宅地面積の減少は，建築密度［建坪／敷地面積］の上昇を促した。表1-6の「私的建物」建坪の私有有租地[3]に占める比率［建蔽率①］から建築密度を推計すると，1915年から1922年にかけて，45.5％から48.4％へ3ポイントほど上昇した。ただし，表1-7に示されるように，市内の建蔽率②は地域によって大きな差があり，大別すれば，京橋区［82.7％］を筆頭に「下町」に位置する地域で高く，小石川区［31.5％］を最低として「山の手」に位置する地域で低い傾向がある。

　官有地や市有地を含む総面積に対する建坪［公的建物を含む］の比率［建蔽率③］は，1922年末現在，27.8％に止まっていた。当該期の東京市内の土地利用について，「今尚は広大なる国有土地は依然として旧態の儘になつてゐる斗りでなく，其甚だしきものに至りては不用意無関心の間に放棄されてゐるものもある」[4]と指摘されるように，市内には十分に活用されていない官有地と市有地が残されていた。これらの公有地は東京市総面積の3分の1以上を占めており，そのうち「最も広大なるは陸軍省所轄の約　百万坪（大正六年現在）にして，此内処分して差支無き不用地は尚四十四万四千余坪」と見積もられていた[5]。

第1章 震災以前の建物ストックと住宅需給　27

表1-7　地域別建蔽率（東京市，1922年末）

東京市 15区	土地面積（A）(千坪)	私有有租地（B）	B/A (%)	建物建坪（C）(千坪)	私的建物（D）	建蔽率② D/B (%)	建蔽率③ C/A (%)
麹　町	2,703	656	24.3	471	339	51.7	17.4
神　田	1,151	558	48.5	325	314	56.3	28.2
日本橋	886	522	58.9	377	370	70.9	42.5
京　橋	1,284	496	38.6	443	410	82.7	34.5
芝	2,805	1,237	44.1	537	496	40.1	19.1
麻　布	1,140	860	75.5	367	353	41.1	32.2
赤　坂	1,350	585	43.3	225	202	34.5	16.6
四　谷	824	508	61.6	200	195	38.4	24.3
牛　込	1,509	953	63.1	391	370	38.9	25.9
小石川	1,880	1,236	65.8	425	390	31.5	22.6
本　郷	1,560	996	63.8	401	365	36.7	25.7
下　谷	1,444	816	56.5	611	583	71.5	42.3
浅　草	1,432	918	64.1	692	672	73.1	48.3
本　所	1,765	1,202	68.1	638	622	51.7	36.1
深　川	2,373	1,372	57.8	602	575	41.9	25.4
計	24,106	12,915	53.6	6,705	6,256	48.4	27.8

出所：東京市役所『東京市統計年表（第20回）』1924年，18～19, 60～125頁より作成。
注：土地面積＝官有地＋市有地＋私有免租地（道路，新開地，私立学校用地，民有墓地など）＋私有有租地（宅地）。
　　土地面積のデータは1923年初の値である。
　　「私有建物」は表1-6と同じ。

　「山の手」に位置する地域で建蔽率が低いのは，広い敷地や庭園をもつ邸宅が比較的多く存在していたからであり，「東京は一見宅地に余裕があるやうに思はれるが，これは富豪貴族が広壮な邸宅をもつて割拠してゐるからで，其の実は非常に密な生活をしてゐる」[6]のである。すなわち，1筆ごとの宅地利用密度の差が地域間の建蔽率の格差に反映されており，「下町」を中心とする建坪率の上昇は，小住宅密集地域における採光や通風を妨げ，居住環境の質を低下させた。他方，市内における広大な未利用地と大邸宅の存在は，大戦景気期の住宅難の深刻化を背景として，市内の庭園に対する課税や土地開放を求める世論を高めた[7]。

表1-8 建物棟数の推移（東京市・周辺5郡，1910〜22年）

(単位：千棟)

	東京市		周辺5郡						
		指数	荏原	豊多摩	北豊島	南足立	南葛飾	計	指数
1910年	315	100	29	32	34	13	25	133	100
1911	308	98	29	32	37	13	26	138	103
1912	312	99	33	34	40	13	27	146	110
1913	323	102	37	39	40	13	27	156	117
1914	329	104	39	43	44	13	27	165	124
1915	339	107	39	43	47	13	28	171	128
1916	346	110	42	46	51	13	30	182	136
1917	347	110	47	49	54	13	32	195	146
1918	353	112	—	—	—	—	—	—	—
1919	355	112	53	53	64	13	36	220	165
1920	358	114	—	—	—	—	—	—	—
1921	358	114	60	62	81	14	46	264	198
1922	350	111	70	68	91	15	51	296	222

出所：『東京市統計年表』各年次；東京府『東京府統計書』各年次より作成。
注：1918年および1920年の棟数は不明。

1-1-2 郊外の建物ストックと土地利用の変化

　1923年初現在，東京市内の私有有租地における地目上の宅地率は98％以上に達しており[8]，関東大震災以前に市域を超えた市街地の拡大が進行していた。したがって，東京市内のみならず，同市をとり巻く周辺5郡［1932年10月以降の新市域に相当］を含む「所謂大東京」という領域，とりわけ東京市と境域を接する「密接ノ関係ヲ有スル近接町村」［以下，近郊］を含めて，1つの住宅市場として一体的に把握する視角が必要である[9]。

　第1に，周辺5郡の建物ストックの推移を把握する。統計資料の集計方法により「郡」単位の構造別建物棟数と延坪数しか知り得ないが，郡部の用途別建物ストックの大部分を占めるのは住宅であるため，総建物ストックの推移から住宅ストックの大よその動向を推定することは可能である。表1-8に示されるように，第一次大戦期から1920年恐慌後にかけて，東京市内の建物棟数の伸びが頭打ちの傾向を示すのに対して，郡部では南足立郡を除く4郡において，

表1-9　推計宅地率（東京市・周辺5郡，1921年）

(単位：町)

	農地面積 (A)	耕作地面積 (B)	B/A	不耕作地 (準宅地)	宅地面積	計	推計宅地率
東京市	42	4	9.9%	38	4,235	4,273	98.7%
第1圏	1,394	634	45.5%	760	2,388	3,147	76.7%
第2～4圏	24,905	23,728	95.3%	1,177	3,601	4,778	15.4%

出所：『東京府統計書』各年次より作成。
注：農地面積は民有有租地の「田」および「畑」の合計値。
　　耕作地面積は「自作地」および「小作地」それぞれの「田」および「畑」の合計値。
　　不耕作地＝農地面積－耕作地面積。
　　推計宅地率＝(宅地面積＋不耕作地面積)/民有有租地面積。
　　圏の区分は，東京市役所『東京市郊外に於ける交通機関の発達と人口の増加』1928年，10～11頁に基づく。第1圏は東京市と境界を接する18町，第2圏は第1圏を取り囲む16町村を指す。

建物棟数が高い増加率を維持した。とりわけ北豊島郡と荏原郡の伸びが著しかった。

　第2に，郊外における市街地化の指標の1つとして，東京市からの時間的距離に応じた「圏」単位で，宅地率［民有有租地に占める宅地の割合］を算出する。ただし，公簿上の数値は実際の土地利用を必ずしも反映しているとは限らない。公簿上の地目が田あるいは畑であったとしても，その土地が耕作地として利用されていない場合もある。たとえば，表1-9に示されるように，1921年の東京市内において，民有有租地上の田・畑面積は42町であったが，耕作地面積は4町に過ぎなかった。同様に，同年の第1圏の田・畑面積は1,394町であったが，耕作地面積は634町に過ぎない。つまり，これらの地域では，公簿上の田あるいは畑の過半は耕作地として利用されていない。これらの不耕作地は，準宅地と読み替えることができる。東京市に隣接する第1圏の公簿上の田・畑面積と耕作地面積の差は，当該地域の有業者人口に占める第1次産業従事者の比率が，すでに4％にまで低下している点からも裏付けられる[10]。

　東京市近郊では公簿上の民有有租地から算出される「宅地率」と実際の土地利用状況を考慮した「推計宅地率」との間に大きな差が生じているが，両者の乖離が大きいほど都市化の進行速度が速いことを示唆している。一方，東京市

から遠距離に位置する第2～4圏では、田・畑面積と耕作地面積との差は相対的に小さく、公簿上の地目と実際の土地利用が概ね一致しており、依然として農村的な性格が強い地域であることを示している。

建物に関しては「郡」単位の大まかな数値しか判明しないが、以上の宅地率から判断して、郡部の建物ストック増加の大部分は、第1圏から第2圏までに集中していたと考えられる。このような建物ストックの動向は、人口増加の前線が東京市からその近郊へと移行し、農地から宅地へ土地利用の転換が活発化し、郊外化を促進したという従来の都市形成に関する歴史像と合致する。

ただし、西山の理論に従えば、好況期に住宅供給は抑制されるはずであり、実際、東京市内では住宅棟数が横ばい傾向で推移した。しかし、震災以前の郊外に目を向ければ、建物棟数は一貫して増加傾向を維持していた。したがって、大戦景気期における第1圏の急激な市街地化という現象を説明するためには、別の論理が必要である。また、住宅は人間が生きていくうえで不可欠な財であるがゆえに、住宅難は矛盾を内包したまま、何らかのカタチで「解消」されなければならない必然性を有する。重要なことは、「解消」へ至る過程で生じた歪みが何であるかを明らかにすることである。

第2節　震災以前の住宅需給の推移

1-2-1　第一次大戦以前の住宅需給

建物ストック動向を踏まえたうえで、本節では、第Ⅰ部［第2・3章］の借家市場分析の前提として、震災以前の「大東京」における住宅需給の推移について概観する。戦前期の都市における住宅需要の大部分は、借家需要である。総体的な借家需要の規模は、その都市の人口あるいは世帯数によって大よそ把握することができるが、借家需要［ニーズ］が実際にどのようなカタチで有効需要として顕現するかは、需要者の家賃負担力と居住地選択の自由度、新築を含む空家ストックの数量と質［立地、用途、面積、間取り等］、家賃水準等の

諸条件によって変わってくる。空家率の動向は需給状況を端的に表す指標の1つであり，空家率の低下は需給の逼迫を意味するが，空家率の上昇は必ずしも需給の緩和を意味するとは限らない。住宅難の「現れ方」の相違に着目すべきであり，空家率のみで住宅需給の状況を判断することは，適切ではない。

　日露戦後から第一次大戦勃発以前の東京市における住宅需給状況は，大戦景気期以降のそれとは大きく異なっていた。1909年現在，東京市内の空家戸数は2万3,460戸であり，住宅棟数［住戸数は不明］に対する空家戸数の比率は7.8％，公簿現住世帯数に対する空家戸数の比率は5.5％で，「従来慣習的企業収益ノ立場ヨリ見タル空家数ハ八％内外ヲ以テ最高標準トスルヲ以テ，当時ノ住宅供給ノ状態ハ住宅需要者ノ立脚地ヨリスレハ極メテ良好ナリシ状態，換言スレハ住宅ノ豊富ナリシ時期」とみなされていた[11]。その後も空家戸数は増加傾向をたどり，1914年末現在，東京市内の空家戸数は「三万戸」[12]ないし「四万戸近く」[13]と見積もられていた。空家戸数を少なく見積もって3万戸と仮定すれば，住宅棟数に対する空家戸数の比率は10.2％，公簿現住世帯数［1914年末］に対する空家戸数の比率は5.5％である。すなわち，第一次大戦勃発直後の東京市内には十分な戸数の空家ストックが存在し，「その頃［1914年末］までは東京市中に貸家札の張られた家屋は，一町内に必ず二三軒はあつた」[14]のである。

　ただし，当該期の借家の需給状況には，用途［専用・併用］と立地によって偏りが生じていた。1912年から13年にかけて，主に低所得層が居住する「裏長屋」では「空家が殆ど無い」[15]が，「東京の目抜きの場処」では「貸家札が実に幾つと無数に張つて」あった[16]。すなわち，家賃水準が低い専用住宅である「裏長屋」の需給が逼迫する反面，家賃水準の高い店舗併用借家の需要が低下していたのである。当該期の景況を反映する借家需給の偏りは，平均値で示される空家率の高さが「住宅需要者ノ立脚地ヨリスレハ極メテ良好ナリシ状態」を示す指標であるとは必ずしも限らないことを物語る。

　とはいえ，家賃負担力の高い所得層の立場からみれば，大戦前の状況が「住宅ノ豊富ナリシ時期」であったことは確かである。豊富な空家ストックの存在は，東京市内居住者の転居を容易にした。たとえば，「初夏より初冬へかけて

郊外生活の清々しきを好む人々が……閑散な地を選んで転居するもの多かりしも，昨今の涼気に入り今までとは反対に今度は下町の方を目当てに転居する人が多くなつた」[17] と伝えられるように，季節に応じた転居の傾向がみられた。

1-2-2　大戦景気期から1920年恐慌後にかけての住宅需給

第一次大戦勃発にともなう経済状況の変化は，都市の借家市場に大きな影響を与えた。大戦景気の過熱とともに，東京市や大阪市をはじめとする大都市の住宅市場は深刻な量的住宅難に直面し，新聞報道等を通じて世間の注目を浴びた。日露戦後の空家率の高い時期には，社会問題および経済問題としての住宅難の存在が十分に認知されておらず，「之を問題とする識者先覚者さへ極めて寥々たるもの」であったが，「当時［1918年頃］急に種々の社会問題が起つて来ると共に識者の間に住宅供給の問題亦突如として台頭して来た」のである[18]。空家戸数と住戸数の時系列データが得られる大阪市の事例を参照すると，同市の空家率［空家戸数／住戸数］は1914年の7.1%から1919年の0.2%にまで急低下したが[19]，当該期の東京市においても，概ね同様の事態が生じていたと推測される。

東京市内の住宅需給の推移について，表1-5から確認したい。第一次大戦期以降，東京市の人口増加率は低下し，市内人口は230万人台で停滞的に推移した。この市内人口の「飽和」ともいうべき現象は，市内の住宅供給の動向に規定されたものであった。市内の住宅棟数の推移は停滞的であり，延面積は7年間で約22万坪の増加をみたが，人口・世帯数の増加に比して，住宅供給は棟数・面積の両面において過少であった。増築と新築による2階建化の進展は住宅延面積を幾分増大させたが，1920年代初頭の時点で，東京市内の1人あたり住宅面積は限界的水準に低下しつつあった。東京市の人口増加の中心は社会的増加であり，転入者の大部分は住まいを借家に求めた。しかし，すでに確認したように，当該期の東京市内では住宅棟数は増加していない。したがって，棟数に比例する住戸数もそれほど増加していないと考えられる。借家を求める転入者［転入世帯］の一部は，借間，住み込みなどの形態により，居住密度の上

昇をともないながら，市内の住空間へ収容され得る。ところが，短期間のうちに空家率が０％付近にまで急低下したため，市内における需給調整は困難な事態に陥った。

小　括

　本章では，第一次大戦勃発前後から関東大震災前にかけての東京市とその郊外を対象として，建物ストックおよび住宅需給について定量的に分析した。

　はじめに，建物ストックの動向について多角的に検討したが，要点をまとめれば，以下の通りである。第1に，市内都心区における住宅ストックの減少をともなう商業機能の集積・拡大［麹町区，京橋区，芝区など］と市内の一部地域における工業・物流施設の増大［芝区など］である。第2に，市内周辺区［麻布区，赤坂区，小石川区，本郷区，下谷区，本所区など］における新築・増築を通じての緩慢な住宅面積の拡張である。第3に，市内地域間における建築密度の格差であり，「下町」方面に極度の過密化が進行する地域が存在する一方で，「山の手」方面に多くの未利用地や広大な庭園が残存していた。第4に，郊外［周辺5郡］における建物棟数・延面積の推移と宅地率から，特に東京市に隣接する近郊において，土地利用の転換と建物ストックの蓄積が急速に進行しつつあったことを明らかにした。

　つぎに，住宅需給の変化について，主に空家率を指標として検討した。大戦景気の拡大にともない併用借家の需要が回復して空家率が低下するとともに，もともと空家率の低かった専用借家の需要が増加すると，東京市内は俄かに量的住宅難に陥った。仮に市内の借家需要の増大に応じて，弾力的に市内の広大な未利用地に貸家が供給されたならば，量的住宅難が深刻化することはなかったと考えられるが，実際には非弾力的であった。西山が指摘する「経営の長期性と要求の一時性との矛盾」の現出にほかならない。当該期の東京市内における量的住宅難の根本的な原因は，短期的な借家需要の急増に対する貸家供給の非弾力性に求められる。

ただし，第2章と第3章で明らかにされるように，対象を東京市内に限定せず，「大東京」の視点から俯瞰すれば，第一次大戦勃発以降の住宅市場をめぐる環境の急変に対して，郊外では市内と異なる反応がみられた。

注
1) 『東京市統計年表』の「住宅」には「商店及家内工業向家屋等ノ如キ，営業及居住ノ相方ノ用ニ供セラルモノ」を含むため，「実際ニ於テ居住ノ用ニ供セラルル坪数」とは一致しない。実際の住居面積は不明であるが，統計に示される数値より小さいことは確かである（東京市社会局『東京市ニ於ケル住宅ノ不足数ニ関スル調査』1922年，17頁）。
2) 「住宅」建築密度の低い内藤新宿町を1920年に編入したことにより，四谷区の建築密度が低下した。
3) 地籍簿上の宅地，田，畑，山林，原野等の合計を指す。私有免租地［新開地，道路，私立学校敷地，民有墓地等］を含まない。新開地の大部分は「官有ノ水面ヲ埋立民有ニ帰セシ土地」である（林田保太郎『諸税便覧』1912年，6頁）。
4) 沢政務調査所『東京市内に於ける宅地外土地（田畑，山林，原野，池沼）調査書』1920年，58〜59頁。
5) 「都市住宅問題 市長の対応策」（『東京朝日新聞』1919年6月10日付）。
6) 近間佐吉『各種貸家建築図案及利廻の計算』鈴木書店，1921年，9頁。
7) 「富豪の庭園に愈々税を課す」（『読売新聞』1921年10月1日付）。
8) 東京市役所『第20回 東京市統計年表』1924年，8〜9頁より算出した。
9) 前掲『東京市ニ於ケル住宅ノ不足数ニ関スル調査』3頁。
10) 東京市役所『大正9年 東京市勢統計原表』1922〜23年より算出した。
11) 前掲『東京市ニ於ケル住宅ノ不足数ニ関スル調査』18〜19頁。
12) 「家賃が昂い滅法昂い」（『国民新聞』1915年1月26日付）。
13) 前掲，近間『各種貸家建築図案及利廻の計算』7頁。
14) 同上。
15) 「売貸家が殖えた」（『読売新聞』1912年11月25日付）。
16) 「空家の多い歳末」（『東京朝日新聞』1913年12月18日付）。
17) 「秋風に貸家札」（『都新聞』1914年10月11日付）。
18) 社会局『都市住宅問題』1924年，4頁。
19) 大阪市役所『第22回 大阪市統計書 大正12年』1925年，21〜22頁より算出した。

第2章　大戦景気期の量的住宅難

　本章では，第一次大戦期に空前の好況が到来し，1910年代末の「大正バブル」に至る期間［以下，戦後ブームも含めて大戦景気期］の東京借家市場を分析する。借家市場に着目する理由は，都市における住戸供給の大部分が，中小家主の貸家投資に依存しており[1]，このような供給構造の特質が，「経営収支の長期採算と現実的必要の臨時性との矛盾」[2] を通じて量的住宅難を引き起こすと考えられるからである。

　明治期以来の都市における住環境の問題については，産業革命の進展にともなう「都市下層社会」の劣悪な居住状態から生じる衛生，風紀，保安などの悪化が，重大な社会問題として発見されていた[3]。一方，需給構造から生じる住宅難は，「社会」の問題として明確に把握されておらず，「之を問題とする識者先覚者さへ極めて寥々たるもの」であったが，「当時［1918年頃］急に種々の社会問題が起つて来ると共に識者の間に住宅供給の問題亦突如として台頭して来た」のである[4]。

　本章の課題は以下の2点である。第1に，大戦景気期に顕在化した借家市場における需給構造上の問題について，特に貸家投資を規定する期待利回りの変化という観点から明らかにする。第2に，当該期の借家市場を規定する要素の1つである家賃水準の動向について，「新規家賃」と「継続家賃」の相違に着目しながら検討する。

第1節　大戦景気と貸家投資

2-1-1　不動産投資に対する認識と利回り

土地投資に対する認識

　大正期に出版された投資・資産運用に関する書籍では，不動産は株式や債券とならぶ主要な投資対象の1つとして紹介されていた。不動産投資の中心は土地投資と貸家投資である。これらの投資指南書によれば，大戦景気期の土地投資は「確実安全であつて，且つ，有利」[5]，「放資物としては何物よりも安全にして確実」[6]という評価を与えられていた。ただし，「土地は利回りが低い」[7]，「市街地地代の利回りは勢ひ年四分乃至三分五厘に行けば上の部で，大抵は買値が高い為めに一分以下の利回りになつて居る」[8]と指摘されるように，地代によるインカムゲインという点では，他の投資対象に劣るとみなされていた。このような認識は1920年恐慌後も同様であり，「［東京市内の宅地］は価はあるが，之を貸して利益を見やうとするならば，寧ろ退いて勧業債券か或は公債証書を買つた方がどんなに利益であるかしれない」[9]と述べられている。したがって，土地投資の主たる目的は地価上昇によるキャピタルゲインの獲得であった。特に今後の発展が期待される東京市近郊の土地投資は，以下のように有利な投資対象として推奨されていた。

> 　東京に於ける地価の騰貴率の如きは夥しきもので……安全確実第一の投資と云へば先づ土地を買ふことである……交通機関の発達，世間の景気につれて必ず漸騰する。而も時には暴騰急騰する事が往々ある。東京近郊の如き常にそれがある[10]。

　このように「大正バブル」興隆の最中における東京市近郊の土地投資は，安全性が高く有利な投資対象と認識されていたが，土地投資の難点を挙げれば，

株式や債券と比べて土地の流動性が著しく低いことである。したがって，東京市近郊の土地投資は，キャピタルゲインの獲得を目指す長期投資であり，相当の資金的余裕がなければ行えなかった。すなわち，「土地を買ふには相当巨額の資本も要るし，其の騰貴を待つ間五年なり十年なり，其の資本を固定させて置くのであるから，余程金に余裕のある人でなければ行はれぬ」[11]という点において，一部の資産家に限られる投資法であった。具体的には，「五万円以上の資産家」でなければ，「土地にする利殖は不向」であった[12]。

以上の土地投資に対する一般的な認識は，いずれも地価が「長期」的にみれば上昇しつづけることを前提としている。ところが，1920年恐慌後の1921年の東京市の平均土地売買価格は前年比29.8％の下落をみた[13]。ただし，「一昨年〔1919年〕来空前の勢を以て騰貴した東京市近郊の土地価格も昨年〔1920年〕財界の変動以来幾分下落の傾向を示したが決して廉いとは云へ」[14]ない水準を維持していた。東京市内外の地価は，「大正バブル」の絶頂期と比べれば「市内郡部共平均二，三割ノ安値ヲ唱」[15]えたとはいえ，依然として「三四年前に比較すれば，最も安い所で三四割，大きな所は総て二倍三倍といふ暴騰」[16]という水準にあった。

長期的にみれば東京市近郊の地価は上昇傾向を維持しており，関東大震災後に東京土地住宅株式会社が増資に際して作成した株主募集のパンフレットによれば，「近年東京近郊の急激なる拡大発展と地価の暴騰は，各人の等しく驚嘆せる処で，全く騰貴率の高速なる点に於て，他の如何なる投資物も郊外廉地には絶対の追従を許さない」，「郊外土地の騰貴率は凡ての投資物中の第一位」と喧伝している[17]。

地価上昇によるキャピタルゲインの獲得を目指す投資，あるいは，土地の投機的買占め行為は，しばしば社会的批判にさらされた。たとえば，土地国有論を唱える安部磯雄は，住宅難の原因を「土地投機熱の弊害」に求める論調を展開した[18]。

　投機的に土地を需要することが多ければ多い程，郊外の地価は不当に奔騰

せざるを得ない。其結果無産階級の住宅難は何時までも緩和されないのである……私共は往々市内に広大なる空地の存して居るのを見ることがあるが……地主が地価の騰貴を予想して容易に其土地を手放さないのは無理もなきことである。

　安部の主張と対照的な立場をとったのは，関一であった。関は「第一，建築規程と地価は如何なる関係に立つか」，「第二，宅地地代は独占地代であるか，第三，土地投機は永久に地価を騰貴せしむるか」という3つの論点を軸に地価上昇の原因を探り，土地投機については，以下の引用文のように結論付けた[19]。

功罪共に存するものであつて土地投機の圧迫のみに依りて住宅政策の十全を期せむとする説には賛成し難い……投機の抑制を主として営利主義の撲滅のみに依頼する如き政策に依るべきものではなくて分散主義の都市を建設し住宅の需要供給の自然の原則に基いて小住宅の供給を増加すべきである。

　地価の高騰は土地投機の功罪に関する議論を巻き起こしたが，土地投資または投機を抑制するような政策は実施されず，「営利主義」に基づく「分散主義」的な都市形成が進展した。

貸家投資に対する認識
　当該期の貸家投資は，土地投資と同様に「確実安固」な利殖手段であるとみなされていたが，土地投資に比べて貸家投資は「大金を積まずとも創始することが出来」るという利点があり，家主が副業的に「他の営業に兼ねて営む」事例が多かった[20]。株式投資と同様に，新規の貸家投資は，土地投資より少ない余裕資金があれば始めることができるが，一般に株式投資が「全然門外漢の素人に手出しの出来る方法ではない」と考えられていたのに対して，貸家投資は「必らずしも男子に限らぬ。未亡人にでも隠居にでも放資して利殖することが

出来る」と認識されていた点において[21],都市中間層以上のポピュラーな資産運用の一法であった。

東京市内の貸家経営には,大別して①「裏町の貸家」,②「[表通りに面する]商店向の貸家」,③「細民向の貸家」の3種類があった[22]。①「裏町の貸家」は「所謂しもた屋或は労働者内職者などの住家」で,造作付きの物件が多かった。一方,②「商店向の貸家」は造作付きの物件が少なく,「借家人が[造作を]買い取つて入る」ことが多かった。特に市内の目抜き通りに面する店舗併用住宅などでは,「今日では,此の造作なるものは,一種の場所の借用権」の価格とみなされており,「造作其物の実価」ではなかった。③「細民向貸家」は「細民相手の,安物本位の貸家」であり「家屋は長屋を主とし,便所も押入も,一つのものを仕切りて両方から共用するといふ風に切り詰め,地所も其通り,九尺の総路次を除く外は,地積一杯に建て,猫の額ほどの地も明け」ないものであった。1912年の調査によれば,本所・深川両区における「細民」世帯の99%以上が長屋形式[普通長屋77.6%,棟割長屋12.7%,共同長屋9.1%]の借家に居住し,1世帯あたり畳数は5畳,1カ月あたり家賃は概ね1.5円以上3円未満であった[23]。

時期は異なるが,1922年の俸給生活者世帯の住宅様式は,1戸建[大部分は借家]の割合が55%を占めた[24]。対照的に,職工および電車従業員世帯のそれは,2戸建の長屋が80%以上を占めた。

貸家投資は主に家賃収入を目的とするものであるが,貸家投資の利回りは「[貸家の世話を焼く]覚悟と時間のある人なれば,遊金を銀行などに預金して安い利子をつけておくよりは,家を作つて貸した方が遥かに有利」であり,「利殖に不慣れな人が片手間にやる方法としては,貸家経営は比較的有利」と紹介されている[25]。ただし,新規の貸家投資を行うための条件として,「家作を持つだけの預金が充分に用意」されていること[26],仮に「[資金を]借りるとしても,貸家を建てる金が,十分,懐にあるが,今少し足らぬと云ふところを借りて建てる位」[27]に止めることが推奨されている。

表2-1 震災以前の

	番号	貸家種別	立地場所	敷地面積(坪)	延面積(坪)	建築費(円)(A)	建築費 1坪あたり	経費 地代	経費 修繕費
大戦前	①	中等下たや	神田区錦町	不明	12.0	382	32	37	0
	②	中等下たや	下谷区根岸町	不明	19.5	456	23	66	10
	③	繁華な町の商店	神田区表神保町	不明	80.0	4,500	56	317	0
大戦後	④	勤人向貸家	東京府下東大久保	34	15.0	1,200	80	41	60
	⑤	勤人向貸家	浅草区北島町	22	15.2	1,672	110	63	18
	⑥	商店向貸家	麻布区霞町通	28	21.0	3,570	170	44	120
	⑦	商店向貸長屋	本郷区駒込浅嘉町裏通	12	14.0	1,330	95	17	42

出所：①～③は石井研堂『独立自営営業開始案内』第7編，博文館，1914年，129～130頁。
　　　④～⑦は近間佐吉『各種貸家建築図案及利廻の計算』鈴木書店，1921年，95～98頁。
注：貸家種別は各出典の表記に従う。

第一次大戦以前の貸家投資利回り

　戦前期の都市において持家を所有する目的は，「自分自身の好み通りに住み心地のよい住宅を建てる事」であったが，将来的に「趣味的住宅の建築を為し得る階級の人が少なくなり借家住の人間が増して来る」と考えられていた[28]。店舗併用住宅の持家を所有する目的は，「商売上の信用」を得ることであったが，大正期には「オフィス，ビルデイングの一室」に事務所を設けることも普及し，むしろ「敷地の経済，衛生，活動の容易等」が重視されるようになった[29]。

　戦前期の都市では，世帯主の職業や所得水準の如何を問わず借家住まいが主流であり，粗末な「棟割長屋」から100坪以上の建坪［1階部分の床面積］と広い庭園を有する高級な邸宅の貸家まで，多種多様な貸家の型が存在した。あえて分類すれば，「我国の現在［1919年］の状態は共同長屋を以て下級社会の住宅として，単独の借家を以て中流或は上流社会の住宅と見て居る」[30]と指摘されるように，低所得層向けの長屋［主に2～4戸建貸家］と中・高所得層向けの1戸建貸家がある。貸家は差別化された財であり，標準化することはできないが，いくつかの典型的な事例から投資の利回りを計算すると，以下の通りである。

　貸家投資の実際利回りは，個々の貸家の状況［用途［専用・併用］，立地，

貸家投資利回りの実例

（円）			1坪あたり家賃月額（円）	家賃（12カ月）(C)	利回り（%）(C-B)/A	投資回収期間（年）A/(B-C)	家賃（10カ月）(D)	利回り（%）(D-B)/A
火災保険料	諸税その他	計(B)						
3	12	53	1.0	144	23.9	4.2	120	17.6
2	12	89	0.6	150	13.5	7.4	125	8.0
32	25	373	0.9	900	11.7	8.5	750	8.4
4	5	110	1.8	324	17.9	5.6	270	13.4
5	7	94	2.0	372	16.7	6.0	310	12.9
8	12	183	2.8	696	14.4	7.0	580	11.1
5	7	72	2.6	438	27.5	3.6	365	22.1

建築費，修繕費，地代，差配人の有無，家賃，空家率など］と経営の巧拙によって，結果的に大きな差が生じるが，利回りに決定的な影響を与える要素は建築費である。表2-1は関東大震災以前の東京における貸家利回りの実例である。①～③は大戦以前に新設された貸家の事例［①，③］または中古住宅を購入して貸家にした事例［②］である。③はやや特殊な事例であり，一般的な貸家の事例は①と②である。通年満室時の利回りは①23.9％，②13.5％であるが，当該期は空家率が高く，実態に即して家賃10カ月分で計算すれば，利回りは①17.6％，②8.0％に低下する。②の「利回りは甚だ不利」[31]と評価されており，8％程度の利回りは，貸家投資としては失敗とみなされている。第一次大戦以前における家賃の算定基準は「元価及び付近の振合，一ヶ年の費目等を骨子とし，年利一割五分乃至二割五分位に回れば可い」とされ，「家賃の収入は，明家又は滞納等を見越し，十ヶ月或は九ヶ月分の家賃を一ヶ年の収入と見るのが普通」であり，当該期の標準的な貸家投資利回りは14％と見積もられていた[32]。

2-1-2 期待利回り低下の主要因——建築費の高騰——

家賃算定基準としての建築費

　明治期の「貸家住宅の家賃算定の慣習的方法」として「一般に家賃（月額）

は建築費の百分の二を以てするのが一般常識」とする考え方があったが,「都市の発展と共に……地価・地代を考慮外に置く採算は不合理である事が漸次明になつて来る」と「所謂『底なし』といはれる借地上の貸家では建築費の百分の一・五に地代月額を加へたものを以て家賃とするのが通常用ひられる採算方法」となったと述べられている[33]。建築費に一定の比率を乗じる素朴な慣習的家賃算定法は,当該期の貸家投資が「一定の予算の下に利潤を追求するのではなくて,諸種の偶然的事情の結果として生ずる予測出来ない利回りに対する期待」に基づいて行われる性格[「寄生的・高利貸的・一言にして云へば前資本主義的性格」]をもっていたことを示す。貸家投資の「前資本主義的性格」は「家賃を採算的基礎の変化に対応して直に訂正するといふ様な事が一般化してゐない」という家賃の非弾力性にも反映されている。

　以上のような「前資本主義的性格」の家主が,大正期以降の都市における貸家の主たる供給主体であったことは首肯し得るが,一方において,より明確な採算性の見通しに基づいて新規に貸家投資を実行する家主,換言すれば,建築費の低減により積極的に長期の期待利回りの向上を図ろうとする家主も存在した。第一次大戦以前の時点で,建築費に関して「[持家用の]住居普請となれば,坪五六十円かかるものなら,同じ体裁で貸家普請は三十円か二十五円位で仕上げます……収利目的の建物でありますから,見えない点に多分の金をかけることは禁物であります」[34]と指摘されているが,このような建築費坪単価の切り下げによる投下資本の早期回収が貸家投資の要諦であるということは,多くの家主にある程度共有される認識であったと考えられる。

建築費の高騰と貸家投資の減退

　広義の建築費は建築材料費,人件費,宅地造成費などから構成されるが,特に重要なのは建築材料費と人件費である。第一次大戦勃発直後は「不景気で,金利が安い処へ材木や職人の賃金も安い時期」であり,貸家投資は「誠に利益の多い」利殖手段であると報じられている[35]。すなわち,建築費が相対的に低い不況期が,貸家の平均投資利回りを引き上げる時機であることが指摘されて

いる。ところが，大戦景気の到来とともに物価水準が急上昇すると，あとから追随して賃金水準も上昇しはじめた。物価水準とそれに引きつづく賃金水準の上昇は，建築費の大幅な上昇をもたらし，貸家投資の期待利回りを低下させた。

戦前期の日本家屋の主な建築材料である木材の価格は「[大正]三年ヲ最不況期トシ逐次恢復ニ向ヒタルモ，尚大体ニ於テ不振ノ域ヲ脱セス」，「然ルニ[大正]四年九月頃ヨリ欧州戦乱ノ影響弗々現ハレ」，「大正六年七月ニ至ツテハ全然従来ニ於ケル相場ノ地位ヲ脱却」したのである[36]。1914年を基準として1920年時点の東京における物価と賃金の水準変化を比べると，卸売物価指数は6年間で2.7倍に上昇したが，なかでも木材は3.7倍という大幅な上昇を示した[37]。木材以外の個別の建築材料も卸売物価指数を上回る上昇を示した［洋釘3.4倍，石材3.0倍，煉瓦3.8倍，瓦3.1倍，セメント3.7倍，畳表2.9倍，板硝子2.7倍］。また，大工の賃金指数も1916年以降，明確な上昇傾向に転じた。1914年を基準とすると，1920年時点の東京における大工の賃金指数は2.5倍に上昇した。

木造住宅の建築費坪単価は「四十五円で済んだものが今日［1918年］ではザッと百円は要る」[38]状態となり，さらに「今日［1920年恐慌後］東京での建築代金は雑作付で坪百円から百五十六円が普通」[39]の状態へ高進した。1920年3月末の住宅建築費に関する「東京の標準相場」は「甲種」坪単価200円以上，「乙種」坪単価150円前後［長屋は120円］，「丙種」坪単価120円前後［長屋は100円］であった[40]。1921年に刊行された「郊外向き小住宅」の平面図集では，「坪当り百四十円見当を標準」としている[41]。ようするに，第一次大戦後の木造住宅の建築費坪単価は，大戦前の水準［貸家25〜30円，持家50〜60円］と比べて3〜4倍に高騰したのである。大戦前後にかけての建築費の急上昇により，「建上り迄には驚くべき意外の高値に上るので，見積を誤つた請負師や大工の棟梁などは働き損の疲労儲け位はまだしも，中には飛んだ大損を背負い込んだものさへあつた」，「先づ第一に金時計を買ひ込み，次いで住宅の新築に取り蒐るのが順序の様になつて居る成金連も茲一寸諸式の暴騰に恐れを為して手控への形」[42]となったのである。

建築費の急上昇は建物全般の新設を抑制するが,「大正バブル」の過熱とともに，富裕層向け持家の新設需要において，貸家の新設需要とは対照的な展開が生じた。すなわち,「各種事業の勃興とで懐中に金が有り余ると云ふ大小成金の全盛から贅沢な建築が市内各所に見られる」,「一昨年［1916年］頃までは，建築費が滅法界に高くなつたと云つて尻込みして居た面々も，昨今［1918年］では『費用は幾許要つても良い』と云つた鼻息で盛んに新しい工事を起す状態」となり，貸家新設の停滞を尻目に「大小成金」の邸宅,「法人の事務所工場」等の「建築熱」はむしろ高まりをみせた[43]。

未曾有の好景気は人口移動を通じて都市における借家需要を短期間に増大させ，空家皆無ともいうべき状況を現出させた。借家需要の急増は，家主の空家リスクを限りなくゼロに近い水準にまで低下させたが，家主の予想を上回る建築費の急上昇は，期待利回りの低下を通じて新規の貸家投資を手控えさせた。すなわち,「貸家の如き長期に亘る収益を目的とするものにありては，世間の景気につれて一時如何に貸家の需要が増加すればとて，堅気な家主は大事を取つてなかなか家屋の建築に取掛らない」[44]のであり，特に長期の期待利回りを重視する家主は，新規投資の判断基準を建築費の水準に置くことになる。借家需要の増大による貸家払底＝目先の空家リスクの解消は,「堅気な家主」にとって二義的な貸家投資の判断基準であり，好況期［物価上昇期］＝借家需要の増大期に，貸家供給が相対的に減少する傾向があった。

貸家投資の一義的な判断基準は建築費であったが，その他の投資との関係［相対的な安全性や利回りの差］からも影響を受ける。1919年1月の「重要株式平均利回」は8.74%[45]，1919年の国債利回りは5.1～5.9%，1919年の郵便貯金の年利は4.8%であった[46]。池田宏は貸家投資に要する諸費用を計算したうえで，好況期に「普通公債や社債や銀行の預金などの金利に比して住宅の経営ほど割りの悪いものはない」,「小住宅の経営者が著しく減じたのは洵に当然の事」と結論付けている[47]。1910年代後半以降，貸家投資の期待利回りが低下し，他の投資対象の魅力が相対的に増したことは確かであろう。建築費の著しい高騰は「堅気な家主」の貸家投資を手控えさせ，余剰資金は他の対象に振り向け

られることとなった。

　表2-1の大戦後の貸家投資の実例④〜⑦をみると，家賃10カ月で計算した利回りは，⑦の事例を除いて14％［大戦以前の標準］を下回っている。確かに貸家投資の魅力は相対的に低下しているが，それでもなお1920年恐慌後の貸家投資の利回りは「資本に対して一年一割二分乃至一割五分位」を維持しており，「比較的利回りの悪い方ではない」[48]という見方もあった。建築費の急上昇という状況下で12〜15％程度の利回りを確保するためには，家賃の大幅な値上げが必須であった。表2-1によれば，大戦後の1坪あたり家賃月額は，大戦以前と比べて2〜3倍の水準に上昇している。新設貸家の家賃水準の上昇が，「建築費ノ膨張ニ因ル住宅企業収益率ノ減退及投資ノ転換ニ起因スル住宅企業ノ衰勢」[49]を緩和したのである。

2-1-3　期待利回り低下の副次的要因——地代の上昇——

地価・地代の上昇

　大戦景気期に貸家投資を手控えさせた主たる要因は，「堅気な家主」の投資判断の基準となる建築費の高騰であったが，副次的に同様の効果をもたらす要因の1つとして，地代の上昇を挙げることができる。貸家投資が土地の確保を前提とする以上，地主と家主が同一主体でない場合，前者の行動は必然的に借地人である後者の行動に影響を及ぼす。

　そこでまず，東京市の地価・地代の動向を概観したい。1909年に生じた「土地熱」で高騰した東京市内の地価は1912〜14年にかけて下落したが[50]，大戦勃発直後に土地売買は一層の不振に陥り，「低落ノ趨勢ニアリシ地価ハ」，「殆ンド底止スル処ヲ知ラズ」という状況に陥った[51]。表2-2は東京市内の土地売買総額と件数および1件あたり売買価格をまとめたものである。坪単価は不明であるが，土地売買の動向から地価の趨勢を把握することはできる。大戦前の東京市内における土地売買総額は，1911年の1,805万円をピークとして，1915年には1,037万円に下落して底を打った。

　地価が再び上昇傾向に転じたのは1916年のことであった。1916年1月には

表2-2 震災以前の土地・建物売買価格，件数（東京市，1910～22年，指数：1910年=100）

	土地						建物					
	総額		件数		1件あたり売買価格		総額		件数		1件あたり売買価格	
	（千円）	指数	（件）	指数	（円）	指数	（千円）	指数	（件）	指数	（円）	指数
1910年	15,328	100	1,749	100	8,764	100	8,893	100	9,147	100	972	100
1911	18,049	118	1,791	102	10,078	115	10,182	115	9,999	109	1,018	105
1912	17,442	114	1,585	91	11,005	126	10,473	118	10,194	111	1,027	106
1913	14,639	96	1,436	82	10,194	116	7,755	87	4,926	54	1,574	162
1914	12,107	79	1,097	63	11,036	126	9,234	104	9,570	105	965	99
1915	10,372	68	1,139	65	9,106	104	7,926	89	7,699	84	1,030	106
1916	22,366	146	1,536	88	14,561	166	7,260	82	7,359	80	987	101
1917	26,195	171	1,642	94	15,953	182	8,299	93	6,892	75	1,204	124
1918	31,279	204	1,754	100	17,833	203	11,120	125	6,790	74	1,638	168
1919	43,920	287	1,999	114	21,971	251	20,042	225	8,287	91	2,418	249
1920	46,646	304	1,377	79	33,875	387	33,553	377	7,380	81	4,547	468
1921	43,265	282	1,820	104	23,772	271	35,093	395	10,842	119	3,237	333
1922	43,619	285	1,832	105	23,810	272	37,434	421	8,727	95	4,289	441

出所：『東京市統計年表』各年次より作成。

「土地熱興起の兆候」が現れ，「土地を求めんとする者多く郊外に向わんとする状勢」が生じた[52]。表2-2によれば，東京市内の土地売買総額，平均売買価格は1916年から急激に上昇しはじめ，1920年に頂点に達した。この間に平均売買価格は3.7倍に高騰した。地代は1918～21年にかけて上昇しており，地価の上昇は1～2年のタイムラグをともなって地代に波及した。とりわけ，市内中心部の伝統的商業地区である日本橋区の上昇は著しく，1坪あたり地代は1914年の0.45円から1921年の1.55円へと3倍以上の上昇を示した[53]。

地主と借地人である家主との関係

東京市内における土地所有状況について概観したうえで，地主と借地人［家主］との関係について検討したい。1906年の東京市内有租地総面積の約4分の1は，財閥，大商人，華族などわずかに108人の大地主によって所有されていた[54]。1918年の東京市内における地租納税者数は2万1,121人［他に不在地主

が1,491人〕で，地主1人あたり所有面積は576坪であった[55]。市内では少数の地主によって大規模な土地が所有されていたが，特に最上位クラスに位置する地主の所有面積は10万坪を超えており[56]，大地主のなかには大規模な宅地造成と数百戸単位の貸家経営を行う者も存在した[57]。しかし，表2-2に示されるように，大戦景気期の東京市内の平均土地売買価格は，2万円ないし3万円以上であり，地価の高い市内で土地を購入することができたのは，企業や一部の富裕層に限られていたと考えられる。

したがって，東京市内における地主と中小家主との関係については，「東京にありては従来地主と家主が分離して地主は地主，家主は家主と云ふ具合で単独分業になつて居た。即ち地主と言へば単に地所を開拓して之を貸地に提供して地代の徴収を営業とし，家主は地主から地所を賃借して貸家を建て賃貸を営業として来た」[58]と指摘されるように，地主と家主が分業するのが一般的な形態であった。中小家主にとって，比較的少額の資金で投資できる「借地による貸家経営が採算上有利」[59]であると認識されていた。なお，50万円以上の資産を有する東京在住の大資産家のうち，「貸地業」を本業とする者は26名存在したが，東京市内で「貸地貸家業」，「貸家業」を本業とする者はこのリストから確認できない[60]。加藤由利子が指摘するように，大資産家や大地主の多くは管理に手間のかかる貸家投資・貸家経営に対して消極的であった。たとえば，三菱財閥の岩崎家は貸家経営から徐々に撤退し，貸地業や貸ビル業に専念していった[61]。東京市内の地主と借地人である中小家主との間には，相互補完的な分業関係が成立していたと考えられる。

借地上に貸家投資を行う家主にとって，地代の上昇は利回りを低下させる。家賃収入に占める地代の割合は，東京では2割前後が一般的であり，借地人である家主にとって大きな負担であった[62]。地代の値上げに関する地主と借地人との関係については，「若しも地主に於て地代値上の訴訟を起したるときは」，「裁判所にては鑑定人や証人の陳述を参酌して相当額を定め是れ是れまで値上げすべしとの判決を下すものなり，即ち借地人は相当の地代値上には応ぜざるべからざる義務を負ふものなり」と指摘されるように[63]，借地人が地主の地代

値上げ要求を拒否することは難しかったようである。また「土地ノ繁栄公租公課ノ増徴地価ノ騰貴比隣地地代ノ増加等ノ事由ヲ生シタル場合ニ地主カ借地人ニ対シ地代ノ相当ナル増額ヲ請求シ得ル」という「慣習」の存在が判例によって認められていた[64]。なお，地主と借地人の間に紛争が生じた場合，地主はその「慣習」の存在を証明する必要はなかった[65]。

以上のように，地代の値上げ関して借地人は弱い立場に置かれており，地主は地価上昇を比較的速やかに地代上昇へ反映させることが可能であったと推測されるが，一方において，借地人である家主が地代の上昇を家賃の上昇へと転嫁することは困難であった［後述］。結果として，「地主と借家人の間に介在る家主」は地代の値上げという「地主からの圧迫を蒙つて終始受太刀になり易い傾向」にあった[66]。地主と家主が別の主体であり，それぞれ貸地業と貸家業とで分業する傾向のある東京市内では，大戦景気期の地価・地代の高騰が貸家投資の期待利回りを副次的に低下させたのである。

第2節　家賃水準の二極分化──「新規家賃」と「継続家賃」──

2-2-1　家賃問題の争点化と客観的な家賃水準

1910年代後半の物価騰貴にともなう「生活難」の深刻化とともに，都市における借家の家賃をめぐる問題が1つの争点として浮上した。当該期の新聞・雑誌卜では，家主は「不当な家賃を要求してゐる」[67]という論調が主流であり，「家主横暴の声亦社会の一問題」[68]，「近頃の家主は横暴」[69]といった言葉が紙面に登場するようになった。記事により言い回しは異なるが，家賃問題に関するこれらの主張の結論は，警視庁当局者が公表した以下の見解に要約される。

　　［住宅難は］家が不足な所へ不徳な家主や差配人が借手に対して無理をするといふことに原因して居るやうだ。全く個人の道徳関係に起因して居るだけに当局［警視庁］としても全く手の施しやうがない。当局として希望

する所は家主も今少し時代に覚醒して，一般借家人の苦しい生活状態を少しでも救ふやうに努めるやうにして欲しい[70]。

「個人の道徳」という視点から家主の自覚・温情を促す主張は，当該期の都市住民の共感を呼びやすいものであった。家賃問題や立退き問題を軸として描かれる借家人と家主の対立構図は，次第に階級闘争的な色彩を帯び，1922年10月の借家人同盟の発足へと至った。同会の創設者である布施辰治は，発会式に向けて「物価の値下は家賃からの標語をかざした発会式のビラ数万枚を全市に散布」し，発足式の檀上において「借家問題に於ける悪家主の横暴悪辣」を訴え，「家主は全く借家人の平和を攪乱するものである，多数の都会生活者の生活を脅威する事は人道の敵である」と糾弾した。そのうえで，「借家人は飽くまで正しく強く家主と対抗する」ために団結する必要があると主張した[71]。以上のように，利殖を目論む家主が家賃の値上げを通じて，「生活難」に苦しむ借家人の生活の拠り所を脅かすことに対する「人道」上の問題が先鋭化した。

しかし，急激に物価が高進した大戦景気期における家賃の値上げ，あるいは当該期の家賃水準それ自体が，経済的にみて「不当」であるか否かは，社会正義や「個人の道徳」とは別の問題であり，客観的に把握する必要がある。表2–3は1914年から22年にかけての東京市における1坪あたり地代，1畳あたり家賃，物価および賃金の動向を指数で表したものである。1919年までの各指数の変化を比較すると，はじめに物価が急激に上昇し，これに賃金が追随した。物価と賃金の急速な上昇に対して，平均的な家賃水準の上昇速度は緩慢であった。大戦景気期を通じて，平均的な家賃水準は物価・賃金水準に対して相対的に低下し，空家率の急低下は需給逼迫を激化させた。したがって，「需要は供給を充す能わず，借家料引上げは経済的に承認せられたるが如き観あり」と指摘されるように，家賃値上げの経済的合理性を認める論説も登場した[72]。ただし，「経済的承認と社会的承認とは自ら其揆を一にせず，凡そ人間生活の要素は，経済的承認と社会的承認とが両々相俟って始めて其基礎を鞏固ならしむるものなれば，単に経済的に承認せられたる現今の借家料は，未だ安定の域に達した

表2-3 地代, 家賃, 物価, 賃金指数（東京市, 1914年=100）

	1坪あたり地代	1畳あたり家賃	物価	賃金
1914年	100	100	100	100
1915	101	100	102	100
1916	107	102	123	107
1917	107	107	155	127
1918	113	115	202	157
1919	149	136	248	214
1920	160	167	272	284
1921	171	213	210	289
1922	162	253	205	312

出所：「地代」は『東京市統計年表』各年次,「家賃」は東京府社会課『東京市及近接町村中等階級住宅調査』1923年,「物価」,「賃金」は『明治大正国勢総覧』東洋経済新報社, 1927年より作成。

るものと云うべからず」として, 家賃値上げについては未だ「社会的承認」が得られていないと結論付けている。

以上のように, 平均的な家賃水準のみを客観的にみる限り, 家主が地代その他経費の上昇を根拠として家賃の値上げを借家人に要求することは,「社会的承認」の問題は別として, 経済的には必ずしも「不当」であるとはいえない。ただし,「平均的な家賃水準」という指標は, 家賃全般に関する実態を十分に反映したものではない。すなわち, 当該期の新規に賃貸契約される貸家の家賃水準［以下,「新規家賃」］と既存の貸家ストックにおける継続的な家賃水準［以下,「継続家賃」］とを区別すると, 大戦景気期に両者が大幅に乖離し,「新規家賃」の急上昇が数年のタイムラグを経て, 1920年恐慌後に「継続家賃」の水準を引き上げたという側面がある。

「新規家賃」に関して,「家主が貸家を建築して之を貸付するは, 資本運用の一方法なるを以て, 家賃は建築資本の利子, 元資償却年賦金, 地代, 家屋に対する各種の租税, 並に管理費と空家期間に対する失費とを償う程度のものたらざるべからず。されば建築材料の騰貴は当然家賃の昂騰を伴うの理なり」という主張が広く了解されるならば,「新築家屋」に設定される高い家賃は「経済的承認」を得やすいであろう[73]。一方,「継続家賃」に関して,「其他の家屋」［既存の貸家ストック］は「年所を経ること多きに従ひ資本の償却進捗するを以て, 単に資本関係のみより観察する時は家賃は寧ろ年々之を低下するを妥当とすべし」という主張が広く了解されるならば,「継続家賃」の値上げは「社会的承認」のみならず「経済的承認」をも得難いであろう。したがって,「平

均的な家賃水準」という指標と物価・賃金などその他の指標との相対的な関係のみならず，新旧家賃間の相違と両者の関連性を明らかにする必要がある。

2-2-2 家計における「継続家賃」の位置変化

第一次大戦以前の高家賃問題と経済的住宅難

1910年代から20年代初頭にかけての家計における「継続家賃」の位置とその変化を明らかにするため，当該期の家計調査を分析したい。

表2-4-①と②は1912年の東京所在工場に勤務する労働者世帯の家計費内訳である。①の工場に勤務する労働者世帯は，②のそれと比べて世帯主の平均収入が2.7円［家族の収入を含む世帯収入が4.8円］低く，①の世帯収入に対する食費の比率が52.4％に達するのに対して，後者は34.1％に止まる。ただし，両者ともエンゲルの法則［収入の増加に比例して，家計支出に占める食料費の比率が低下する］が成立している。家賃については，両者ともシュワーベの法則［収入の増加に比例して，家賃の絶対額は上昇するが，家計支出に占める家賃の比率は低下する］が成立し，前者の平均家賃は3.8円で世帯収入に対する比率は17.6％［世帯主の収入に対する比率は19.4％］，後者の平均家賃が4.9円で同比率は18.6％［同22.2％］である。1910年代初頭は東京市内の空家率が比較的高い時期であったが，工場労働者世帯は世帯主の収入の2割前後，とりわけ世帯主の収入が20円未満の階級では2割強ないし3割弱が家賃に充当されている。「労働者の賃金は，日清戦争前には，一円五十銭でありしものが，今日は七十五銭，若くは一円となって来た，又家賃は概して一間一円平均であつたものが，今日は一間四五円平均である」，「生活と云ふことが吾々に重大なる問題となつて来た」と報じられるように[74]，第一次大戦前の不況下において，労働者層あるいは低所得層の経済的住宅難が厳しさを増していたのである。

当該期における俸給生活者世帯の置かれた状況は，相対的にみて一層厳しい。俸給生活者世帯で「二十五円の収入ある者に家族五人となれば絶体絶命の苦境に沈淪する」[75]という状況であり，労働者世帯［単身世帯を除く］の平均的な所得水準［25円程度］が，俸給生活者世帯の生活を維持するうえでの下限とみ

表 2-4-① 労働者世帯の家計（東京所在工場勤務，

世帯主収入階級	調査世帯数	世帯人員数	収入（円）			支出（円)		
			世帯主(A)	家族	計(B)	食費	家賃(C)	その他
17円未満	101	2.8	14.9	0.4	15.3	9.3	3.4	4.1
17～25円未満	290	3.2	17.7	2.8	20.5	11.4	3.8	6.1
25円以上	148	3.5	25.5	1.8	27.3	12.2	4.0	6.5
計	539	3.2	19.3	2.1	21.4	11.2	3.8	5.8

出所：岡実「職工の生計状態」，付録「職工生計状態ニ関スル各種統計」第5表，第9表（中鉢正美『生活古典叢書』より作成。
注：調査対象は「東京某機械工場」の職工，「独身者」(160名) を除いた。

表 2-4-② 労働者世帯の家計（東京所在工場勤務，

世帯主収入階級	調査世帯数	世帯人員数	収入（円）			支出（円)		
			世帯主(A)	家族	計(B)	食費	家賃(C)	その他
20円未満	541	3.4	16.3	6.4	22.7	9.0	4.4	9.7
20～30円未満	913	4.3	23.3	3.0	26.3	8.7	4.9	11.9
30円以上	173	4.8	33.1	3.7	36.8	10.2	6.5	18.5
計	1,627	4.1	22.0	4.2	26.2	8.9	4.9	11.9

出所：岡実「職工の生計状態」，付録「職工生計状態ニ関スル各種統計」第3表（前掲『生活古典叢書』所収）より作成。
注：調査対象は「東京某会社工場」の職工，「独身者」(749名) を除いた。

表 2-4-③ 俸給生活者世帯の家計（大阪瓦斯株式会社社員，

世帯主収入階級	調査世帯数	世帯人員数	収入（円）			支出（円)		
			世帯主(A)	家族	計(B)	食費	家賃(C)	その他
25円	1	3.0	25.0	0.0	25.0	13.3	4.5[2]	7.2
30円	1	3.0	30.0	0.0	30.0	15.2	5.5[2]	12.9
50円	1	3.0	50.0	0.0	50.0	18.8	9.0	22.2
計	3	3.0	35.0	0.0	35.0	15.8	6.3	14.1

出所：「生活難問題（七）」『大阪朝日新聞』1912年7月16日付より作成。
注：1）調査対象は「同社（大阪瓦斯）社員中賞与を合せ月収二十五円乃至五十円に上る者……家族は夫婦と幼児一ある。
　　2）貸間収入を家賃から控除した。

なされ，「二十五円以下は寧ろ多くの場合に貧困の中へ編入」[76]されるのである。表2-4-③は1912年の大阪瓦斯株式会社の社員3世帯の家計費内訳であるが，世帯主収入に対する家賃の比率は18％である。ただし，月収25円と30円の2つ

第 2 章　大戦景気期の量的住宅難　53

1912年 3 月）

計 (D)	収支 (円) B−D	C/A (%)	C/B (%)
16.7	−1.4	22.4	21.9
21.3	−0.8	21.2	18.3
22.8	4.5	15.8	14.8
20.8	0.6	19.4	17.6

第 7 巻　家計調査と生活研究』光生館, 1971年, 所収）

1912年 5 月）

計 (D)	収支 (円) B−D	C/A (%)	C/B (%)
23.2	−0.5	27.2	19.6
25.5	0.8	20.9	18.5
35.2	1.7	19.5	17.5
25.7	0.5	22.2	18.6

1912年）

計 (D)	収支 (円) B−D	C/A (%)	C/B (%)
25.0	0.0	18.0	18.0
33.5	−3.5	18.3	18.3
50.0	0.0	18.0	18.0
36.2	−1.2	18.1	18.1

名即ち三人暮しの家庭を標準として飲酒せざる人」で

の世帯は「二階を貸し家賃を補うて居るので表では二階貸賃を控除して実際の支出額に依ったもの」である[77]。これは借家人が営む「素人下宿」［貸間］であり，貸間収入を家賃支払いの一部に充当しているのである。また，「五十円で九円の家賃は一見少額に似て居るが五分の一弱で現在では身分相当と見てよろしい，月給のみで五十円取る勤人の家賃は十二三円，多きは十五円に上るは珍らしくない，総収入五十円で三人家族で一家を構うるは余程難渋」な状況であった。

　以上が第一次大戦前の俸給生活者世帯の現状の一端である。「生計上家賃が大問題で二十五円の三人暮しでは到底独立して一家を構うる訳に行かぬ」のであり，換言すれば，生計を維持するためには世帯主収入以外の収入，すなわち，家族収入や貸間収入などの副収入が必要であった。「大正元年ニ於テモ同居世帯ノ存在セルハ明ナリト雖当時ノ状況ニ於ケル同居生活ハ住宅不足ニ基因スト謂ハムヨリハ寧ロ経済的原因又ハ独身生活者等ニ因リ同居生活ヲ営マサルヲ得サル世帯ナリ」[78]と指摘される通りである。

経済的住宅難と「郊外生活」

　家族の多い世帯は「生活費中の主座を占むる家賃を節約して米価に流用」する必要に迫られたが，「[東京] 市内に居ては如何にしても至廉なる家屋には住み得ないから郡部に出」ざるを得ない[79]。引越業者 [東京移転株式会社，宇都宮回漕店移転部] に対する聞き取りによれば，「近頃 [1912年] の移転者の六分は郡部に流れ出る人々」で，このうち「七分は多数の家族を有する中流階級の勤人」であった。彼らの転居先は，第1に大久保，渋谷方面，第2に目黒，中野，品川，大崎方面が多く，主に東京市の西南部に位置する近郊であった。

　渋谷町は「生活費は東京市内と大差はないが，家賃が安いのと空気のよいのが取柄」であり，水道と道路が整備されれば「大発展」を遂げるであろうと予想されていた[80]。東京市南郊の事例を挙げれば，「品川には良水が湧く井戸が多く，且つ [1914年現在，市内と比べて] 家賃もずつと安い」，「六，四半，三畳の家，加之も新しくて庭の三四坪もあり縁側も床も備はり，形ばかり乍ら門さへある家が六円七八十銭内外で借りられる」，「家賃は安いが市内電車まで徒歩で二十五分位かかる」，品川町の南に位置する大井町では，「二，四半，六，三 [畳] の四間の新家それに広い庭がついて六円位で棲める。故に今では非常な勢ひで家が建つて行き，移住者は日々増してゐる」と紹介されている[81]。すでに述べたように，1912～14年頃はまだ建築費が低廉な時期であり，これらの地域では俸給生活者世帯向けの貸家供給が「非常な勢ひ」で進展する諸条件が整っていた。

　ただし，大井町からさらに南進して大森町まで行くと，「大森にも多くの郊外生活者があるが，これ等の人々は中流以上の部に属し，別荘の様な気持ちで棲んでゐるから，家賃も高く又小さい家がない」[82] と紹介されており，近郊の品川町・大井町とは住宅需要の性格が異なってくる。大井町と大森町の中間に位置する入新井町の「八景坂付近の高台は何れも住宅地に適し，八景坂，山王，根岸等の各字は何れも東は東京湾上の眺望を擅にし，西は富嶽の秀峰を仰ぎ東京市南郊に於ける住宅地の随一と称せられ」，「眺望の佳なると樹木の豊富なるとに依りて住宅地として何れも其名を併称せらるる」と紹介されている[83]。

第一次大戦以前において，東京市に近接する品川町・大井町で営まれる「郊外生活」は，生活難に直面する市内の俸給生活者世帯が，経済的住宅難への対応として，①市内電車の電停まで徒歩圏内であり，②家賃が市内に比して低廉，という２つの条件を満たす借家を求めた結果として，換言すれば，消極的・受動的な居住地選択の結果として形成されたものである。「空気がよい」等の生活環境に関する条件も当然含まれるが，これは二義的なものであり，郊外における水道・電気・道路等のインフラ面での悪条件を甘受しなければならない。一方，入新井町・大森町で営まれる別荘地的な「郊外生活」は，居住者がより衛生的でより快適な生活環境を求めた結果として，換言すれば積極的・能動的な居住地選択の結果として形成されたものである。

第一次大戦期の「継続家賃」の相対的低下

　表２-５-①は物価・賃金が上昇し始めた1916年における東京府在住の労働者世帯の家計費内訳である。表２-４-②と比べて世帯収入と食費がやや増加しているが，家賃水準はほぼ同じであり，世帯収入に対する家賃の比率は16.0％［世帯主の収入に対する比率は19.0％］に若干低下している。表２-５-②は大戦景気期の物価急騰と賃金水準の追随的な上昇を経た1919年における東京市月島在住の労働者世帯の家計費内訳である。表２-５-①［1916年］と比べて，世帯収入が2.5倍，食費が3.0倍に上昇したのに対して，家賃は1.5倍の上昇に止まり，世帯収入に対する家賃の比率は9.5％へ大幅に低下した。すなわち，大戦前の高い「継続家賃」が大戦景気期に据え置かれたか，あるいは小幅な値上げに止まったことにより，相対的に低い「継続家賃」へと転化したのである。1918年７月における「月収八十円程度ノ一家庭ノ生計費」を1914年６月当時のものと比較すると，「生計費ノ膨張ノ上ニ最モ大ナル影響ヲ及ホセルモノハ副食物代ノ騰貴」であり，第２位が「米代」，３位が「被服費」であったが，一方において「生計費中ノ首位ヲ占ムル家賃ノ如キ其騰貴率多カラサル為メ遥ニ其下位ニ坐」することになった[84]。

　したがって，貸家ストックにおける相対的な「継続家賃」の低下が，大戦前

表 2-5-① 労働者世帯の家計（東京府

世帯主収入階級	調査世帯数	世帯人員数	収入（円）			支出（円）		
			世帯主（A）	家族	計（B）	食費	家賃（C）	その他
全世帯	20	3.9	23.5	4.4	27.9	11.5	4.5	11.9

出所：高野岩三郎「東京ニ於ケル二十職工家計調査」（前掲『生活古典叢書』所収）より作成。
注：調査対象は東京市（12名）および周辺郡部（8名）在住の「大工，左官ト云フガ如キ旧来ノ職工ト機械工，電気

表 2-5-② 労働者世帯の家計（東京市月島

世帯主収入階級	調査世帯数	世帯人員数	収入（円）			支出（円）		
			世帯主（A）	家族	計（B）	食費	家賃（C）	その他
全世帯	40	4.2	63.3	5.7	68.9	35.1	6.5	28.1

出所：権田保之助「東京に於ける労働者家計の一模型」，「労働者及び少額俸給生活者の家計状態比較」（前掲『生活古
注：調査対象は「其の九割まで機械工業関係の労働者」である。
　　収入には「財産収入」，「補給収入」，「雑収入」を含まない。

から同一の借家に居住しつづけた借家人の生活難を緩和する役割を果たした。1919年現在，東京府の大工場［労働者250人以上］に勤める労働者世帯に関する調査によれば，「家賃は大抵七円から十円位迄のが多く，六畳，三畳二間位のものである，家族数は平均三人半になって居るから七十円から取つて居る者は相応に楽な生活をして」[85]いたという。

　既存の貸家では「住民の移転が少いから家賃の値上が六ヶ敷」ため「現住者に対しての値上げは割合に少い」状況であったが，神田区長は「借家人が物価騰貴で苦しんでゐる折であるから［家主は］忍ぶことが当然」として，家賃値上げを容認しない考えを示した。1918年度実施予定の家屋税増税を根拠に「継続家賃」の値上げを断行しようとする家主もいたが，これに対し牛込区長は「家屋税が少し許り上つたからとてそれが為めこれを唯一の口実として法外に家賃の値上げをする等は以ての外」と語り，東京府内務部長は「道徳問題に訴へて大に反省を促す積りである」と同調している[86]。急激な物価騰貴とそれにともなう実質賃金の低下は都市住民の生活を逼迫させ，眼前の生活難は「継続家賃」の値上げを「不当」とみなす主張を正当化する根拠となった。結果とし

第 2 章　大戦景気期の量的住宅難　57

在住，1916年 5 月）

計 (D)	収支 (円) B−D	C/A (％)	C/B (％)
27.9	0.0	19.0	16.0

職工ト云フガ如キ新式ノ職工」である。

在住，1919年 1 ～12月）

計 (D)	収支 (円) B−D	C/A (％)	C/B (％)
69.8	−0.8	10.3	9.5

典叢書』所収）より作成。

て，「戦前と今日［1919年］の家賃を比較するに，家主と借家人と共に異動なき場合は二三割の騰貴に止ま」[87]り，表 2 - 3 に示されるように，貸家ストックの大部分を占める「継続家賃」に規定される「平均家賃」指数の上昇率は，大戦景気期を通じて物価指数や賃金指数の上昇率を大幅に下回ったのである。

2-2-3　新旧家賃水準の乖離

「継続家賃」上昇の遅行性

　　差配を介在しない顔の見える家主・店子関係が成立している場合，すなわち，長期にわたって「家主及び借家人共に何等異動なき場合」で「両者相互に多少の情実を存し」，家主が「無法の値上」を「借家人に強要し得ざる間柄」である場合，大戦前と比べた1918年現在の「継続家賃」の上昇率は，「日本橋京橋方面」16％，「山の手方面」20％，「郊外隣接町村」25～26％に止まった[88]。一方，「貸借者の一方に異動あるの場合」の家賃上昇率は50～60％ないし100％以上に達した。「継続家賃」の値上げに関する「社会的承認」の必要性を論拠とする主張，すなわち，「旧来引続き地所若くは家屋を所有する者にして，周囲の事情に照し急激なる地代若くは家賃の引上を要求する如き，断じて穏当なる態度と称すべからず。此種の地主家主に対して横暴を叫ぶは，叫ぶの理由ありと謂うべし」という主張が広く了解されるかぎり，「継続家賃」と「新規家賃」との上昇率の格差は解消しない。

　新旧家賃間の上昇率の差に基づき「価値の同じ位置で隣同士でも家賃に相違がある」[89]という経済的に不合理な状況が固定化し，新旧家賃水準の二極分化が進行した。具体的には，表 2 - 6 に示されるように，現住借家への入居時期，すなわち当該借家の賃貸契約を交わした時期によって，1922年 9 月現在の 1 畳

表2-6 入居時期別家賃水準(東京市・近郊, 1922年9月)

入居時期	1畳あたり家賃(円)
〜1914年	1.16
1915〜17年	1.18
1918〜19年	1.23
1920〜22年	1.57

出所:前掲『東京市及近接町村中等階級住宅調査』90頁より作成。

あたり家賃に大きな差が生じている。1920〜22年の間に新規契約した借家の1畳あたり「新規家賃」[1.57円]は、1914年以前に契約した借家の「継続家賃」[1.16円]と比較して35％高い。1922年9月現在、大戦景気期から1920年恐慌後の段階的な値上げを経て、なお「継続家賃」の水準が「新規家賃」の水準に追いついておらず、家賃水準の二重性が完全に収束していないことを示している。くわえて、敷金・権利金の騰貴も著しく、新規契約時の総合的な借家費用は「継続家賃」の水準から大幅に離れて高騰した。

すでに述べたように、大戦以前から借家人が入居している借家の「継続家賃」を家主が値上げすることは、大きな抵抗がともなった。「生活難」を訴える借家人にとって、借家は生活を営むための基盤であるばかりではなく、相対的に低下しつづける実質家賃負担が、当座の「生活難」をかろうじて凌ぐための重要な拠り所でもあった。ゆえに、借家人の生活を直接的に脅かす「継続家賃」の値上げには強い抵抗がともなうだけではなく、各区長や警視庁当局者から家主の温情や道徳心に訴える圧力がくわえられた。1922年9月の家賃値上げの理由に関する調査結果によれば、回答数[理由不明を除く]の50.0％は「物価騰貴」[「地代値上」を除く]が占めている[90]。第一次大戦期の物価上昇の激しさを鑑みれば、むしろ「物価騰貴」が家賃値上げ根拠の半数しか占めていない点に着目すべきである。「近時[1919年]市内に於ける住宅問題は囂々たるものあり、家主等が戦前[第一次大戦前]の諸材料廉価なりし時代に建築せし貸家に対し、物価騰貴を名として引続き数度の家賃値上を決行し居れるは不合理不当利得の甚だしきものなりとて、東京府は数日来警視庁と協議し相当方策を講ぜんとしつつあり」[91]と報じられるように、「物価騰貴」を根拠とする「継続家賃」の値上げは「社会的承認」および「経済的承認」を得難かった。

したがって、既存の貸家ストックの家主は、一般に「借家人の動くのを待つ

表 2-7　労働者向け貸家家賃推移の事例（東京市芝区三田豊岡町，1914〜22年）

	A	B	C	D	E	F	G	H	I	J	K	1畳あたり家賃（円）	指数（1914年＝100）
畳数	13.5	9.0	12.5	13.0	16.0	12.5	13.5	9.0	15.5	18.5	15.5		
1914年	8.0	7.0	8.5	9.5	10.5	10.0	9.0	7.0	8.5	11.5	12.5	0.7	100
1915	8.5	7.0	8.5	9.5	10.5	10.0	9.0	7.0	8.5	11.5	12.5	0.7	100
1916	8.5	7.0	8.5	9.5	10.5	10.0	9.0	7.0	10.0	11.5	12.5	0.7	102
1917	8.5	7.0	8.5	9.5	10.5	10.0	9.0	7.0	10.0	11.5	12.5	0.7	102
1918	8.5	7.0	8.5	9.5	10.5	10.0	9.0	7.0	10.0	11.5	12.5	0.7	102
1919	9.5	8.0	9.5	10.5	11.5	11.0	11.0	7.0	11.0	12.5	14.0	0.8	113
1920	9.5	8.0	9.5	10.5	11.5	11.0	11.0	9.0	11.0	12.5	14.0	0.8	115
1921	12.5	9.0	11.0	12.5	16.0	15.0	13.0	10.0	14.5	17.5	25.0	1.1	153
1922	12.5	9.0	11.0	12.5	16.0	15.0	13.0	10.0	14.5	17.5	25.0	1.1	153
増加率（％）	56.3	28.6	29.4	31.6	52.4	50.0	44.4	42.9	70.6	52.2	100.0	52.9	

出所：井口東輔「我国に於ける生計費と実質賃金」『社会政策時報』148号，1936年，52〜53頁。

て，家賃を高く」[92]再設定するか，「目先ばかりの修繕を加へて」[93]これを家賃値上げの大義名分とするか，いずれにせよ迂遠な手段をとらざるを得なかった。一方，家主が変更した場合も「継続家賃」は大きく変動する。すなわち，「家賃変動の最多く行はるる場合は借家人側の入り替る場合と貸家主側の移動の場合」であり，特に後者の場合は「現在の借家人と没交渉なる新家主が住宅の需要供給の趨勢を察して最高の家賃を得んとするから家賃変動の程度が急激」になる傾向があった[94]。大戦景気期の東京市内では土地・建物の売買が盛んになり，表2-2によれば，土地売買総額は1920年にピークに達したあと下落に転じたが，建物売買総額は平均価格の上昇に比例して増加した。東京市内で売買される建物には貸家も含まれているが，高価格で買い取った中古貸家の新家主は，以前から居住している借家人に対して，家賃の大幅な値上げを要求したのである。

　表2-7は1914〜22年の東京市芝区の労働者向け貸家11軒における「継続家賃」の推移を示しているが，1918年に至るまで家賃には大きな変化がみられず，値上げが実施されたとしても小幅である。ところが，1919年から20年にかけて家賃は段階的な上昇を開始し，1921年以降に明確な上昇，一部の貸家〔J家，K家〕では大幅な上昇を確認することができる。物価騰貴，地代値上げ，家屋税値上げ，借家人の交替，家主の交替，家屋の修繕，いずれの名目で「継

続家賃」の値上げが行われるにせよ,そのタイミングは当該期における一般物価の上昇速度からみれば大幅な後れをとることになる。結果として,表 2 - 3 に示されるように,1910年代後半の平均的な家賃指数の上昇は,一般物価指数や賃金指数の上昇に比して,数年程度のタイムラグをともなったのである。

新規契約時の借家費用の急騰

　旧来の家主が「継続家賃」を値上げするのに大きな困難をともなうのとは対照的に,「新規家賃」に関しては家主側が決定権を握っており,建築費の上昇や物価水準の動向をみながら弾力的に設定することが可能であった。また,家賃以外の諸条件についても,新家主側において有利な条件を設定することが可能であった。新家主の絶対的な交渉力の源泉は,借家需給の逼迫,すなわち,ほぼ0%という極限的な水準にまで低下した空家率である。第一次大戦勃発後,東京市内の空家率が著しく低下すると新家主の交渉力が高まり,1917年時点で「一割や二割家賃を上げても借手は櫛の歯を引くように集つて来る」[95] という状況であったが,1919年に入ると「市内何れの方面に行つて見ても貸家が見当らぬ」,「朝空いたと思ふと昼には直ぐ新規の借手が移転して来る」[96],「新築の家屋は未だ壁土も乾かぬ内から借家人が這入るといふ始末」[97] と報じられるほどの著しい払底状況を呈していた。当該期における新規契約時の権利金,敷金,家賃の概況は以下の通りである。

> 商家などは稀に家屋を明ける段になると,大抵はプレミアム付である。少し繁華な場所になると,家屋の明渡しに千円二千円のプレミアムの付くのは稀らしくない。／普通の住宅の場合に於ても同様で,新に移転するに当つては,大抵敷金を収めなければならぬ。これまで普通の住宅の敷金は,一ヶ月家賃の二倍乃至三倍であつたのが,昨今［1920〜21年頃］は一ヶ月家賃の五倍位が最低で多くは七八倍から十倍或はそれ以上である……戦争前と今日の家賃を比較すると,家主と借家人が共に異動のない場合は,五割乃至十割内外の騰貴に止まつてゐるが,新規契約の家賃になると,三倍

乃至四倍以上の暴騰である。而も此の四倍以上の住宅でさへ容易に借り入れられぬ有様で……転居の必要ある者や新に一戸の所帯を持たうとする者の不便困難は想像の外……[98)［斜線は改行］

以上のように，大戦景気期から1920年恐慌後にかけて，「新規家賃」の水準が大戦前の3～4倍に暴騰しただけではなく，家賃5～10カ月分相当の高額な権利金・敷金のような「隠れたる借家人の負担」[99)を含む新規の借家費用が著しく高騰した。敷金は退去時に借家人に返還されるが，敷金の利子は家主の収入となる。家主側が決定権を握る「新規家賃」と値上げに対する強い抵抗を受ける「継続家賃」，新旧家賃水準が二極分化の傾向を強めたが，結局，表2-3に示されるように，後者は数年のタイムラグをともなって，1921年頃にようやく一般物価水準に追いついたのである。

小 括

本章では，1910年代後半の大戦景気期の東京借家市場を分析した。貸地業と貸家業が分離する傾向のある当該期の東京市とその近郊において，「家作を持つだけの預金」のある中小家主の借地上の貸家投資により供給が行われた。土地投資とは異なり，貸家投資はキャピタルゲインの上昇を望みにくいため，重視されるのは，投資の利回りと安全性である。当該期の慣習的な家賃算出法は，建築費に1.5％を乗じた金額に地代を加算する方法であり，貸家投資利回りを規定する主たる要因は建築費，副次的な要因は地代であった。大戦景気期の建築費の急上昇と東京市内の地代上昇は，「堅気な家主」の貸家投資を手控えさせた。

大戦景気期の東京市内における借家需要の増加と貸家供給の停滞は，平均家賃水準の上昇をもたらした。ただし，「新規家賃」と「継続家賃」との間で上昇率の差が生じ，家賃水準の二極化が進んだ。新家主が圧倒的な交渉力を発揮して短期間に「新規家賃」が上昇したのに対して，旧来の家主が家賃値上げを

実施することは困難であり，「継続家賃」の上昇には数年のタイムラグをともなった。

　建築費と地代の上昇は，新家主の貸家投資の期待利回りを低下させ，他の投資手段との比較において，貸家投資の魅力を喪失させる。結果，東京市内は供給不足に基づく量的住宅難に陥り，住戸の過密化が進行した。第1章で明らかにしたように，市内中心部では商工業向建物への土地利用の転換が進んだが，郡部では農地から宅地への転換が進展した。両者の動きは都市化の段階こそ異なるものの，より収益性の高い土地利用を目指したという意味において同様である。当該期の後者は，スプロール的に展開した「無秩序」な都市形成として理解されている。

　本書の主題は，「無秩序」な都市形成をもたらす自生的秩序としての借家市場を分析することである。西山の理論に従えば，建築費が暴騰した大戦景気期に貸家投資は実施されないはずであり，東京市内に限定すれば，確かにその通りである。しかし，郊外に目を向ければ，第一次大戦以前の借家人にとって経済的住宅難の時期，家主にとって貸家投資に好適な時期に形成された「郊外生活」に止まらず，第1章で確認したように，貸家投資に不適な大戦景気期においても，郡部の建物ストックは増加しつづけている。西山が想定しているのは，建築費に規定される長期的な期待利回りを重視する「堅気な家主」であるが，実際の新家主は「堅気な家主」に限られなかった。一般的に「長期にわたつて販売せられる住宅は，その様な物価・労賃・金利の高い時期に建てれば夫だけ損失の危険が多い」[100]のは確かであるが，建築費の高さという問題さえ解決できれば，当該期は空家リスクが確実に回避されるだけではなく，家主側に極めて有利な「新規家賃」を設定することも可能であった。この機会を活かすことができた場所は，地代が相対的に低廉で，確実な借家需要を見込める東京市の近郊地域であった。

注
1) 1922年9月の東京市とその近郊における借家の比率は93％であった（東京府社会課『東京市及近接町村中等階級住宅調査』1923年，11頁）。
2) 前掲，西山『住宅問題』143頁。
3) たとえば，横山源之助『日本之下層社会』教文館，1899年など。
4) 前掲，社会局『都市住宅問題』4頁。
5) 岡本学『成金術』大修館書店，1918年，249頁。
6) 河野仙吉『土地建物利殖の知識』日本経済協会，1920年，25頁。
7) 加藤美侖『金銭活用安全利殖是丈は心得おくべし』誠文堂，1919年，148頁。
8) 前掲，河野『土地建物利殖の知識』28頁。
9) 前掲，近間『各種貸家建築図案及利回の計算』67頁。
10) 前掲，加藤『金銭活用安全利殖是丈は心得おくべし』146〜147頁。
11) 納谷松蔵『中流階級模範住宅と貸家』東亜堂，1921年，148頁。
12) 前掲，加藤『金銭活用安全利殖是丈は心得おくべし』149頁。
13) 東京市『東京市統計年表』各年次より算出した。
14) 「幾分下落した東京市の地価」（『東京日日新聞』1921年1月9日付）。
15) 荏原土地株式会社『第2回　営業報告書』1920年，2頁。
16) 「買手の無い売家が続出」（『報知新聞』1921年4月21日）。
17) 東京土地住宅株式会社『東京土地住宅株式会社増資新株制限募集』[1924年]（熊本学園大学図書館所蔵）。
18) 安部磯雄『土地国有論』科学思想普及会出版，1924年
19) 関一『住宅問題と都市計画』弘文堂書房，1923年，76〜92頁。
20) 石井研堂『独立自営営業開始案内』第7編，博文館，1914年，121〜122頁。
21) 前掲，河野『土地建物利殖の智識』176頁。
22) 以下，前掲，石井『独立自営営業開始案内』122〜134頁に拠る。
23) 内務省地方局『細民調査統計表』1914年より算出した。
24) 前掲『中等階級住宅調査』39頁より算出した。
25) 前掲，加藤『金銭活用安全利殖是丈は心得おくべし』159〜162頁。
26) 同上，162頁。
27) 前掲，岡本『成金術』284頁。
28) 塚本靖「生活難と住宅問題」16頁（『住宅』4巻3号，1919年3月）。
29) 「戦後の建築界を観測す」3頁（『住宅』3巻12号，1918年12月）。
30) 前掲，塚本「生活難と住宅問題」15頁。
31) 前掲，石井『独立自営営業開始案内』130頁。

32) 同上，128～132頁。
33) 前掲，西山『住宅問題』56～58頁。以下，同書に拠る。
34) 前掲，石井研堂『独立自営営業開始案内』125～126頁。
35) 「借家住居」（『読売新聞』1915年3月12日付）。
36) 日本銀行調査局『主要商品騰貴事情 其3』1919年，3～4頁。
37) 以下，東洋経済新報社『明治大正国勢総覧』1927年，355～356，573頁より算出した。
38) 「大工さんの青息吐息」（『報知新聞』1918年4月1日付）。
39) 前掲，河野『土地建物利殖の智識』173頁。
40) 大沢一郎『直ぐ間に合ふ新案住宅図集』帝国工業教育会，1920年，凡例。
41) 武田五一『改良住宅間取』住宅改造社，1921年，序1～3頁。
42) 「建築材料の大暴騰」（『報知新聞』1917年8月13日付）。
43) 「成金の建築熱」（『東京朝日新聞』1918年2月21日付）。
44) 日本社会学院調査部『現代都市の問題』冬夏社，1921年，125頁。
45) 前掲『明治大正国勢総覧』342頁。
46) 簡易保険局『積立金運用資料 第9輯 金利及利回に関する調査』1926年，42～44，49～51頁。
47) 池田宏「都市と住宅問題」11頁（『都市公論』3巻4号，1920年4月）。
48) 前掲，納谷『中流階級模範住宅と貸家』148頁。
49) 前掲『東京市ニ於ケル住宅ノ不足数ニ関スル調査』2頁。
50) 橋本寿朗「戦前日本における地価変動と不動産業」8～9頁（前掲『不動産業に関する史的研究Ⅰ』）。
51) 東京土地株式会社『第5回 営業報告書』1914年，1頁。
52) 「土地価格変動（1）」（『中外商業新報』1916年1月24日付）。
53) 前掲『東京市統計年表』各年次より算出した。
54) 前掲，水本浩・大滝洸「明治30年代末の東京市の宅地所有状況」182・183頁。
55) 東京市役所『第16回 東京市統計年表』1919，100～101頁。
56) 三菱合資会社・岩崎久弥・岩崎弥之助23万1,792坪，三井銀行・三井一族17万258坪，峯島こう・峯島きよ11万917坪など（竹内余所次郎「東京の大地主」，「大地主表を作るの感」，「東京市土地分配調の結果」（『平民新聞』1～15号，1908年1月））。
57) たとえば，渡辺治右衛門が開発した渡辺町など（森田伸子「日暮里渡辺町消滅」（前掲『郊外住宅地の系譜』））。
58) 前掲，河野『土地建物利殖の知識』62，81頁。

59）　玉塚締伍『家主読本』六合社，1935年，6頁。
60）　『全国五十万円以上資産家表』時事新報社，1916年より算出した。
61）　旗手勲『三菱財閥の不動産経営』日本経済評論社，2005年，73頁。
62）　前掲，玉塚『家主読本』80頁。
63）　伊藤光彦・亀谷正司『金銭不動産貸借売買債権者の顧問書』顧問館，1913年，15～16頁。
64）　恩田武市『借家法論』清水書店，1922年，71頁。
65）　「土地建物に関する一切の法律規則」32頁（『建築世界』1巻6号，1907年7月）。
66）　「地主の横暴差配の迎合」（『国民新聞』1915年1月31日付）。
67）　橋口信助「都市中流住宅の根本的更改」1頁（『住宅』3巻10号，1918年10月）。
68）　「都市住宅問題」（『東京日日新聞』1918年9月12日付）。
69）　「貸家不足の声」（『中央新聞』1919年4月20日付）。
70）　「住むに家無し家主の横暴に泣く人」（『東京朝日新聞』1919年6月14日付）。
71）　「借家人同盟発会式」2～3頁（『生活運動』1号，1922年11月）。以下，同記事に拠る。
72）　前掲「都市住宅問題」。以下，同記事に拠る。
73）　「貸家取締の必要」（『報知新聞』1917年12月15日付）。以下，同記事に拠る。
74）　「生活問題（1）」（『東京毎日新聞』1912年3月12日付）。
75）　「生活難問題（6）」（『大阪朝日新聞』1912年7月15日付）。
76）　「生活難問題（4）」（『大阪朝日新聞』1912年7月13日付）。
77）　「生活難問題（7）」（『大阪朝日新聞』1912年7月16日付）。以下同記事に拠る。
78）　「全国ニ亘ル住宅不足数ノ推算」（『住宅制度ニ関スル資料』1921～24年，所収，国立公文書館所蔵）。
79）　「生活難の声（7）」（『読売新聞』1912年4月24日付）。以下，同記事に拠る。
80）　「郊外生活（2）大名風の田園趣味」（『報知新聞』1913年5月19日付）。
81）　「郊外生活（1）」（『読売新聞』1914年4月21日付）。
82）　「郊外生活（2）」（『読売新聞』1914年4月22日付）。
83）　東京興信所『荏原郡入新井町土地概評価』1922年，1頁。
84）　日本銀行調査局『調査彙輯　内国之部』1919年，373～376頁。
85）　「大工場へ記入帳を配つて労働者の生活調べ」（『東京朝日新聞』1919年7月25日付）。
86）　「家賃問題」（『やまと新聞』1917年12月5日付）。
87）　橋口信助「住宅問題解決の急務」1頁（『住宅』4巻5号，1919年5月）。
88）　「地代と家賃　注目すべき現象」（『報知新聞』1918年12月23日付）。以下，同記

事に拠る。
89) 「住宅難」30〜31頁（『東京経済雑誌』2108号，1922年5月）。
90) 前掲『東京市及近接町村中等階級住宅調査』91頁より算出した。
91) 「家賃を銀行に」（『中外商業新報』1919年4月20日付）。
92) 「新しく家を建てるより借家の方が経済」（『読売新聞』1919年2月26日付）。
93) 前掲，近間『各種貸家建築図案及利廻の計算』5頁。
94) 大阪市社会部調査課『労働調査報告　第21号　土地住宅売買と家賃』弘文堂，1923年，2頁。
95) 「家賃が高くなる」（『都新聞』1917年12月8日付）。
96) 「貸家不足の声」（『中央新聞』1919年4月20日付）。
97) 前掲「新しく家を建てるより借家の方が経済」。
98) 前掲，近間『各種貸家建築図案及利廻の計算』5頁。
99) 前掲，関『住宅問題と都市計画』16頁。
100) 前掲，西山『住宅問題』26頁。

# 第 3 章　1920年恐慌後の経済的住宅難

　本章では，大戦景気期の量的住宅難から1920年恐慌後にかけての経済的住宅難への移行過程における東京借家市場を分析する。本章の課題は，以下の2点である。

　第1に，当該期の貸家供給を主導した短期収益型の貸家投資について検討する。大戦景気期に量的住宅難を引き起こした供給側の要因は，「堅気な家主」の投資行動の変化［貸家投資の手控え］であったが，この変化はすべての家主にあてはまるものではない。確かに，第1章で数量的に示したように，1910年代後半の東京市内では住宅棟数が停滞的に推移したが，他方，郊外では建物ストックの増勢が衰えていなかった。したがって，長期的な利回りを期待し得ない不適期に，あえて貸家投資を実行する家主の行動，および市内と郊外との条件の相違に着目する必要がある。「大東京」の借家市場を，地域差を内包する1つの市場圏として俯瞰し，量的住宅難下で需給均衡が達成される過程を明らかにする。

　第2に，1920年恐慌を転換点とする借家市場の環境変化により，住宅難の性格が変容していく過程について検討する。特に，借家市場の限界を克服する方法として，需要者が自ら能動的に住空間を創出する借間市場の機能に着目する。

第 1 節　近郊の短期収益型の貸家投資

3-1-1　実需に基づく近郊貸地供給の増加

郊外鉄道と都市形成の 2 類型

　日露戦後恐慌後に生じた「土地投機熱」は東京市内に限らず，郊外の地価上昇ももたらしたが，1910年代初頭には下落に転じ，特に「郡部」の下落率は大きかった。

　　都市の膨脹は自ら郊外地価の騰貴を促がし随つて土地投機熱は一時旺盛を極めたれども，其後財界の不振其他の原因の為め地価は漸落の傾向を帯び，今日［1915年］に於ては之を両三年以前に比較するに市内は大略二割五分の低落を示し，郡部に在りては五割以上の暴落を来せるものも少からず[1]。

　ただし，上記の「土地投機熱」崩壊後の「郡部」のなかで，地域別にみれば地価の動向に相違が生じていた。地価の落ち込みが最も激しかった地域は東京市南郊，京浜間に位置する地域であった。「郡部発展の第一は南方大森方面に在りき，明治四十二年に於ては此方面の発展を見たり誰れも彼れも猫も杓子も大森々々と居住地を求めたりき，殊に海岸地を求むる者多く大森地方の土地は俄に騰貴せり」[2]と述べられるように，当該地周辺は明治末期の地価上昇が激しかった分だけ「土地投機熱」崩壊後の反動も大きく，大正期に入ると 4 割ほど地価が下落した[3]。一方で相対的に地価が低く，交通利便性が向上した「目白，大久保，雑司ヶ谷，滝野川」方面の地価が上昇した[4]。日露戦後恐慌後の「土地投機熱」によって騰貴した東京市内外の地価は，一部の地域を除いて大正期に入ると下落に転じ，土地売買も不振に陥った。

　東京市の地価下落が底に達した1915年現在，「不動産処分物の過多」により「投機売買の如き全く沈衰に帰した」のであるが，一方において「投機的観念

第3章　1920年恐慌後の経済的住宅難　69

を捨てて採算上有望なる投資地と観らる可き郊外地」とみなされていたのは，「市中より一時間以内にて往来し得べき地」であり，東京市近郊における実需の存在が当該地の地価を下支えしていた。具体的な地域として挙げられているのは，①「渋谷・目黒」，②「市内電車の延長」された「王子」，③「武蔵野鉄道及び東上鉄道の近き将来に完成せらるる」，「池袋」，④「江戸川改修工事の完成」し，かつ「市電江東橋線も延長」された「亀戸・大島」である[5]。いずれも第1・2圏に属し，市内へのアクセスが比較的容易な地域である。実際，1910年代後半を通じて，これらの地域の地価は上昇した。

　上記の記事では，「渋谷」と「目黒」が同じ集合［①］に分類されているが，当該期における両者の発展段階は異なっていた。1920年現在，渋谷町は「交通機関の完備せるため住宅地，商業地並に工場地として其発展の顕著なること接続町村第一」と称され，「当町は其発展顕著となると相俟つて其［土地］価格の昂騰せることも亦接続各町村中第一位」であった[6]。一方，目黒村は「全体より見るときは其の発展は未だ微々たるものにして西部の大半には昔ながらの畑を存し，東部と雖も今尚ほ大部分植木屋村の観あり」という段階に止まっていた。目黒村が「植木屋村」と称されているのは，「目黒村付近は一体に観賞用植樹の栽培盛にして，其反別三十余町従業農家七十余戸に達し，農家の副業として宅地内の空地を利用し，各種の庭木及苗木，芝生，盆栽等の培養多かりし」ためである[7]。渋谷町の地価は「接続町村中第一位」であったが，目黒村の1920年現在の地価も1916年と比較すれば「二倍内外ないし三倍以上に騰貴」しており，増加率は高い[8]。②「王子」は「荒川及び石神井川の水利並び鉄道及び電車の便」により町内東部の低地は工業地として，西部の高燥地は住宅地として発展を遂げ，地価は「何れも二倍以上の騰貴」を示した。

　③「池袋」は西巣鴨町に位置するが，西巣鴨町は2つの異なる型の発展を遂げた。第1に「東南部市電大塚終点及び中山道方面」の「［東京］市の直接的膨張と見る可きもの」であり，第2に「池袋駅を中心とする多少独立したる発展系統と見る可きもの」である[9]。第1の発展型は東京市と連担する市街地の拡大であり，第2の発展型は郊外の鉄道駅を核として形成される独立した新し

い市街地である。隣接町村では，両型の都市形成が並行あるいは交錯しながら進行した。

　たとえば，1920年現在の中野町では，「東西二個の発展地域」が存在し，「東中野駅付近は其の位置［東京］市に近く地形の優れたるとに依り純然たる住宅地として夙に開け既に空地に乏しき」状況を呈しており，一方，中野駅付近は「市部を距ること稍々遠く商工業地としての特別の便宜を有するにも非ず，唯土地の高燥なると青梅街道及び省線電車の便あるに依り住宅地として先づ発展」しはじめていた[10]。東中野駅周辺が第1の発展型に属するのに対し，東京市から離れた中野駅周辺は第2の発展型に属する。両者から取り残された地域，すなわち，中野町の「交通の便に乏しき南北両端（就中南部）及び低湿の地は開発せられす，高台には畑，低地には水田頗る多し」という段階に止まっていた。中野町のなかで1坪あたり地価評価額が35円を超える地域は「青梅街道筋の中央以東」，「両停車場［東中野駅，中野駅］付近」であり，同一字内でも位置や地勢により地価評価額に大きな格差が生じていた。具体例を挙げると，字小淀では「街道筋の外高台は概ね上流の住宅地，低地には未だ田地多し」という状況であり，地価評価額は最高60円，最低15円で45円の差があった。

　東京市郊外では，第一次大戦以前に鉄道路線が相次いで開業し，「電車の沿道の住宅地などになると，完全な道路の設備は無論上下水道も何もない処で，坪五十円乃至百円もするのが決して稀で」はなかった[11]。交通機関の整備により「中枢部と辺陬とは距離と時間に於て近途したばかりではなく土地の真価即ち価格に於ても漸次其距離を短縮」したのである[12]。1921年末現在，荏原郡のなかで最も地価の水準が高いのは入新井町であったが，「当町［入新井町］の発展に原因せるものは地勢の然らしむる処なれども，又之れが副因とも見る可きものは鉄道及び電車の恩恵に帰せざる可からず。即ち東海道線大森駅が八景坂に在りて京浜電車の大森終点と連絡せるものなかりせば，如何に地の利あるも其の付近の今日の発展は難かりしならん。或は又，京浜電車の海岸及八幡の両停留場なかりせば同所付近の今日亦知る可きのみなり」[13]と評されるように，地域における鉄道駅の存在が重要であった。

逆の見方をすれば，周辺5郡のなかで東京市から時間的な距離のある地域では，関東大震災以前の発展は限定的であった。板橋町の事例をみると，「当町は中山道と川越街道との分岐点に位し往昔四宿の一として普く其名を知られたる処なれども」，「[近代的な]交通運輸の便を欠くがために顧られざるが如きものも亦少からず」，「大部分は畑，田若しくは荒蕪地にして其将来も果して工場地なるべきや或は中流以下の住宅地たるべきやすら予想し難し」という状況であった[14]。

無秩序な宅地形成による貸地供給の増加

　戦間期の郊外において，秩序のある宅地を造成する役割を果たしたのは，耕地整理事業であった。たとえば，荏原町では「町有志」により1917年に平塚耕地整理組合，平塚・戸越・下蛇連合耕地整理組合，1922年に上蛇耕地整理組合，小山耕地整理組合が結成された[15]。上記3組合による「将来の市街地として耕地整理の断行」が，関東大震災後の「町発展の原動力」となった。すなわち，「震災前殆んど田畑で占め農村の観」を呈していた荏原町が，震災後に「全国でも比類なき[人口の]増加現象」に直面しながらも「市街の整然」を保ち得た要因は，耕地整理組合により「町内百余の二三間道路」が整備されていたからである。ただし，表3–1に示されるように，東京府の土地整理事業の認可件数が増加しはじめるのは1920年代以降であり，実際に事業に着手されるのは震災以降のことであった。1917年10月末現在，東京府の耕地整理事業で，すでに事業が終了したものは約14万坪に止まる[16]。

　したがって，郊外の耕地整理事業が本格化する以前，関東大震災以前の当該地における宅地形成は，その型が「直接的膨張」によるものであれ，鉄道駅を核とする「多少独立した発展系統」に属するものであれ，多くの場合，無秩序な土地利用の転換であった。「農業利得の貸地利益に及ばざるは余程遠」く，「地主は貸地業に転ずるが利益」であり[17]，たとえば，1920年現在，近郊農民の蔬菜栽培によって得られる「玉の汗を流しての労働収益」が年間1反あたり200円内外であるのに対し，「住宅地として貸せば同反別から二百五十円」の地

表3-1 地主組合施行区画整理事業認可件数,面積(周辺5郡,1931年まで)

	耕地整理		土地区画整理		計	
	件数(件)	面積(千坪)	件数(件)	面積(千坪)	件数(件)	面積(千坪)
〜1910年	4	757	—	—	4	757
1911〜13年	7	2,540	—	—	7	2,540
1914〜16年	7	799	—	—	7	799
1917〜19年	15	3,025	—	—	15	3,025
1920〜22年	23	3,196	—	—	23	3,196
1923〜25年	36	9,166	13	2,505	49	11,671
1926〜28年	23	3,796	15	1,398	38	5,008
1929〜31年	31	3,159	18	958	49	5,576
計	146	26,436	46	4,861	192	32,570

出所:東京市都市計画部『都市計画道路と土地区画整理』1933年,84〜120頁,「全国土地区画整理時報」(『都市公論』16巻6号,1933年6月)231頁より作成した。
注:東京市内の土地区画整理事業を除く。
土地区画整理事業には北多摩郡砧村,千歳村が含まれる。

代が得られた[18]。「都会の膨張は隣接町村を工業地又は邸宅地と化し地価の昂騰著しくして,時に農家に不時の利得を享受せしむるあり」[19]と指摘されるように,地価・地代上昇に即した無秩序な宅地の切り売りと貸地供給が進展した。特に東京市近郊では,耕作放棄地が増加,高燥地を中心に宅地造成による用途転換が進展した。大戦景気期の地価高騰をもたらした土地需要には,多分に投機的需要が含まれているが,第1圏に限定すれば,1920年恐慌後も地価上昇が継続しており,実需に裏付けられる側面が強い。「邸宅地」の実需は主に持家建設用の持地・借地需要と貸家投資用の借地需要である。地主以外では,土地会社が宅地を分譲ないし貸地として供給しており,「東京方面の土地会社の営業は,主として土地を取得して之れを分割売り若しくは貸地にするとか,又は其の地上に貸家を建てて其の建物を月賦売りにして居るものが多い」[20]と指摘されている。荏原土地の事例を挙げれば,1920年恐慌後,特に震災後は「分譲地ニ於テハ契約者皆無ノ有様ナリシモ貸地希望者多ク」,「殆ンド全部の貸付ヲ終了」したのである[21]。

貸家投資用の借地の場合,地代の源泉は家賃収入であるが,「新規家賃」の高騰と借地需要の高まりは,近郊における地代の上昇と貸地供給の増加をもた

らした。市内で「地主に虐げらるる家主の内で其負担に堪へぬものの落行く先は地代が安く負担の軽い郡部」であり，郊外は「貸家が頻々と建並び数年来驚くべき発展を来しつつ」あったのである[22]。ただし，地主が「都市の膨張に因り其農地の価格の昂進するを見て忽にして其欲する所に従ひ宅地に転換」したため，「頗る不備不整」な宅地形成が進行した[23]。

3-1-2　借家需給均衡と住環境の低下

新設貸家の品質低下

　郊外鉄道の発達と借家需要の著しい高まりを背景として，確実な借地需要に基づき土地利用の転換による地代の獲得を目指す地主，「新規家賃」の高騰と相対的に低廉な地代に新規の貸家投資機会を見出した家主，両者の思惑が両輪となって東京市近郊の無秩序な貸地供給と借地需要／貸家供給が進展した。以下に引用されるように，近郊地主のなかには貸地経営に止まらず，自ら高いリスクを負って貸家投資を開始する者も多く存在した。

　　殊に郡部の新開地，滝野川，池袋，大崎其他の隣接町村は日毎にドシドシと貸家が新築され，昨日まで草蓬々の原も日らなずして立派な市街となる有様，従つて敷金，家賃の如きも市内と大差のない貪りやうである。中には高利の金を借りたり又は所有の土地家屋を抵当に融通を受けて貸家を建てるなど随分無理な算段をしてゐる家主もある[24]。

　自己資金の範囲内で行う「家作」を超えて，借入金による貸家投資に乗り出す家主も増えたが，1922年末の「勧業銀行及農工銀行」の貸出利率は8.5～9.5％，「普通銀行及貯蓄銀行」は平均10.1％，「貸金業」は11.4％以上であり，資金調達における金利の高さ，特に「普通銀行乃至個人金貸業の貸付が大部分を占めて居る」点が，「住宅費の増大」を招く一因とみなされていた[25]。

　貸家投資の利回りを低下させる一因は空家期間の存在であり，市内に比して郊外の空家リスクは相対的に高いが，空家率が極限的に低い状況下ではその問

題を回避できた。圧倒的な需給格差に基づく交渉力の差，すなわち，「家賃の高低とか家屋の善悪を言つて居る余裕がない」，「昔なら自転車を一寸乗り回せばスグ空家の五六軒は捜せたが，今日では移転でもしやうと云ふには各方面の家主に頼んで予約を申込んで置く以外に，貸家を求める方法はないと云ふのが，東京の住宅難，宅地難の現状である」[26]以上，他の地方から東京に転入してくる新規の借家需要者，あるいは転居の必要に迫られた既存の借家需要者にとって，借家の立地，品質，費用は度外視された。大戦景気期の新規の借家需要は，道路・水道等のインフラ整備を欠く，近郊の無秩序な宅地供給を基礎とする短期収益型の貸家投資により充足された。

　大戦期の東京市内における住宅延面積の増加は，増改築の占める割合が大きかったと推測されるが，借家人の交替がないかぎり，増改築を根拠とする「継続家賃」の大幅な値上げは，しばしば借家人の抵抗に直面した。一方，新規の貸家投資が多い近郊では，家主が有利な諸条件と高額な家賃を自由に設定することが可能であり，相対的に低い地代と相俟って，建築費の高さという問題を克服しつつ，貸家投資の期待利回りを確保し得る見込みがあった。新規の借家需要者は「住宅の良否位置の適宜間数間取の工合より賃貸料如何等は之を顧みるの暇なく，適宜建築中のものあれば忽ちにして需要者の殺到と為り賃借料及敷金の躍り上げをして契約を締結する有様」[27]であって，借家人に交渉の余地は全くなかった。したがって，郊外のなかで市内の既成市街地と連担する第1圏，あるいは市内へのアクセスが比較的容易な鉄道駅周辺に限れば，借家需要の増大に対して一定の弾力的な貸家供給が状況下においても持続した。ただし，投資利回りを規定する建築費の高騰は著しく，短期間で投下資本を回収するための建築費の切り詰め，すなわち，新設貸家の品質低下が必須条件であった。

　空家率が極限的に低下した状況における建築費の高騰は，新設貸家の品質を著しく低下させた。大戦景気期は「建築材料費を初め労銀も何も彼も凡てが高」く，「算盤を弾いて掛る家主は勢ひ新築を手控へ」ざるを得なかった[28]。貸家投資の手控えや投資の転換が，「堅気な家主」のとるべき行動であった。一方，短期収益型の家主は建築費をできる限り縮減しつつ，新設貸家に高額の「新規

家賃」を設定することにより，期待利回りの確保を目指した。このような貸家投資が実行可能であった場所は，市内と比較して地代が格段に低廉であり，豊富な貸地供給が行われ，かつ確実な借家需要が見込める郊外の第1圏であった。郊外では「住宅難を見越して大金持ちは勿論猫も杓子も小金を持ってゐた連中はドシドシ粗雑な貸家を建築し，半立ちかけの家すら殆ど喧嘩腰で借手がつくという有様なので，中には高い不当な家賃で一儲けしようと苦しい無理算段までして貸家を建てた」[29] のである。つまり，貸家の品質と価格が問われることなく容易に借手がつくという圧倒的な貸手市場の下で，貸家の「粗製乱造」[30] が行われた。

　短期収益型の家主は建築費を極力減らすために，「必要なる土工を施さず在来の畦畔に沿うて，粗造の家屋を建築して比較的多額の家賃を」課したのであり[31]，大都市郊外において，貸家の「粗製乱造時代」[32] が到来したのである。当該期の東京市内の住宅棟数が横ばい傾向であったのに対し，郊外では大戦期においても高い増加率を維持していた。1919年3月頃より木材市価が「在荷薄」によって騰貴したが，その主たる原因はまさに「郡部長屋建需要ノ増加」であった[33]。東京市内の量的住宅難，借家需給の逼迫を見越した早期の資金回収を目論む家主の貸家供給が，市内借家の超過需要を吸収したのである。その結果，「水道でも道路でも建築でも何の交渉を有せず唯漫然と広がつて」いく「接続町村問題」が深刻化した[34]。

　明治期以来，郊外居住の目的の1つはより良い住環境を得ることであり，関東大震災以前に開発された郊外住宅地は，別荘地的な性格を強く有するものであった。しかし，大戦景気期の近郊で展開したそれは，「田園趣味を全然没却した個々の乱雑居住で，衛生からも便利からも又趣味からも共に失敗した郊外生活」に過ぎなかった[35]。郊外居住の目的は単純に不可欠な住空間を確保することへと転換し，もはや「如何にしてより好き住宅を得んか」という当初の目的は失われ，借家人は居住地選択の自由を放棄することによって都市の近傍へ定着し，生存・生活を維持しようとしたのである。

表 3-2 「大東京」の人口の推移（1910・15・20年）

(単位：千人)

	東京市15区		周辺5郡（荏原・豊多摩・北豊島・南葛飾・南足立）							
			第1圏		第2圏		第3・4圏		計	
	人口	指数	人口	指数	人口	指数	人口	指数	人口	指数
1910年	1,808	100	254	100	124	100	203	100	581	100
1915年	2,247	124	405	160	174	140	232	115	811	140
1920年	2,378	132	642	253	265	214	270	133	1,177	203

出所：『東京府統計書』各年次版より作成。
注：圏の区分は表1-9と同じ。
　　内藤新宿町（第1圏）は1920年に東京市四谷区に編入される。

量的住宅難下の需給均衡

　住戸供給の大部分を民間中小家主の貸家投資に依存しているという状況下では、景気拡大による借家需要の急激な増大が発生した際に、供給者である家主が貸家投資を手控えて供給量が相対的に減少する、あるいは借家人の求めるような価格・品質の貸家を供給する条件が失われる、という問題が発生する。家主が貸家投資を行う目的は利殖であり、期待利回りが低下すれば「堅気な家主」は貸家供給を抑制し、短期収益型の家主は圧倒的な貸手市場化を背景として「新規家賃」の上昇と建築費の切り詰め＝貸家の粗悪化によって期待利回りの向上を目指す。その結果、著しい需給差による新規の借家費用の高騰、郊外貸家の粗悪化という事態が同時に発生した。換言すれば、「営利経済で供給する住宅の要求に対して何等干渉するところがなかつたと云ふこと」、すなわち、住宅政策の欠如が「住宅問題をして深刻ならしめた重要なる原因」の1つであった[36]。

　第一次大戦を経て東京市内は深刻な量的住宅難に陥ったが、表3-2に示されるように、借家需要は近郊の無秩序な開発と短期収益型の貸家供給により市外へ拡散し、需給バランスは調整された。郊外の家主は「物価と労銀、金利の関係に制せられて」、「勢ひ建築を粗悪に為さざるを得ない状況」にあり、これらの新たな貸家は「衛生保健にも家族生活の保障にも保安上の要求にも適せざるもの」であった[37]。

しかしながら，住まいは人間の生存・生活に不可欠な財である以上，借家人はいかなる住戸であっても受け入れざるを得ない。住空間の需要者であり，持家という選択肢を取り得ない大多数の借家人は，供給者である家主によって与えられた貸家住戸のなかから，自らの住まいを選択せざるを得ない。その限りにおいて，大戦景気期から関東大震災以前にかけての「大東京」における都市形成の第一義的な主体は家主であり，需要者である借家人は従属的位置にあった。とりわけ受動的な立場に置かれている新規の借家人［転入者］は，居住地，居住水準等の選択権を手放し，高額な「新規家賃」を甘受することにより，かろうじて都市へ定着することができた。ここに量的住宅難が「解消」される過程で生じた歪みの一端がある。当該期に都市化が進んだ地域は，「第一次スプロール地域」と呼ばれ，第二次大戦後の木賃アパートベルト地帯に概ね該当している[38]。

　ようするに，大戦景気期から1920年恐慌後にかけて深刻化した量的住宅難の具体的内実は，「新規家賃」の急激な上昇，居住地選択の制限，基盤整備も含めた住戸の低品質化であった。住宅問題は「如何にしてより好き住宅を得んか」という段階から「如何にして住宅を得んか」という段階に深刻化しており[39]，住戸の立地や品質に対する要求は全く没却されたのである。質の問題は戦前期を通じて慢性的なものであったが，立地上の問題については，職住一致が一般的で主要な移動手段が徒歩であった19世紀には存在せず，20世紀初頭の職住分離の普及と近代的都市交通機関の発達という基礎的条件の変化に応じて発生した住宅市場の構造転換であった。

　関一は「郊外生活者の増加」を「喜ぶべき現象」として肯定的な評価を与えつつも，「所謂分散策は上流若しくは中上流階級には適当なる方法」であるが，「都市人口の大部分を占むる中下層階級に在る薄給者及び労働者の多くは往復の賃金の負担に堪え得ずして空しく都市中に残住せざるを得ざるを如何にせん」と，その問題点を指摘している[40]。新たに東京へ流入してきた借家人にとって，「如何にして住宅を得んか」という問題は切実であった。彼等は何らかの方法で早急に住まいを確保する必要に迫られており，量的住宅難は必ずしも

郊外への「分散」に適さない借家人に対して、望まない郊外居住を強いたのである。明治期の積極的な目的のある郊外生活とは異質な、何のモデルも存在しない消極的・受動的郊外生活の形成がはじまったのである。

第2節　量的住宅難から経済的住宅難へ

3-2-1　貸家・貸間払底と仲介業

　1918年11月に第一次大戦は終結したが、東京市内外の量的住宅難は緩和されなかった。大多数の借家人は家賃10円前後～20円程度の借家を求めたが、市内で新規に家賃20円以下の貸家を見つけ出すことは、極めて困難な情勢であった[41]。依然として「一軒の貸家を求むる事が殆ど市中に於ては不可能」な状況であり、「現状に於ては何んな不便を忍んでも家を求むる者は先づ郊外に去らざるを得な」かったため、「今や東京市郊外は畑という畑が見る見る潰され忽ち新市街として現れるといふ有様」がみられたのである[42]。また、郊外においても「今日七八円から十五六円までの借家を捜さうとするものは、殆ど皆徒労に終る」[43]という払底状況が持続していた。「需要は供給を充す能はず、借家料引上げは経済的に承認せられたるが如き観あり」[44]という変化の下で、借家人が新たな住空間を手に入れるためには、高額な「新規家賃」の提示を受諾し、近郊の「粗製乱造」された粗悪な貸家に新居を求めるほかなかった。

　特に「新に地方より転住し来れる者」は「殆んど住宅を得る見込立たざる程の有様」であり[45]、家賃・敷金の高騰にくわえて、新居を探し出す費用も格段に増大していた。戦前期の都市で借家を探す場合、「新聞広告に頼つて貸家を探す人は、全体から云へば僅かなもので、大体の人は暇を潰して捜して歩」くほかに手だてはなかった[46]。一方、「家主側は、更に需要の大勢を察し、経営の資料を得るに由なく、又相当の借手を得るに付きては、家賃の多額なるものならば、新聞広告其の他の途を採ることを得んも、一般の貸家に在りては、経費の点より斯る手段を許さざるが故に殆ど手を束ねて所謂株を守りて兎を待つ

の有様」であった[47]。つまり，家主が貼る「貸家札」が借家探しの一般的な手段であった。

このような借家をめぐる近代的仲介機能の不在，取引費用の高騰にビジネスチャンスを見出した仲介業者が急増し，「家屋払底を奇貨として市内各処に貸家貸間周旋業者簇出し，不当の料金を貪りて誠実をかける周旋をな」した[48]。貸家周旋業者の数は300業者近くに達したが，不正行為や機会主義的な行動をとる業者が多かったためにトラブルが頻発した[49]。このような状況を受けて，1920年には貸家周旋業者の不正取締規則が発布された[50]。その結果，「一時跳梁を極めた貸家貸間の悪周旋屋」は「殆ど其跡を絶つに至つた」という[51]。近代的な不動産仲介業の未成立も住宅難深刻化の要因の1つであった。

さらに「現在［1919年］は貸家がないのみならず，貸間もあまり多く見当らぬ」[52]状況であった。東京市内の空家率がほぼ0％にまで低下すると，潜在的借家需要の一時的な受け皿として，不足する住戸を代替してきた貸間すら払底する状況に陥ったのである。1919年の東京市内における住宅棟数の増加は800棟弱に過ぎず，世帯数の増加に比して住宅供給［に比例する住戸供給］量は大幅に不足していた。市内の住戸の追加的供給が行われない以上，貸間供給＝住戸の空間的分割による住空間の創出と潜在的借家需要の吸収が，限界に達したのである。1920年現在，東京府全体で推定1万7,795棟の住宅が不足していた[53]。相当に高額な家賃・敷金を負担することなしに，東京市内外で新規に借家に入居することは極めて困難な情勢となった。

3-2-2　経済的住宅難の顕在化

家賃水準の全般的上昇と住宅政策の開始

大戦景気期の主要都市で深刻化した量的住宅難は，1920年恐慌を契機として新たな局面を迎えた。すなわち，「一般物価が下落の大勢に向える今日，借家料のみは依然戦時暴騰時代の高率を維持して変らざるのみか，最近却て騰貴の傾向を現わし」[54]たのである。表2-3に示されるように，1920年代初頭，賃金指数の上昇率が鈍化し，一般物価指数が下落に転じる一方で，家賃指数は景

気後退後も上昇傾向が維持されるだけではなく，増加率も上昇した。すなわち，都市の家賃水準は絶対価格においても相対価格においても，急激に上昇したのである。供給戸数の量的不足にくわえ，「継続家賃」を含む家賃水準の全般的上昇は，新規の借家人のみならず，大戦前から同一の借家に住みつづける旧来の借家人に，住宅難の存在を自覚させた。1920年恐慌後に建築費が下落し，家賃水準が大幅に上昇すると，貸家投資の見通しが一挙に改善され，「堅気な家主」が貸家投資を再開するための条件が整えられた。つまり，「家賃の騰貴がやがて騰貴した建築材料・労賃・金利を償ひ得る水準に達すると始めて新しい住宅供給が行はれる」[55]という段階に到達したのである。

　住宅供給の数量的変化について確認すると，東京市内の住宅棟数は1920年に3,600余棟［前年比1.3％増］の増加に止まり，その後，1921～22年にかけて2年連続でストックが減少した。建築費の問題が改善されたとはいえ，宅地不足が供給制約要因として存在しつづけていた。表1-6に示されるように，1921年以降，市内の私有有租地の面積は絶対的に縮小した。1920年恐慌後，東京市内の大土地所有者に対する宅地開放圧力が強まったのも，宅地供給不足が住宅難の一因であるとの認識が存在したからである。

　大土地所有者にとっては「貸地とするのは管理上面倒」であり「貸家を建てる如きは，一層厄介」であったが，「社会奉仕」として「庭園開放」を行った[56]。ただし，開放後の本契約時に地代を一躍2倍に引き上げるなど，「住宅建築地難」に付け込んだ値上げも横行しており[57]，「社会奉仕の仮面を脱いだ，財産整理的な華族富豪の邸宅解放」が行われた[58]。市内の土地売買件数は1920年に減少したものの，売買価格は依然として高止り，恐慌後も平均地代は上昇しつづけた。また表2-3をみる限り，地代指数は1922年に下落しているが，区ごとに内訳をみれば，大幅に下落したのは不況の影響を最も深刻に受けた商業地区である日本橋区のみであり，他の区は横ばいもしくは上昇傾向を示した。

　借家需要の増加は東京市内の貸家供給を増加させなかったが，近郊における貸家の「粗製乱造」を促すとともに，東京市内外における新規の借家費用のみならず，「継続家賃」の上昇をもたらした。「貸家札が一枚あらうものなら，二

十人も三十人も［借家希望者が］押しかけて来る」[59]ような著しい需給差が存在し，借家を借りるための権利を売買する者まで現れるなかで[60]，「新規家賃」の高騰に追随して「継続家賃」の値上げが「社会的」かつ「経済的」に「容認」され，実践された。

　量的住宅難が深刻な事態を迎えるなかで，行政が住宅政策に取り組む姿勢をみせはじめた。1919年12月には東京市社会局が設置され，同局は1920年から貸家・貸間無料紹介事業を開始した[61]。1921年上半期における貸家紹介事業の成績をみると，借家申し込み件数2万3,817件に対し，貸家紹介件数は855件に過ぎず，需給間には28倍という著しい格差が生じていた[62]。その後，需給差は主に需要の減少によって急速に縮小し，毎月の需給差は概ね2〜6倍の範囲内で推移した。また，東京市会では住宅建設費100万円が可決され，「住宅不足の調節と，不当なる家賃の牽制」を目的とする市営住宅供給事業も開始された。

空家率の上昇と借間世帯の増加

　関一は大戦景気期から1920年代初頭にかけての住宅難の性格変化について，以下のように総括している。

　　戦時中の好況時代は此種［「非常に特別なる原因に基いて一般的絶対的に住宅の不足を告ぐる場合……一部の階級が住居難に苦しむ訳でなく，相当の家賃を支払ふ能力もあり，又支出する意志もあうて住居を求めて発見し難い場合」］の住宅難を訴へ今日［大震災直前］でも幾分一般的の住宅難はあるが，最近東京大阪の郊外には幾分貸家札を見るに至り，家賃の高い家は往々長期間空家であると云ふ状態となり，絶対的の欠乏から相対的の欠乏となつた傾向を窺ふことが出来る[63]。

　1920年代初頭の「貸家札」の出現＝空家率の上昇という現象は，住宅難の解消を意味するものではなく，住宅難の性格の変化を物語るものであった。1920年恐慌後の建築費の低下と家賃水準の上昇は，東京市内の住戸供給に大きく寄

与することはなかったが，周辺5郡の住戸供給量を大幅に増加させた。1922年の周辺5郡の建物増加率は12％という高水準であり，「郡部における住宅地発展の結果，［量的住宅難は］大体に於て漸次緩和の曙光を認め得るに至」ったのである[64]。1920年恐慌後の最初の変化は「殊に郊外渋谷，代々木，世田谷，中野等の新開地に建てたばかりの家で，貸家の代りに売家の札の貼つてあるのが多」[65]くなったことである。これは景気後退を見越して住宅価格が下がる前に売り抜けようとする家主が増加したことを示している。したがって，1920年恐慌後，まず売家の在庫が生じはじめたが，貸家は依然として払底状況がつづいていた。

　借家市場に変化の兆候が表れたのは，1921年後半のことである。すなわち，「無いものに決つて居た借家が，最近市郡ともポツポツ現れ初めた」[66]のである。郊外における新設活動の活発化によって，表1-8に示されるように，周辺5郡の建物棟数は著しく増大したが，住戸数も同様の傾向をたどったと推定できる。郊外の貸家供給戸数の増加により量的住宅難は次第に影をひそめた。これは「相当の家賃を支払ふ能力」と「支出する意志」を有する新規の借家人にとって，住宅難が解消したことを意味する。

　空家率の上昇は，貸家供給の増加と借家需要の減少の両面から生じたものである。後者について，郊外の借家需要の相対的減少は市内回帰の結果であり，市内の借家需要の減少は高家賃の借家需要の潜在化の結果であった。すなわち，郊外では「安からう悪からうの郊外住宅に失望した中流者が続々都会に舞い戻る者が多」[67]く，望まない郊外生活を余儀なくされた借家人が，空家率の上昇に応じて再び市内に回帰する動きがみられたのである。一方，市内では，借間世帯が増加するという現象が生じた。これは「高い家賃に耐へられない人達が，貸間を求めて借家を空ける悲惨な都会の姿の現れ」であり，高家賃の借家需要が潜在化したのである。したがって，空家率の上昇は住宅難の全面的解決を意味せず，その質的変容，経済的住宅難への移行を証明する「裏書」であった[68]。

　警視庁工場課の調査によれば，「職工」の賃金は1919年から1920年中旬にかけての時期がピークであったが，「本年［1921年］に入つてからは約一割の減

収を見て居る」,「就職中の職工は未だ裕福であるが,然し家賃白米は［1916年と比べて］倍以上に達して居るので,追々生活状態が苦しくなつて来る傾向」を示しつつあった[69]。表2-3に示されるように,賃金上昇の鈍化と家賃水準の急速な上昇によって,借家世帯の家計に占める家賃負担は増大した。住宅難は量的側面から経済的側面へと重心を移動し,不況下における家賃負担問題が,俄かにクローズアップされた。

1923年に入ると「近来の傾向として特に貸間の需要は益々強調を辿り其供給も亦可成りの程度に達して居る」と空家率上昇の裏で借間市場が拡大していたが,「目下他の時期と比すれば一般に家及間共に需給頗る閑散」の様相を示した[70]。このような均衡状態に至った要因は,「貸家料金が依然として高率を維持して一向に安気配が現はれない」こと,および,「一般財界が今猶お不景気である為めに需要者側で多少の不便は忍んでも現住に跼躇し手控勝ちになった」ことであった。高止まりする家賃水準と趨勢的低下をたどる借家人の家賃負担力との乖離は,住戸の空間的分割による低家賃住空間の主体的創出＝借家人による貸間供給を要請した。空家率の上昇という見かけ上の需給緩和＝量的住宅難の解消は,借家需要の潜在化によってもたらされたのであり,経済的住宅難への変容を示すものにほかならなかった。

小　括

本章では,大戦景気期の量的住宅難から1920年恐慌後にかけての経済的住宅難への移行過程における東京借家市場を分析した。戦前期の東京借家市場において,貸家供給は家主の長期的な見通しに基づく期待利回り［建築費と「新規家賃」の水準］に規定され,他方,借家需要は新規の借家需要世帯数［転入者・転居者］と彼らの所得水準に規定される。第2章で検討したように,大戦景気期の期待利回りの低下は,「堅気な家主」の貸家投資を手控えさせたが,一方において,「堅気な家主」とは異なる戦略をとる短期収益型の新家主が登場した。すなわち,第一次大戦以前の好適期に投資した旧来の家主が,「継続家賃」の

段階的な値上げ，または「投資ノ転換」により収益向上を目指したのに対して，短期収益型の新家主は，敷金・権利金を含む「新規家賃」の暴騰，圧倒的な貸手市場化に資金早期回収の機会を見出したのである

　大戦景気期から1920年恐慌後にかけて，後者が空家リスクを回避しつつ機会主義的な貸家投資を行い得る場は，東京市内との時間的距離が小さく，かつ地代が低廉で豊富な宅地供給が行われていた東京市近郊［第1圏］であった。しかし，当該地は市内と比べて水道や道路などのインフラ整備が遅れており，関東大震災以前の段階では，計画的な宅地開発が行われた地域は一部に限られていた。地主の個別的利害に基づく無秩序な宅地供給が，当該期の都市形成の「基盤」であった。こうした「基盤」のうえに展開する短期収益型の貸家投資の具体的内実は，低品質で高家賃な貸家であった。

　新規の借家需要者の選択の余地は限られており，間代・家賃の高さを受け入れたうえで，東京市内の貸間，または「粗製乱造」された近郊の貸家に，当座の住まいを求めざるを得なかった。こうして量的住宅難下の借家需給は均衡へ向かったが，1920年恐慌を転換点として，貸家投資環境は大きく変化した。すなわち，建築費と賃金の水準がピークを過ぎて下落ないし横ばい傾向に転じる一方で，「新規家賃」の高騰に数年のタイムラグをともなって「継続家賃」が追随し，借家ストック全体の賃金水準が絶対的かつ相対的に上昇したのである。

　1920年以降，貸家投資環境が不適期から好適期へ移行すると，短期収益型のみならず，長期的な期待利回りを重視する「堅気な家主」も貸家投資を再開し，貸家供給の増加は借家需要の減退と相俟って，空家率の上昇をもたらし，郊外では空家が目立つようになった。借家需要減退の要因は相対的な家賃水準の高さであり，潜在化した借家需要は市内の借間需要として顕現した。東京市内外における空家の出現は家賃負担力の高い人々の住宅難を解消したが，空家率上昇の裏側で，借家人のニーズに合致した住戸の不足という問題は継続したのである。投資収益を生み出すハコとしての住戸ではなく，生活空間としての住戸の不足は，借家人による住空間の分割と柔軟な利用による仮想的住戸の創出＝貸間供給により充足された。借家市場を通じての需給調整の限界を，需要者の

主体的行動により克服し，都市での生活を維持したのである。

注
1) 「地価の低落（上）」（『時事新報』1915年4月5日付）。
2) 「土地価格変動（2）」（『中外商業新報』1916年1月25日付）。
3) 「どん底の地価」（『国民新聞』1915年1月22日付）。
4) 「発展地地価が日に日に上る金持連買占の時」（『報知新聞』1915年1月31日付）。
5) 「地価の低落（下）」（『時事新報』1915年4月6日付）。
6) 東京興信所『豊多摩郡渋谷町土地概評価』1922年，1頁。
7) 東京府農会『東京府の農業』1917年，63頁。
8) 東京興信所『荏原郡目黒村土地概評価』1922年，3頁。
9) 東京興信所『北豊島郡西巣鴨町土地概評価』1922年，1頁。
10) 以下，東京興信所『豊多摩郡中野町土地概評価』1922年，3～4頁に拠る。
11) 小川市太郎『住宅問題』梅津書店，1919年，221頁。
12) 山田博愛「横浜港第三期拡張に就て」28頁（『都市公論』2巻10号，1919年10月）。
13) 前掲『荏原郡入新井町土地概評価』3頁。
14) 東京興信所『北豊島郡板橋町土地概評価』1922年，1～4頁。
15) 荏原町誌刊行会『荏原町誌』1927年。以下，同書に拠る。
16) 前掲『東京府の農業』38頁。
17) 「土地と建物　土地を貸す利益」（『国民新聞』1915年6月9日付）。
18) 「蚯蚓土鼠の価値を忘れた近郊農民」（『東京朝日新聞』1920年8月23日付）。
19) 前掲『東京府の農業』4頁。
20) 前掲，河野『土地建物利殖の知識』80～81頁。
21) 荏原土地株式会社『第10回　営業報告書』1924年，2～3頁。
22) 「地主の横暴差配の迎合」（『国民新聞』1915年1月31日付）。
23) 池田宏「六大都市の市区改正事業を検して」83～84頁（『都市公論』3巻3号，1920年3月）。
24) 「明日から借家法施行で家主連の大狼狽」（『東京朝日新聞』1921年5月15日付）。
25) 「都市に於ける不動産金融の改善」（『中外商業新報』1923年8月22日付）。
26) 前掲，河野『土地建物利殖の智識』172頁。
27) 前掲，池田「都市と住宅問題」6頁。
28) 前掲，小川『住宅問題』18～19頁。
29) 「不景気を見越して売家が続出　貸家は依然払底」（『東京朝日新聞』1920年4月

2日付)。
30) 滋賀重列「諸方面より観察せる住宅」15頁(『住宅』4巻4号, 1919年4月)。
31) 前掲, 関『住宅問題と都市計画』170頁。
32) 前掲『土地住宅売買と家賃』25頁。
33) 日本銀行調査局『主要商品騰貴事情 其3』1919年, 5頁。
34) 「大東京の膨張」(『東京日日新聞』1915年5月13日付)。
35) 大庭柯公「東京の郊外」13頁(『住宅』3巻5号, 1918年5月)。
36) 前掲, 社会局『都市住宅問題』29〜30頁。
37) 同上, 28頁。
38) 前掲, 石田『日本近現代都市計画の展開』83〜85頁。
39) 前掲, 橋口「住宅問題解決の急務」1〜2頁。
40) 「都市と住居問題(関一氏談)」(『大阪時事新報』1918年1月3日付)。
41) 「貸家に呪はれた此の頃の市民」(『時事新報』1919年3月16日付)。
42) 「市電の向ふを張つて不評判の山手線」(『東京朝日新聞』1919年11月10日付)。
43) 「住宅問題差迫る」(『読売新聞』1918年9月13日付)。
44) 前掲「都市住宅問題」。
45) 前掲, 池田「都市と住宅問題」5頁。
46) 「貸家の払底から家賃の乱脈」(『都新聞』1919年10月15日付)。
47) 「都市の貸家問題」4〜5頁(『東京経済雑誌』1917号, 1917年8月25日)。
48) 東京市社会局『東京市社会局年報(大正9年)』1921年, 75頁。
49) 「市内の家主大会を開催して貸屋悪周旋業者屋を征伐する」(『読売新聞』1920年10月24日付)。
50) 「貸家貸間の悪周旋屋取締」(『東京朝日新聞』1920年4月29日付)。
51) 「建てた家が塞がらず悄氣切た家主連」(『報知新聞』1921年12月12日付)。
52) 「貸家にあらず」(『読売新聞』1919年6月14日付)。
53) 前掲, 社会局『都市住宅問題』61頁。
54) 「家賃の制限」(『時事新報』1920年12月23日付)。
55) 前掲, 西山『住宅問題』26頁。
56) 「富豪の庭園解放」(『読売新聞』1922年8月8日付)。
57) 「土地の商品化 鍋島伯爵家に恨み開放の一挿話」(『万朝報』1922年9月22日付)。
58) 「土地開放の裏と表 公卿華族と大名華族」(『万朝報』1922年11月17日付)。
59) 「借家と自宅と孰が得か」(『読売新聞』1919年1月13日付)。
60) 「ひどい住宅難から盛んに借家の権利売買」(『東京朝日新聞』1920年3月14日付)。
61) 東京市社会局『第4回(大正12年度)東京市社会局年報』1924年, 154〜155頁。

62) 以下，貸家・貸間無料紹介業の実績については，東京市社会局『東京市社会局年報』各年次に拠る。
63) 前掲，関『住宅問題と都市計画』1～2頁。
64) 東京市社会局『第3回（大正11年）東京市社会局年報』1923年，161頁。
65) 「不景気を見越して売家が続出　貸家は依然払底」（『東京朝日新聞』1920年4月2日付）。
66) 「空家増加の現象は却って住宅難の裏書」（『東京朝日新聞』1921年8月29日付）。
67) 「空家が殖えたのでへこ垂れる家主連」（『東京朝日新聞』1922年1月12日付）。
68) 前掲「空家増加の現象は却って住宅難の裏書」。
69) 「生活難の声が労働者間に昂まる」（『時事新報』1921年4月2日付）。
70) 「都市と住宅問題の将来（6）」（『国民新聞』1923年3月13日付）。以下，同記事に拠る。

第Ⅱ部　関東大震災以後

第4章　関東大震災後の絶対的住宅難

　本章では，関東大震災直後の東京借家市場を分析する。関東大震災以降は本格的な郊外化の時代として位置付けられてきたが，それは主に震災後の郊外における人口急増という指標により端的に示され，郊外鉄道網の形成や郊外住宅地の開発と関連付けられて論じられてきた。一方，震災後の焼失地区を含む既成市街地の再編成問題については，田中傑が「建築物の再建実態」を踏まえた復興土地区画整理事業の分析を行っている[1]。

　震災復興計画の中心は1,000万坪余に及ぶ焼失地区の土地区画整理事業であった。震災という「自然の暴力」がもたらした「破壊の利用による帝都の改造」は，復興事業の「真髄」，「根本」，「先駆」，「中枢」であった[2]。震災復興計画は革新的であり，都市化の（Ⅰ）段階における歴史的意義は大きいが，（Ⅱ）段階を包含したものではなかった。復興局土木部長の太田円三は復興計画を「極めて不充分である」と評価しているが，それは「建築資金が充分あつて，道路の修築に伴ひ官民の建築物が調和を保たなければ，道路及宅地の利用を充分にすることが」できないからである[3]。震災復興計画の主眼は土地区画整理事業に置かれており，同事業完了後の構想としては，同潤会の活動や耐火建築に対する助成措置を除けば，ほとんど存在しない。復興予算5億7,349万円のうち，防火地区建築補助費は2,000万円［予算総額の3.5％］であったが[4]，1928年3月までに実際に交付された補助金は，167万円に過ぎなかった[5]。本章の課題は，震災後の「仮建築」形式による住戸再建過程における借家市場の機能について検討することである。

第1節　絶対的住宅難への緊急的対応

4-1-1　震災被害と借家需給の変動

　1923年9月1日に発生した関東大震災により，京浜地区の厖大な住戸ストックが失われた。東京借家市場は借家ストックの絶対的減少にともなう急性の住宅難［絶対的住宅難］に陥った。震災直後の火災は東京市総面積の約44％にあたる1,000万坪余の市街地を灰燼に帰した。半壊以上の被害を受けた市内の建物は21.9万棟，そのうち住宅は18.9万棟で，被災住戸数は37.4万戸［うち全焼36.6万戸］に達した[6]。特に火災の被害が大きかった「下町」方面では，区域の大部分を焼失する壊滅的な打撃を受けた。ついで被害が大きかった地域は，芝区［焼失面積28％］，麹町区［同23％］，本郷区［同18％］，赤坂区［同7％］であり，「山の手」方面に位置する小石川区［同4％］，牛込区［同2％］，四谷区［同1％］，麻布区［同0％］では，火災の被害は相対的に軽微であった。

　震災により住まいを失った東京市内の被災者は推計148.4万人で，総人口の約6割にあたる。被災者は「上野，浅草，日比谷，馬場先，芝等の広場に集合し，更に安全地帯を求めて続々郡部に向つて移動する状態」であった[7]。同年9月28日現在，東京市内の人口は定住者が68.2万人，避難者が66.7万人であり，総人口は震災以前の6割程度に減少した[8]。東京市外へ避難した人口は約66万人で，うち東京府下［周辺5郡と三多摩］に移動した人口は31.2万人であった。これは31万人分の借家需要が東京府下に発生したことを意味し，1920年恐慌後に空家率が高まりつつあった郊外の借家は，俄かに払底した。震災以前の郊外では「不景気で大分貸家が殖へてゐた」が，震災直後は「罹災者が一時に押しかけたので造作も碌々整つてゐないのや，少し位不便な場所などそのまま敷金五六箇月分を取られても瞬くうちに貸手がついた」のである[9]。市内と比べて被害が相対的に小さかった郊外の借家市場は，一転して大幅な需要超過に陥り，圧倒的な貸手市場化の下で，「新規家賃」・敷金等の借家費用が高騰した。

4-1-2 「仮建築」による住宅復興

バラック令と「仮建築」の速成

　地震発生から10日後の1923年9月11日，被災地の建物の復興に関する基本方針について「長岡都市計画局長其他県関係委員数氏の語る処」によれば，「先ずバラック式の家屋の建築をさせ，二三年間に所謂都市計画によつて道路，下水，水道，運河，公園等の設備と此際思ひ切つて大努力を以て建造し，其完備した部分から永久的の建物を許可して行く」という案が示されている[10]。この「バラック式の家屋」は公的主体によって建設されるものと民間主体によって建設されるものに分けられる。前者について，震災直後に救護事務局，東京市，東京府，警視庁は市内の公園，学校，寺社等の敷地に「一時的応急ノ施設」として天幕避難所を設営したが，「到底永続性ヲ期待シ得ナイ」ため新たに「罹災者収容上第二次計画」として「共同バラック」［以下，集団バラック］の建設に着手した[11]。これと並行して後者，すなわち，被災者自設の「バラック」［以下，「仮建築」と同義］建設による焼失地区の復興が開始された。

　「焼失区域内に於ける建築の復興は意外に急速」[12]であり，「火災直後未ダ焼土ノ冷ヘザル裡ニ早クモ仮建築ニ着手シタモノモアツタガ，人心ノ静定ニ随ツテ旧住所焼跡ニ復帰スル者多キヲ加フルノ趨勢」となった[13]。「仮建築」という形態による「意外に急速」な焼失地区への復帰を可能にした法的根拠は，勅令第414号「東京府及神奈川県ノ市街地建築物法適用区域ニ於ケル仮設建築物等ニ関スル件」［1923年9月15日公布，即日施行］，いわゆる「バラック令」であった。この勅令により焼失地区の「仮建築」[14]に限り市街地建築物法の適用が除外された。

　同令に基づく「仮建築」の定義は「バラック勅令によって通常法令の適用を免れた，時限措置に基づいた建築物」[15]であり，建物の品質面から「仮建築」［バラック］を定義することはできない。すなわち，同令に基づいて建設される限り，廃材を組み合わせた仮小屋程度のものから「バラックの名を冠することが不自然であるやうな」，「地方の小都市へでも移したら立派な本建築」とみ

なされる建物まで[16]，すべて「仮建築」に含まれる。したがって，一口に「バラック」と言っても，「バラック令」に依拠するという1点を除いて，その具体的内実は千差万別である。震災直後に「バラック令」が公布施行された理由は，第1に「今回ノ震災及火災ニ罹リタル地区ニ於テハ直ニバラック其ノ他ノ仮設的建築物ヲ建築……スルニ当リ一々市街地建築物法ニ依リ難キ」ためであり，第2に「焼失区域ニ於テハ帝都復興ノ都市計画ヲ確立シ之ヲ公示スル迄ハ永久的建築物ヲ禁スル必要」があったからである[17]。

地震発生から1カ月あまりが経過した被災地の復興状況を概観すれば，「全部灰になった神田区」では「将に一万に近いバラック小屋が出来上り，居住者も三分の一は戻つて」おり，銀座では「美観を整へる為め，表通りは大体に於て共通した，二階建のバラックとして十月中に建築を終へ」る予定であった。下谷区では「入谷新道だけは既にバラック店舗軒を列ね，遥に浅草公園まで続いて」おり，「上野公園を中心として，二千二百戸の市配給バラックもズラリと建ち並ん」でいた[18]。日本橋区では「三越呉服店も隣接地に完全なバラックを建造してこの月から開店するそうだし，白木屋呉服店も出来るだけ早く丸ビル出張所を引揚げる予定で，やがて日本橋大通りの殷賑も再現されんばかり」であった。芝区においても「立派なバラックがどしどし建てられ」つつあったが，火災による住戸ストックの喪失を免れた赤坂区では「三万人以上の他区避難民を学校やら個人の邸宅に収容して」いた[19]。

上記の「二階建てのバラック」，「バラック店舗」，「三越呉服店」の「完全なバラック」は，「『通り筋』ニ於ケル仮建築ノ商店及住宅ノ建築」を指しており，「本建築」に見劣りしない「立派」な建物が多数含まれるのに対し，裏町の「震災前借家ニ住居シテキタモノ」の復帰は相対的に遅れた[20]。このような自力再建が困難な人々については，1923年10月末日現在，17万人余が「縁故者方ニ避難」し，7.9万人が公設の集団バラックに収容されていた[21]。あるいは，焼け跡に仮小屋を自ら建設して当座の住まいを確保しようとしたが，後述のように，震災前の旧家主との間に紛争を生じさせる一因となった。

表4-1は東京市内の「仮建築」戸数と復帰人口の推移を示している。1923

表4-1 人口，世帯数，仮建築戸数（東京市，1923年9月～24年10月）

	人口	焼跡復帰	世帯数	仮建築戸数
1923年9月1日［推計］	2,226,951	—	477,714	—
1923年9月12日	—	151,954	—	28,959
1923年10月30日	—	421,172	—	86,132
1923年11月	1,529,166	529,450	338,364	111,791
1924年1月	1,917,308	—	418,357	133,919
1924年5月	—	831,017	—	181,437
1924年10月	1,926,310	—	417,833	—

出所：「焼けた家の復旧罹災者の復旧状態」（『中外商業新報』1924年9月3日付）；東京市庶務課『東京大正震災誌』1925年より作成。

年9月20日現在，早くも東京市内の焼失地区には3万戸弱の「仮建築」が建設され[22]，震災から2カ月後の1923年10月末日時点で，市内焼失地区の復帰人口は42万人余［「仮建築」8.6万戸］に達していた[23]。同年11月23日の調査によれば，東京市内の「仮建築」戸数は10万8,608戸［住宅5万2,133戸，店舗併用住宅4万9,261戸，商店・事務所4,796戸，工場2,418戸］に増加しており，くわえて1万4,174戸が建築中であった[24]。震災から10カ月が経過した1924年6月末日現在，市内焼失地区の復帰人口は86.6万人，「仮建築」戸数は18.9万戸にまで回復していた[25]。つまり，市内焼失地区の復興過程を概観すれば，震災から3カ月以内に被災戸数の3割弱，10カ月以内に約5割が，「仮建築」という形態で再建されたのである。1927年末，東京市内の区画整理事業地区における「建物移転見込棟数」は20万3,995棟［うち移転工事完了8万6,365棟］に達していた[26]。

「仮建築」をめぐる紛争の多発——借家費用の高騰と建築費の低下——

「バラック令」に依拠する「仮建築」による焼失地区の長足の復興は，当該地における地主・家主・借家人，3者間の紛争を惹起した。震災後の住宅問題と住宅政策に関する審議を行った帝国経済会議社会部特別委員会は「住宅ノ供給及改善ニ対スル一部答申」において，「一面家屋払底ノ為罹災地ニ於ケル借

表4-2 空家の平均家賃，敷金および造作・権利金（本所原庭署管内，1924年3月末）

	空家戸数（戸）	畳数（畳）	土間（坪）	家賃(A)（円）	敷金(B)（円）	造作・権利金(C)（円）	A+B+C（円）	B/A	C/A
専用住宅	271	9.8	1.1	24.0	117.0	161.9	302.9	4.9	6.7
店舗併用	122	9.7	2.0	31.6	156.2	345.8	533.5	4.9	11.0
計	393	9.8	1.4	26.4	129.2	219.0	374.5	4.9	8.3

出所：原庭警察署『本所原庭署管内空家調』1924年（国立公文書館所蔵）より作成。
注：建築中の建物，倉庫，敷金，造作・権利金等不明の空家は集計から除外した。

地借家関係ニ急激ナル動揺ヲ来シ」，「目下焦眉ノ問題トシテ速ニ之カ救治ノ策ヲ講スルノ必要アリ」と提言した[27]。この「焦眉ノ問題」のうち借家人に関する主な問題は，①借家費用の高騰，すなわち，「地代家賃ノ暴騰ニ加フルニ敷金，権利金等ノ名義ノ下ニ借地人借家人ノ負担激増スルノ傾向」があること，②借家人自身の「仮建築」新設にともなう地主および旧家主との紛争多発，すなわち，「罹災地従来ノ借家人カ従前ノ家屋ノ敷地ニ自ラ家屋ヲ築造シテ居住スルモノ頗ル多数ニ上リ地主及家主トノ間ニ幾多ノ紛争ヲ惹起」していること，以上の2点である[28]。

②の問題は①の問題と関連する。震災で焼け出された借家人が地主および旧家主／借地人に無許可で焼け跡に「仮建築」を建てた理由は，震災後しばらくの間は絶対的な住戸不足が続いており，当座の住まいを緊急に確保する必要性に迫られたからである。しかし，貸家供給が増加しはじめた1924年以降も，被災借家人自身の「仮建築」新設が相次いだ。この主な要因は借家費用の高騰と建築費の低下である。

「1923年12月現在，市内焼失地区の「バラツク」の貸家は一戸建最低家賃二十五円」[29]であり，震災直後に暴騰した家賃水準の高止まり状況が継続していた。また，家賃水準の上昇もさることながら，借家人にとってより大きな負担となったのは，敷金および造作・権利金の高騰であった。表4-2は1924年3月末の本所区原庭警察署管内に存在する空き貸家の家賃，敷金，造作・権利金についての調査結果を集計したもので，空き貸家の家賃は平均26円，敷金は平均129円［家賃4.9カ月分］，造作・権利金は平均219円［家賃8.3カ月分］であった。

表4-3 震災前後の住戸面積および借家費用（東京市，1922・26年）

	調査世帯数（世帯）	世帯人員（人）	世帯収入（円）	室数（室）	畳数（畳）	1人あたり（畳）	家賃（円）	1畳あたり（円）	1人あたり（円）	敷金（円）	造作（円）	権利金（円）
1922年9月	1,557	4.5	117	3.2	14.2	3.1	19.7	1.39	4.35	52.6	10.2	2.5
1926年9月	393	4.2	149	2.4	10.6	2.5	18.6	1.75	4.43	—	—	—

出所：前掲『東京市及近接町村中等階級住宅調査』48～49頁；東京市役所『東京市家計調査統計原表』1928年，20～25頁より作成。
注：1922年9月の調査は「近接町村」も含む。

したがって，借家人が本所区で新たに住戸を借りる場合，初期費用として平均375円を用意する必要があった。とりわけ，店舗併用住宅では高い権利金を要求される事例が多い。「実ニ沢山ナ空家ガアルケレドモ入レナイ，何故カト云フト権利金ガ高イ」からである。東京市内の中心的な商業地域である日本橋区，神田区，京橋区では，敷金および造作・権利金はさらに高騰していたものと推察される。震災前後の家賃水準の変化について，表4-3を用いて比較すれば，1922年の東京市内とその近郊における平均的な借家費用は家賃20円，敷金53円［家賃2.7カ月分］，造作・権利金13円［家賃0.6カ月分］であった。家賃のみならず敷金や造作・権利金も含めた総合的な借家費用が，震災後に著しく高騰したことは明らかである。くわえて，震災前の数値は1戸建借家を含む「本建築」の借家費用であるのに対し，震災後のそれが「仮建築」である点を踏まえれば，震災後の借家費用の高さが際立つ。

以上のように，震災後の借家費用が高止まりする一方で，建築費の高騰は短期的な現象であり，1924年に入ると建築費は下落に転じた。1923年12月現在，木材の「市価は依然として高値」を維持していたが，翌年中に木材供給の過剰，特に米材の大量輸入により木材価格が「大暴落」することが予見されていた[30]。実際，1924年6月には「バラックの建築最早一段落を告げた今日，一時に多量の木材を消化し尽す」ことが困難となり[31]，以下に引用されるように，木材価格は低落した。

震災直後こそ深川在荷品の大部分を焼失したのと運賃諸掛りも暴騰した等

の為に木材市価も著しく騰貴を示したが，軈て木材の大流入を見，京浜間は木材の山をなし更に之に復興局の買付輸入の外材百万石が加はつたのに需要は期待程振はなかつたと云ふ訳であるから，木材の滞貨漸増供給過剰となり市価が暴落したのは需給関係上当然の理である，其滞貨も一時は四百万石にさへ達した。価格も一時に比しては三四割の激落となつた[32]。

震災直後の「仮建築」1戸あたりに要する建築費は，「八畳一間位の家で四五百円」であった[33]。また，1戸あたり10坪を限度として建築用木材が配給され，「節約すれば三百円」で「仮建築」を建てることも可能であった[34]。1924年には国内外から厖大な建築資材が被災地に流入し，建築費は震災直後に比べて大幅に低下した。1926年9月現在，木材価格は「震災前に比べ二割安く直後の高値の約半値」であり「米材えぞ材ならば［1坪あたり］最低五十円から七八十円」で住宅を建てることができた[35]。ゆえに，高額の敷金・権利金を支払ったうえで，さらに毎月高い家賃を負担していくよりも，借家人が自ら数百円の自己資金で「仮建築」を自設する手段を選択したことは，経済的にみれば合理的である。しかしながら，これは地主と旧家主／借地人の権利を侵害する行為であり，相談所に持ち込まれる借地借家関係の相談件数は，1日平均200件に達していた[36]。1924年に入ると，「巡回裁判調停委員等ノ手ニ依リ事後ニ借地契約ヲ締結」する者が増えた[37]。「仮建築」を自設した借家人は，地主・旧家主との間に3〜4年程度の存置期間を定め，存置期間後，地主・旧家主は「法律を盾とし，裁判所を城塞として，契約を振り回して，バラックの撤去を迫るか又は二束三文に買潰し，申訳ばかりの手入をして，然して改めて，借家人に対して，家賃敷金，権利金の要求を提出」したのである[38]。

第2節 「仮建築」の長期化と集団バラック問題

4-2-1 「仮建築」の制度的問題

「仮建築」の空家率上昇と家賃高騰

　被災地の復興が進捗するにしたがって，空家が目立ちはじめた。震災から1年あまりが経過した1924年10月現在，東京市内の空家戸数はすでに2.8万戸に達していた[39]。その内訳は「本建築」14万3,717戸中，空家5,284戸［空家率は3.7%］，「仮建築」20万7,782戸中，空家2万2,019戸［空家率10.6%］であった。「本建築」の空家率は当該期の適正水準であるが，「仮建築」の空家率は「本建築」のそれと比べて大幅に高い。「仮建築」の空家率が大幅に上昇した要因は，借家費用の高さに求められる。つまり，「仮建築ノ家賃，敷金等高額ノ為メ却ツテ空家多ク」[40]という事態が，被災地で発生していた。この状況は以下に引用されるように，借家人の目に「不合理極まる矛盾」として映った。

　　東京市の中で，住居について最大の苦難を嘗めつつある者は一般的にみて本所深川の住民であると言へよう。しかもこの本所深川等が，住居数に比して空家の最も多い土地であることが示されてゐる……家を建てるのは，家主が貸家業を営みその家屋を資本として高利貸以上の暴利を貪るためである。人間の住居の安定など云ふことは家主の家屋建築の中に寸毫も入れられてゐない……どんなに借家人が住居欠乏で苦しんでゐようとも家主は勘定に合ふだけの家賃と敷金と造作代と権利金とを支払ふ能力のない限り，家屋は貸家札を貼られたまま何時までも空しく尊い土地を占領してゐるのである[41]。

　震災直後の東京市内外における家賃急騰は，住戸ストックの厖大な滅失にともなう絶対的住宅難に起因していた。1924年初頭，東京市内の貸家1畳あたり

家賃は「三円から三円五十銭」という高水準であり,「甚だしきは四円を貪つて」いた[42]。特に「焼失地区において甚だしく不当なつり上げ」を行う地主・家主が存在し,「地代の値上」が「家賃に禍し結局借家人の負担となる」ことによって,家賃の騰貴を促した[43]。また,借家のみならず借間でさえ「一畳三円以上」という「暴利」であったが,東京市社会局の貸家貸間紹介所では,「二円から二円五十銭を限度として紹介」していた[44]。

　1924年10月までに焼失地区の1畳あたり家賃は低下し,日本橋区は店舗併用住宅3円70銭,普通住宅2円10銭,京橋区は店舗併用住宅2円40銭,普通住宅2円70銭で「焼失区域は震災前と略同様の価格」に戻った[45]。一方,「焼残つた赤坂,四谷,麻布,小石川の山の手方面は一般に［震災前と比べて］二割強の高値」を示した。郊外では京浜間が1畳あたり1円60銭で最も安く,豊多摩郡の渋谷,大崎方面が2円40銭で最も高かった。1924年10月現在,1畳あたり家賃は「市内二円四十七銭に対し郡部では二円〇七銭」であったが,1年後の1925年10月現在,「昨今の相場は市中平均二円,郡部は一円七十銭と見て誤らない処」で,東京市内外の家賃水準は1年間で2割弱低下した[46]。とはいえ,これは震災直後の異常に高い家賃水準が,震災前の水準に戻っただけで,「問題視されてゐる造作並に権利金」[47]も含めた借家費用が,依然として相対的に高い水準であることに変わりはない。震災被害が相対的に小さく,住戸ストックが豊富な「山の手」方面や郊外では,「罹災地仮建築ノ完成トトモニ復帰スル者多ク,其ノ後甚シキ住宅不足ヲ生ゼズ」[48]といわれるように,1924年中に住戸の絶対的不足は解消された。しかし,空家率の上昇は,以下の内務省社会局の住宅難に対する認識に示されるように,むしろ「深刻ナル住宅難ノ到来」を意味するものであった。

　　住宅ノ甚シキ不足ヨリ一転シテ空家ノ出現ヲ見ルカ如キハ決シテ住宅難ノ緩和セラレタルニアラズシテ,寧ロ深刻ナル住宅難ノ到来ヲ意味スルモノニシテ特ニ住宅政策上留意ヲ要スル処ナリトス……現時主要都市ニ比較的多数ノ空家ヲ見ルハ概ネ経済界ノ不況ニ依リ家賃負担ニ堪ヘサルモノ多ク

一人当居住面積ヲ縮少セラレタルニ由ルモノニシテ，半面ニ於テハ質ニ於ケル住宅難ノ一層甚シキヲ語ルモノニ外ナラス[49]

1924年から25年にかけての住宅難の基軸は，絶対的住宅難から借家費用の相対的な高さに起因する経済的住宅難へと移行した。

家賃高騰の要因――「仮建築」除去期限と土地区画整理事業――

震災直後から1924年初頭にかけて，「下町」を中心とする焼失地区の借家費用が，非焼失地区［「山の手」および郊外］と比べて大幅に高騰した要因について検討したい。第1の要因は，焼失地区復帰者の増加による借家需要の増大である。第2の要因は，「バラック令」に依拠する「仮建築」による当座の復興推進という基本方針に内在する根本的な問題があった。「バラック令」は市街地建築物法の適用除外の条件として，「仮建築」を1928年8月末までに除去することを規定していた。帝国経済会議社会部の貸家経営に関する議論のなかで，以下に引用されるように，「バラック令」と家賃高騰・権利金要求の因果関係が指摘されている。

> 復興計画ハ本建築ハ許サス，総テ「バラック」ト云フノデアルガ，其「バラック」モ五年経テバ立退カナケレバナラヌト云フノデアルカラ，五箇年間ニ元利ヲ取上ゲテ幾ラカ利益ヲ得ヤウと云フノデアルカラ，最近住宅区域ニ於ケル「バラック」建築ノ家賃ガ非常ニ高イノデアツテ，五年目ニハ毀サナケレバナラヌノデアルカラ，五年間デ元利ヲ収入シテ損ヲシナイヤウニ貸サウト云フノデ家賃ノ外ニ借家ノ権利ヲ取ッタリシテ実ニ不合理ノヤウナモノデアリマスガ，其不合理ナ事ヲシナケレバ算盤ガ合ハヌノデアリマス[50]

数年後に取り壊さなければならないという前提条件の下で，「仮建築」方式の貸家投資を実施する家主は，期待利回りを確保するために高額な「新規家賃」

を設定せざるを得ない。焼失地区の区画整理事業を進めつつ，当座の住まいを確保するための根拠である「バラック令」［除去期限の設定］が，投資回収期間の短縮にともなう家賃高騰や権利金要求の原因になっていた。焼失地区では区画整理事業との関係上，家主の一存で「本建築」の新設に取り掛かることはできず，除去期限の設定された「仮建築」方式で，貸家投資を実行せざるを得ない。焼失地区の土地区画整理事業は震災復興計画の柱であり，既成市街地を抜本的に再編成する千載一遇の機会であった。焼失地区では「大規模なる土地区画整理図の完成を俟つて土地所有者の換地割によつて順次［所有地と「仮建築」の］大移動を行つた上，改めて与へられた土地に本建築を行ふ」という手順が採用された[51]。区画整理と換地が完了するまで，長期的な使用を前提とする「本建築」を建てることは原則として禁止されていた。1924年10月現在，東京市内の住戸ストックは51万6,657戸［「天幕」等を含む］であったが，このうち「本建築」は3割未満であった[52]。

　以上のように，焼失地区に概ね重なり合う区画整理事業の対象地区では，第1段階として「仮建築」方式で喫緊の住宅需要が満たされた。第2段階として区画整理と換地，つづいて「仮建築」の移転・補償金の清算が実施され，すべての業務が完了したあとに，初めて「本建築」への建て替えが行われた。したがって，「仮建築」から「本建築」への移行が進展しはじめたのは，区画整理事業が本格化した1925年以降のことである。極めて短い投資回収期間を想定して建設された「仮建築」方式の貸家に対しては，期待利回りを確保するため高額な「新規家賃」が設定され，造作・権利金も含めた借家費用の高騰を招いた。この問題について，借家人運動を主導した布施辰治は以下のように疑問を呈している。

　　バラックは大正十七年八月末日までに取払はなければならない規則であつても，実際大正十七年八月末日までに取払はれる事になるかどうか？……今裁判所でハツキリ大正十七年八月三十一日までに，バラックが取払はれるものとして，家主に家賃を取立てさして置いて，是が取払はれないと云

ふ事になれば，其後の家賃は家主が丸儲けすることになる……殊にバラックの建築は，必ず後で利用できるやうに木組みをしている，故に大正十七年八月三十一日限りで，バラックは消滅して仕舞ふ，寿命が切れて仕舞ふと考へて，家賃を定めることは無理である[53]。

　実際，のちに「仮建築」の除去期限が延長されたため，焼失地区に新設された「仮建築」方式の貸家の多くは，「本建築」と同様に長期間にわたって使用され，布施の懸念は現実のものとなった。

4-2-2　集団バラック問題

集団バラックへの収容と定住化

　震災直後，東京市内の学校や公園などに避難していた被災者数は，概算で76.7万人であり，これらの「大震火災の惨禍の為めに遂ひに独立生活の能力を喪ひ，且つ頼るべき親戚縁者を欠く要救助者」の住まいの確保が，喫緊の課題となった[54]。そこで，東京市は東京府や警視庁と協力して急遽，日比谷公園などに集団バラックを建設し，要救助者の収容に努めた。1923年9月9日に建設を開始し，同年11月現在，2万1,367世帯，8万6,581人を収容していた。時間の経過とともに収容人員は漸減し，翌年4月時点で集団バラックは82カ所，収容人員6万6,313人となった。本来，集団バラックは「半年位の見込を以て建築したる一時的避難所」であったが，1924年10月に至っても集団バラックの収容人員はなお5万4,625人を数えた[55]。震災から1年以上が経過し，焼失地区の区画整理事業が開始されるなど，復興へ向けた活動が本格化するなかで，集団バラックから「撤退するもの寧ろ以前よりも減少し，予期の如く撤退する様子が見えてかな」るという状況が生じてきた[56]。復興の進捗とともに，本来，「一時的避難所」であるはずの集団バラックへの定住化が問題となった。

　集団バラックからの退出が進まない理由は，主に2つあった。第1に，集団バラック居住者の経済力が十分に回復していなかったからである。市直営バラック居住の1万324世帯に関する職業調査によれば，有職者は1万3,401人であ

ったが、震災後も従前の職業を継続できた者は5,518人に過ぎず、転業を余儀なくされた者は3,766人、残りの4,517人は失業中であった[57]。第2に、前述のように、借家費用が高騰していたからである。「バラック住居の人々が一定の住宅に帰らうとしてもさて帰るべき家のないのは事実」であり、空家が見つかったとしても「六、四半、三畳の三間で世間では四十円、五十円の家賃がしてゐては手も足も出ない」のが実情であった[58]。敷金や造作・権利金を含む借家費用の高騰が集団バラックから転居する際の障害であり、「新規家賃」の高騰と家賃水準の高止まりは、借家人にとって大きな負担となっていた。多くの集団バラック居住者にとって、たとえ居住環境は悪くとも、家賃不要の集団バラックから民間の貸家・貸間等へ転居することは、経済的に実現可能な選択肢ではなかった。くわえて、集団バラックの設置された場所はいずれも「交通至便ノ地」であり、さらに「家賃水道料等ノ諸掛ヲ要セザル等ノ利益」があったため、低所得層のみならず「相当資力ヲ蓄積セル者ト雖モ猶且ツ『バラック』内ニ盤踞セル者少カラ」ずという有様であった[59]。

集団バラックの撤去

　集団バラックを管理する東京市は、「危急の際臨時に急設した場所であるから、何時までもこのままにして置く事は出来ぬ。市府及び内務省の同潤会等でも郡部方面に小住宅を新設したから、多少の困難は忍んでも移転してもらはねばならぬ」と集団バラックからの退去を求めたが、集団バラック居住者は「小住宅は建てられたが、とても全部移転することは不可能である上に、目下の処自分達に相応しい貸家売家も乏しい際、我々は行く先がない」と反論した[60]。最終的に、市当局は公共の場を占拠する「[集団]バラックの撤退は一日も猶予をゆるさざる事態」であると判断し、集団バラックの撤去を開始することを決定した[61]。

　当局は集団バラックの撤去時期を3期に区分し、残る1万1,840世帯の段階的な撤退を実行した。そして、1925年6月までに全世帯の撤退を完了した。一方、集団バラックの撤去と並行して、同潤会や東京市は「仮住宅」の建設を進

め,「仮住宅ニ移転セントスルニ当リテハ家財運搬ノ為東京市ニ於テ貨物自動車ヲ用意スルノミナラス向寒ノ季節ナルヲ以テ仮住宅ニハ防寒用トシテ毛布三枚ヲ各戸ニ備付ケ貸与」[62]した。それらのうち,集団バラック居住者が最も多く転居したのは同潤会住宅で,1,338世帯を収容した。公的主体によって建設された貸家へ転居したのは合計2,848世帯であり,全世帯の24％程度に止まった[63]。集団バラック居住者の大部分は帰郷するか,または民間の貸家・貸間に転居した。同潤会と同様に,東京市営住宅も集団バラック居住者に対して入居の優先権を与えていた[64]。しかし,集団バラック居住世帯数に比して供給戸数が少なく,また家賃負担力がない人々も多数存在したために,市営住宅への転居は816世帯に止まった。また市営住宅へ移転できたとしても,居住者の生活は安定せず転居を繰り返す者が多かった[65]。

小 括

　本章では,関東大震災後の借家市場を分析し,「仮建築」形式による住戸再建過程における借家市場の機能について検討した。1920年恐慌以降,郊外では空家率が上昇傾向を示していたが,震災により厖大な住戸ストックが失われると,東京借家市場は一転して絶対的住宅難に陥り,特に「下町」と比べて相対的に被害が小さかった市内「山の手」や郊外では,圧倒的な貸手市場化の下で,「新規家賃」・敷金等の借家費用が高騰した。
　公的主体による集団バラックが市内の避難者を収容したが,焼失地区の住戸再建は「バラック令」に基づく「仮建築」方式で進められた。1924年に入ると,被災地への資材の大量流入により建築費が低下し,「本建築」と同等の「立派」な「仮建築」から廃材を集めて建てた仮小屋まで,多種多様な「仮建築」が速成され,震災から10カ月後には失われた住戸の約半数が「仮建築」方式で再建されたのである。被災者が住戸を自設する「仮建築」方式が広く採用された背景には,除去期限の設定されている「仮建築」貸家の借家費用の高騰と建築費の低下があり,地主・旧家主との紛争も多発した。一方,「仮建築」を自設す

る資力や家賃負担力のない人々は,集団バラックに当座の住まいを求めたが,一時的な収容施設である集団バラックへの定住化が問題となった。

　これらの問題に共通する要因は,家賃の下方硬直的性格である。震災後に家賃水準を暴騰させた要因は,厖大な住戸ストックの喪失による需給差の拡大のみならず,住戸復興過程に内在する問題も存在した。震災復興の中核は焼失地区の区画整理事業であり,最優先される同事業が完了するまでは,焼失地区における「本建築」は認められなかった。認められたのは,除去期限を定めた「仮建築」形式による住戸再建であり,同形式による貸家投資は「新規家賃」の高騰を促した。これらの複合的要因により生じた震災後の「新規家賃」の高騰が,タイムラグをともないながら「継続家賃」の上昇を促し,空家率の上昇後においても,家賃水準の高止まりを持続させたのである。

注
1) 前掲,田中『帝都復興と生活空間』。
2) 復興局土木部『帝都復興事業に就て』1924年,168〜169頁。
3) 同上,6頁。
4) 同上,17〜32頁。
5) 復興事務局『帝都復興事業誌　建築編・公園編』1931年,185頁。
6) 以下,震災の被害に関する記述は,東京市庶務課『東京大正震災誌』1925年,1〜24頁に拠る。
7) 東京市役所『罹災要救護者収容所概要』1927年,19頁。
8) 社会局『大正13年6月　震災調査報告』1924年,156頁。
9) 「一時凌ぎに畳一枚三円奮発」(『東京朝日新聞』1923年10月16日付)。
10) 「東京市再興の計画」(『大阪時事新報』1923年9月11日付)。
11) 東京市庶務課『東京大正震災誌』1925年,130頁。
12) 復興事務局『帝都復興事業誌　土地区画整理篇』1931年,292頁。
13) 前掲『東京大正震災誌』175頁。以下,同書に拠る。
14) 東京府と神奈川県の市街地建築物法適用区域内で震災により焼失した地域において,1924年2月までに建築に着手し,1928年8月までに除去しなければならない仮建築物を指す。この仮設建築物は階数,構造,トイレに関する決まりを除いて,法律の制限を受けずに自由に建築することができた。のちに建築着手期限

と除去期限は延期された。
15) 前掲, 田中『帝都復興と生活空間』10頁。
16) 建築写真類聚刊行会『建築写真類聚』2巻, 洪洋社, 1924年, 巻頭言。
17) 「東京府及神奈川県ノ市街地建築物法適用区域ニ於ケル仮設建築物等ニ関スル件ヲ定ム」1923年9月15日(『公文類聚　第47編　大正12年　第30巻』所収, 国立公文書館所蔵)。
18) 「復活し行く東京」(『大阪朝日新聞』1923年10月7日付)。
19) 「復興し行く東京」(『大阪朝日新聞』1923年10月8日付)。
20) 前掲『東京大正震災誌』175頁。
21) 「焼けた家の復旧罹災者の復旧状態」(『中外商業新報』1924年9月3日付)。
22) 「全市の仮宅」(『東京朝日新聞』1923年9月26日付)。
23) 前掲『東京大正震災誌』175頁。
24) 東京市役所『東京市震災状況概要』1924年, 110〜111頁。
25) 前掲「焼けた家の復旧罹災者の復旧状態」。
26) 「統計ヨリ見タル東京市ノ復興概況」20頁(『東京市ノ状況』82号, 1927年1月)。
27) 「諮詢第十二号住宅ノ供給及改善ニ対スル一部答申」1924年5月30日(『第一次大戦後経済・社会政策資料集』5巻, 柏書房, 1987年, 277頁)。以下, 同資料に拠る。
28) 「バラックの家賃　最低が二十五円」(『読売新聞』1923年12月16日付)。
29) 「木材暴落の予想」(『東京朝日新聞』1923年12月15日付)。
30) 「震災後の期待を裏切つた東京中心の木材界」(『中外商業新報』1924年6月2日付)。
31) 「動揺の木材(3)」(『時事新報』1924年8月30日付)。
32) 「よみがへる東京」(『東京日日新聞』1923年9月18日付)。
33) 「十坪の仮屋に何程かかるか」(『読売新聞』1923年9月19日付)。
34) 「建築材が安い」(『国民新聞』1926年9月23日付)。
35) 「地主と借地人家主と店子が焼跡の権利争ひ」(『東京日日新聞』1923年9月19日付)。
36) 「震災後市内罹災地域ニ於ケル居住事情概況(警視庁保安部調査ニ依ル)」(『住宅制度ニ関スル資料』1921〜24年, 所収, 国立公文書館所蔵)。
37) 神道寛次「バラック期間の延長と借家人」5頁(『生活運動』6巻1号, 1927年1月)。
38) 「市に空家が二万八千軒」(『東京朝日新聞』1924年12月9日付)。
39) 前掲「震災後市内罹災地域ニ於ケル居住事情概況」。
40) 黒田寿男「住宅欠乏対策としての『空家』の強制的管理」10〜11頁(『生活運動』

4巻1号,1925年1月)。
41)「住むに家ない」(『東京朝日新聞』1924年1月12日付)。
42)「警視庁もたまりかねいよいよ家賃調べ」(『報知新聞』1924年4月11日付)。
43)「相変らず足りぬ貸家と貸間」(『時事新報』1924年5月9日付)。
44)「市内で高い家賃は畳一枚三円七十銭」(『都新聞』1924年10月22日付)。以下,同記事に拠る。
45)「家賃は今はさがつて市内二円,郡部一円七十銭」(『読売新聞』1925年10月24日付)。以下,同記事に拠る。
46) 前掲「市内で高い家賃は畳一枚三円七十銭」。
47) 前掲「震災後市内罹災地域ニ於ケル居住事情概況」。
48)「住宅事務」[1925年](『住居問題参考資料 其2』[内田祥三関係資料]所収,東京都公文書館所蔵)。
49)「帝国経済会議社会部会特別委員会議事速記録 第1回(大正13年5月12日)」(『第一次大戦後経済・社会政策資料集』第5巻,柏書房,1987年,139頁)。
50)「本建築に掛るのは整理図が全く出来た上で」(『都新聞』1923年12月9日付)。
51) 前掲「市に空家が二万八千軒」より算出した。
52) 布施辰治「借地借家臨時処理法の解説(4)」2頁(『生活運動』4巻2号,1925年2月)。
53) 以下,集団バラックの詳細については,前掲『罹災要救護者収容所概要』に拠る。
54) 同上,20頁
55) 同上,37〜49頁
56)「食ふに困る人が三十万六千人」(『読売新聞』1923年11月20日付)。
57)「家賃や貸間の恐しい暴利」(『東京朝日新聞』1924年2月7日付)。
58) 同潤会『仮住宅事業報告』1929年,17頁。
59)「贅沢な集団バラック」(『萬朝報』1924年9月25日付)。
60) 同潤会『同潤会十年史』1934年,81頁。
61)「集団バラック撤退ヲ要スル理由」(「集団バラック撤退ニ関スル件」1924年12月4日,東京都公文書館所蔵)。
62) 同潤会の木造賃貸住宅は都心から離れた遠隔地に立地しており,特に低所得層にとっては,交通費負担の問題や労働市場との関係により,必ずしも魅力的な転居先ではなかった。詳しくは,第6章を参照されたい。
63)「家賃十円の市営住宅」(『東京朝日新聞』1924年10月15日付)。
64) 前掲『罹災要救護者収容所概要』86〜87頁。

第5章　慢性不況下の経済的住宅難

　本章では，震災復興期から昭和恐慌期にかけての東京借家市場を分析する。本章の課題は，以下の3点である。

　第1に，建築活動，建物ストック，空家率，家賃水準等の各種データを比較検討しながら，震災後の住宅難の性格が，絶対的住宅難から経済的住宅難へ変容していく過程について，東京市内外の地域差に着目しながら検討する。第2に，1920年代後半の経済的住宅難の構造について分析し，借家市場のなかに重層的に形成される借間市場の機能を検討する。第3に，昭和恐慌期における経済的住宅難の矛盾拡大が，全国的な家賃値下運動を巻き起こし，家賃の一斉値下げへと結実する過程を明らかにする。

第1節　震災復興期の住宅難の変容

5-1-1　絶対的住宅難の解消

住戸供給の増加

　はじめに，表5-1を用いて，東京市および周辺5郡における「本建築」の新設［増改築を含む］棟数および延面積の推移から，フローとしての建物供給量の動向を把握する。ただし，同表には復興建物の中心である「仮建築」は含まれない。1923年の東京市内における「住宅向」新設棟数は3,111棟［戸数は不明］，他の用途も含む新設建物棟数の合計は6,594棟［28.4万坪］であった。一方，震災から4カ月後の1924年1月1日現在，東京市内の「仮建築」［集団バラックを除く］新設戸数は13.4万戸に達していた[1]。「本建築」新設棟数と

表5-1 「本建築」新設（棟数・延面積）の推移

<table>
<tr><th colspan="10">東 京 市</th><th rowspan="3">棟数
C</th></tr>
<tr><th colspan="3">住 宅 向</th><th colspan="2">商 業 向</th><th colspan="2">工 業 向</th><th colspan="2">そ の 他</th></tr>
<tr><th>棟数
A</th><th>延面積（坪）
B</th><th>A/B</th><th>棟数</th><th>延面積（坪）</th><th>棟数</th><th>延面積（坪）</th><th>棟数</th><th>延面積（坪）</th></tr>
<tr><td>1922年</td><td>5,777</td><td>—</td><td>—</td><td>3,854</td><td>—</td><td>991</td><td>—</td><td>161</td><td>—</td><td>10,783</td></tr>
<tr><td>1923</td><td>3,111</td><td>—</td><td>—</td><td>2,929</td><td>—</td><td>509</td><td>—</td><td>45</td><td>—</td><td>6,594</td></tr>
<tr><td>1924</td><td>3,339</td><td>—</td><td>—</td><td>2,977</td><td>—</td><td>1,952</td><td>—</td><td>65</td><td>—</td><td>8,333</td></tr>
<tr><td>1925</td><td>4,713</td><td>—</td><td>—</td><td>2,898</td><td>—</td><td>1,454</td><td>—</td><td>144</td><td>—</td><td>9,209</td></tr>
<tr><td>1926</td><td>4,673</td><td>—</td><td>—</td><td>2,925</td><td>—</td><td>3,430</td><td>—</td><td>139</td><td>—</td><td>11,167</td></tr>
<tr><td>1927</td><td>4,540</td><td>—</td><td>—</td><td>3,803</td><td>—</td><td>3,289</td><td>—</td><td>149</td><td>—</td><td>11,781</td></tr>
<tr><td>1928</td><td>4,615</td><td>118,364</td><td>26</td><td>5,349</td><td>213,874</td><td>4,082</td><td>132,055</td><td>399</td><td>75,005</td><td>14,445</td></tr>
<tr><td>1929</td><td>5,785</td><td>148,415</td><td>26</td><td>4,443</td><td>204,326</td><td>2,051</td><td>88,566</td><td>559</td><td>95,760</td><td>12,838</td></tr>
<tr><td>1930</td><td>5,228</td><td>116,388</td><td>22</td><td>3,156</td><td>109,862</td><td>1,565</td><td>45,191</td><td>546</td><td>56,367</td><td>10,495</td></tr>
<tr><td>1931</td><td>5,365</td><td>116,505</td><td>22</td><td>3,306</td><td>102,121</td><td>1,489</td><td>43,373</td><td>486</td><td>33,488</td><td>10,646</td></tr>
</table>

出所：警視総監官房文書課『警視庁統計書』各年次；東京市統計課『復興帝都に於ける新築家屋』1930年より作成。
注：「新設」には「増改築」を含む。

表5-2 建物ストックの推移（東京市・周辺5郡，1920～30年，指数：1920年=100）

<table>
<tr><th colspan="8">東 京 市</th><th colspan="2">周辺5郡（新市域）</th></tr>
<tr><th colspan="4">住 宅</th><th colspan="3">そ の 他</th><th colspan="1">計</th><th colspan="2">全建物</th></tr>
<tr><th rowspan="2">棟数
（千棟）</th><th colspan="3">延面積</th><th rowspan="2">棟数
（千棟）</th><th colspan="2">延面積</th><th rowspan="2">棟数
（千棟）</th><th rowspan="2">延面積
（千坪）</th><th rowspan="2">棟数
（千棟）</th><th rowspan="2">増加数
（棟）</th></tr>
<tr><th>（千坪）</th><th>指数</th><th>1棟あたり</th><th>（千坪）</th><th>指数</th></tr>
<tr><td>1920年</td><td>308</td><td>6,726</td><td>100</td><td>21.9</td><td>51</td><td>1,946</td><td>100</td><td>358</td><td>8,672</td><td>234</td><td>—</td></tr>
<tr><td>1921</td><td>307</td><td>6,746</td><td>100</td><td>22.0</td><td>51</td><td>1,975</td><td>102</td><td>358</td><td>8,722</td><td>264</td><td>29,907</td></tr>
<tr><td>1922</td><td>305</td><td>6,711</td><td>100</td><td>22.0</td><td>45</td><td>2,081</td><td>107</td><td>350</td><td>8,792</td><td>296</td><td>32,518</td></tr>
<tr><td>1923</td><td>122</td><td>2,730</td><td>41</td><td>22.4</td><td>20</td><td>914</td><td>47</td><td>142</td><td>3,644</td><td>315</td><td>18,759</td></tr>
<tr><td>1924</td><td>279</td><td>4,725</td><td>70</td><td>16.9</td><td>54</td><td>1,516</td><td>78</td><td>333</td><td>6,240</td><td>368</td><td>53,488</td></tr>
<tr><td>1925</td><td>299</td><td>5,124</td><td>76</td><td>17.1</td><td>30</td><td>1,854</td><td>95</td><td>329</td><td>6,977</td><td>408</td><td>39,386</td></tr>
<tr><td>1926</td><td>295</td><td>5,868</td><td>87</td><td>19.9</td><td>32</td><td>1,927</td><td>99</td><td>327</td><td>7,796</td><td>425</td><td>17,748</td></tr>
<tr><td>1927</td><td>289</td><td>6,027</td><td>90</td><td>20.9</td><td>36</td><td>2,288</td><td>118</td><td>325</td><td>8,316</td><td>457</td><td>31,346</td></tr>
<tr><td>1928</td><td>274</td><td>5,981</td><td>89</td><td>21.8</td><td>37</td><td>2,356</td><td>121</td><td>311</td><td>8,336</td><td>486</td><td>29,410</td></tr>
<tr><td>1929</td><td>261</td><td>6,232</td><td>93</td><td>23.9</td><td>37</td><td>2,579</td><td>133</td><td>298</td><td>8,811</td><td>512</td><td>25,919</td></tr>
<tr><td>1930</td><td>264</td><td>7,110</td><td>106</td><td>26.9</td><td>37</td><td>2,783</td><td>143</td><td>301</td><td>9,893</td><td>543</td><td>30,712</td></tr>
<tr><td>1931</td><td>267</td><td>7,381</td><td>110</td><td>27.6</td><td>37</td><td>2,849</td><td>146</td><td>304</td><td>10,229</td><td>563</td><td>20,672</td></tr>
<tr><td>1932</td><td>269</td><td>7,563</td><td>112</td><td>28.1</td><td>36</td><td>3,257</td><td>167</td><td>305</td><td>10,820</td><td>585</td><td>21,841</td></tr>
<tr><td>1933</td><td>271</td><td>7,666</td><td>114</td><td>28.3</td><td>37</td><td>3,409</td><td>175</td><td>308</td><td>11,075</td><td>609</td><td>23,603</td></tr>
<tr><td>1934</td><td>270</td><td>7,799</td><td>116</td><td>28.9</td><td>39</td><td>3,662</td><td>188</td><td>309</td><td>11,461</td><td>631</td><td>21,879</td></tr>
<tr><td>1935</td><td>270</td><td>7,908</td><td>118</td><td>29.3</td><td>41</td><td>3,717</td><td>191</td><td>311</td><td>11,625</td><td>659</td><td>28,015</td></tr>
<tr><td>1936</td><td>271</td><td>8,154</td><td>121</td><td>30.1</td><td>42</td><td>3,838</td><td>197</td><td>313</td><td>11,992</td><td>693</td><td>33,747</td></tr>
</table>

出所：『東京市統計年表』，『東京府統計書』各年次より作成。

(東京市・周辺5郡, 1922～31年)

計		周辺5郡		
延面積（坪）D	C/D	棟数 E	延面積（坪）F	E/F
346,946	32	—	—	—
284,180	43	—	—	—
234,869	28	—	—	—
230,533	25	—	—	—
291,382	26	28,066	544,048	19
353,442	30	25,056	500,668	20
539,298	37	31,373	684,359	22
537,567	42	53,973	1,102,522	20
327,808	31	43,697	761,830	17
295,487	28	42,806	780,375	18

「仮建築」新設戸数の厳密な比較は難しいが，1923年9～12月［震災後4カ月以内］の東京市内における建築活動において，「仮建築」が大きな比重を占めていたことは確かである。

東京市内の「本建築」の供給量は1928年，周辺5郡のそれは1929年をピークに減少傾向に転じているが，両者の差は拡大傾向にあり，焼失地区の復興が一段落する一方で，郊外の建築活動は相対的に活発化している。1929年現在，市内と比べて周辺5郡の建物供給量は，棟数において4.2倍，延面積において2.1倍であり，建物フローの中心は郊外へ移行しつつあった。

つぎに表5-2を用いて，東京市および周辺5郡における「仮建築」を含むストックとしての全建物数量の推移を把握する。東京市内の住宅棟数は，1925年に震災前の水準まで回復したが，この間に増加した建物ストックの大部分は，「本建築」に比して平均的に小規模な「仮建築」が占めており，住宅面積では依然として震災前の76％に止まった。震災直後に急増した「仮建築」を中心とする住宅棟数は，1925年から29年にかけて緩やかな減少傾向をたどり，一方で住宅延面積は増加傾向を維持した。

両者の対照的な動きは，震災復興土地区画整理事業の進捗にともなう「本建築」への改築を示唆しており，住宅延面積は震災から7年が経過した1930年に震災前の水準を超えるに至った。区画整理事業によって東京市内の100万坪以上の宅地が道路等に転用され，宅地の減歩率は15％に達していたが[2]，建物延面積は1922年と比べて70万坪以上の増加をみており，震災後に建物の中層化が進展したことを示している。震災後に「京橋，日本橋，浅草の三区を中心とした土地の価格は著しく下落」[3]したが，区画整理事業の進捗および復興の本格

化とともに地価・地代は反転上昇に転じ，特に住宅以外の建物の中層化を通じて，土地利用の高度化を促進した。他方，周辺5郡の建物棟数［住宅以外を含む］は，震災後に年間3万棟前後の増加基調をたどった。

以上のように，震災後の東京市内では「仮建築」を中心とする焼失地区への復帰および再建活動が進展し，郊外では「本建築」を中心とする建築活動が活発化した。両者を合わせて，1925年以降，東京市内外において住戸供給は著しく増加し，絶対的住宅難は解消したのである。

郊外借家市場の借手市場化

1925年以降の東京市内外における住戸フローの増加は，空家率と家賃水準の地域差を拡大させた。震災後から2カ月後の1923年11月時点で「住宅は相変らず払底」しており，家賃50円以上の「大きな空家」を除いて「貸家は一軒もない」ような払底状況が継続していた[4]。震災直後の郊外では，「住居店舗の建築が素晴らしき勢いを以て行はれた。而も未だ建築が出来上らざる中から契約が出来，甚しきに至つては，未成の内から住居してゐる家が多数であつた」が，「昨年［1924年］の秋頃から少しづつ貸家札が各所に見受けられるやうにな」り，特に商家は「天災後郊外に移つて来て遊んでも居られず，店を開いては見たが，矢張需用者が少ないところへ従来から同じ営業をして居る店が多いので，思ふやうにゆかず再び市内に引移つたといふ者が沢山」あった[5]。震災から1年が経過した頃には，郊外では借家需要が相対的に減退する反面，東京市内外で住戸供給が著しく増加し，「郊外は住宅過剰，建築会社は畑の上に家を立腐らせてジリジリしている有様」[6]となった。震災後の住戸供給の増加を可能にした条件の1つは「輸入を通じた安価な資源利用」であり，「米松」と呼ばれる安価なアメリカ産木材が大量に流入し建築費が大幅に低下したことである[7]。

郊外における借家需要の相対的減退と貸家供給の増加は空家率の上昇をもたらし，空家率が大幅に上昇した地域から「新規家賃」水準が低下しはじめた。1925年には「経済界の不況と郊外住宅の発展過剰」によって「家賃も下る傾向」となり，「一頃に比し一割乃至一割五分方」の下落をみたばかりでなく，「鬼家

主が敷金撤廃を断行して仏家主と軟化したと云ふ事実も方々に聞かれるようにな」るなど[8]，郊外借家市場が貸手市場から借手市場へ転換しはじめた。一方，「市内はまだ需給関係で多少の住宅難もあり家賃は相当高い」水準を維持しており，たとえ空家があったとしても，その多くは大規模で家賃が高い「上流向」貸家であり，「手広い家は大部空が多くなつて家賃も下がつて来た」が，東京市内における低・中所得層の住宅難，すなわち，小規模・低家賃の貸家不足は依然として厳しかった。

郊外借家市場の借手市場化をもたらした要因は，貸家の供給過剰であったが，震災後の郊外における貸家投資の中心的な担い手の1つは在地地主〔「お百姓連」〕であり，空家率の上昇にともなう家主の苦境は，以下のように報じられた。

> 住宅払底を好い機会に続々と貸家を建てて不当の家賃に暴利をしめたものが，いまこの始末にたたられて金の工面に追ひつめられ，昨今〔1926年初頭〕の東京区裁判所の登記所には，折角建てた家屋を抵当に借金をする届出が頗る多いのに係の者も驚いてゐるほどだ……お百姓連のうちには田畑を潰して一時は郊外に市民を引張つたが……空家がふえ，二進も三進もゆかずに十戸二十戸として一まとめに抵当に入れるものは元より，このごろの登記には一戸二戸のひと工面したものが悉く入つて家主の悲哀を極度に物語つてゐる[9]

また郊外の在地地主のみならず，「他府県人カ五戸十戸ト貸家ヲ建築スル者アルハ震災後ノ新現象」[10]であった。震災後の郊外における借家需要の増大を見込んで，在地地主は農地を潰して貸家を建設し，他府県在住者も東京市郊外に貸家投資を行った。この結果，郊外は一転して貸家の供給過剰に陥り，1925年以降，立地等の諸条件が悪い貸家から空家へ転化しはじめ，震災後に急騰した「新規家賃」水準を低下させた。

1925年6月の調査によれば，東京市と周辺5郡の空家戸数は3万5,659戸であった[11]。内訳は市内7,091戸，郡部2万8,568戸であり，東京市内の空家戸数

は8カ月間で2万戸以上減少している。市内の空家率［空家戸数／世帯数］が1.8%であるのに対し，周辺5郡のそれは6.6%という高さを示した。震災直後の郊外では，急激な借家需要の高まり，「新規家賃」の高騰，および建築費の低下を背景として，住戸供給量が急激に増加したが，1924年後半から1925年にかけて，供給過剰と相対的な需要減退に直面した。結果として，空家率の上昇した地域から，家賃水準が低下しはじめた。一方，区画整理事業が最優先される市内の焼失地区では，1920年代後半に入ってようやく「仮建築」から「本建築」への移行が進展しはじめたが，空家率は上昇せず，家賃水準も高止まりの傾向を維持した。1926年10月現在，東京市内の空家戸数が約1万戸程度であるのに対して，周辺5郡のそれは約4万戸にまで増えており，「貸家の札が増える一方」であった[12]。

郊外における借家需要の相対的減退は，借家需要の絶対的減少を意味するものではない。人口増加の趨勢から明らかなように，関東大震災後の都市化の方向性は，明確に外延的拡大である。郊外のなかでも交通至便な地域を中心として，堅実な人口増加が継続していた。特に土地整理による街路基盤が整った地域においては，旺盛な宅地需要と住宅需要が存在し，中間層以上を中心とする郊外住宅地が，多数形成された[13]。表3-1によれば，震災後に地主組合施行区画整理事業の認可件数と施行面積が著しく増加している。1933年までに認可された組合による施行面積は，土地区画整理組合が978万坪，耕地整理組合が2,740万坪，合計3,718万坪に及んだ。また郊外に立地する工場の増加は，俸給生活者世帯のみならず，労働者世帯の郊外居住を促進した。

震災後の絶対的住宅難の解消は，郊外に居住することが可能な人々の住宅難が解消したことを意味する。1926年の郊外借家市場では借手市場化の傾向が顕著となり，「貸家を探す人は，家がないのではなく，現在住んでゐる所よりも便利で安くて間取りのいいのを探すといふ工合ですから，従つて郊外の余りに不便な所は随分思ひ切つて家賃を下げても借り手がつきにく」いような状況となった[14]。すなわち，家賃負担力の高い借家人が家賃や立地等の諸条件を考慮に入れて，主体的に借家を選択することが可能となったのである。震災による

厖大な住戸ストックの滅失にともなう絶対的住宅難は，震災から2年程度で概ね解消された。ただし，絶対的住宅難の解消は，住宅難の「表面的な現れ方」の変化に過ぎず，住宅難の解決を意味するものではなかった。

5-1-2　経済的住宅難の深刻化

東京市内外における家賃水準の格差拡大

　表4-3は1922年9月と1926年9月の東京市内における住宅調査の結果である。1926年の1世帯あたり所得は1922年のそれと比べて33円増加したが，平均家賃は1.1円減少している。震災後の平均家賃の微減をもたらした要因は，借家面積の絶対的な縮小である。震災以前の1922年と比べて，震災後の1926年では1世帯あたり部屋数が0.8室，同畳数が3.6畳減少している。1926年9月現在，東京市内の1戸あたり家賃は震災以前よりわずかに低下したものの，1畳あたり家賃は震災以前より上昇しており，市内の焼失地区に急造された「仮建築」貸家の家賃が，相対的に割高であったことを示している。一方，震災後の「罹災地域外ノ住宅」に関する需給状態は，以下の通りである。

　　山手郡府ノ家賃ハ震災後ハ概シテ二割方ノ騰貴ナリ，然レトモ罹災地仮建
　　築ノ完成トトモニ復帰スル者多ク其ノ後甚シキ住宅不足ハ生ゼズ[15]

　震災後の絶対的住宅難が，火災の被害を免れた「山手郡府」における貸家ストックの家賃水準を「二割方」上昇させたこと，「仮建築」による市内焼失地区の復興とともに，「山手郡府」の住戸不足が解消したこと，換言すれば，当該地の空家率が上昇したことが指摘されている。ここでは「仮建築ノ完成」後の当該地の家賃水準に対する言及はないが，「山の手」と郊外における空家率の上昇は，同地域の家賃水準を低下させたと考えられる。

　震災後の東京市内における相対的に高い家賃水準の持続は，郊外における家賃水準が低下するにつれて，両者の差を拡大させた。1926年6月現在，「市中の方は家賃も敷金もそれほど安くもならず大体去年の今頃［1925年6月］と同

じ位」であったのに対して、「郊外には空家がドンドン殖えた，此頃は，家賃もさがり敷金を取らぬやうな所も多くある」，「場所によつては去年の今頃にくらべ二割五分から三割の家賃の下落を見せて」いた[16]。前述の通り，1925年10月現在，1畳あたり家賃は東京市内2円，郊外1円70銭が平均的な相場で，両者の差は30銭ほどであったが，翌1926年6月には「下町で一畳あたり二円八九十銭，山の手二円四五十銭」の高水準を維持していたのに対し，「郡部だと［1畳あたり］一円四五十銭」にまで低落し，1926年に地域間の1畳あたり家賃の差が1円以上に拡大した[17]。

　震災直後の絶対的住宅難は，立地を問わず全般的な家賃水準の急上昇をもたらした。一時的に郊外の「新規家賃」水準は市内のそれと同程度まで引き上げられ，建築費の低下と相俟って，新規の貸家投資を促進した。市内では震災直後から1924年にかけての「仮建築」の増加，1925年以降の区画整理事業の進捗および「本建築」への移行にともなって，1920年代後半に住宅延面積は増加傾向をたどった。しかし，市内焼失地区への復帰者の増加にともなう旺盛な借家需要の伸びに対して，市内の貸家供給戸数が相対的に少なかったため，「本建築」による復興の本格化とともに，市内ではかえって空家率が低下し，「新規家賃」・「継続家賃」とも高い水準を維持しつづけた。対照的に郊外では，借家需要の伸びを大幅に上回る貸家供給の増加を通じて，空家率が急激に上昇した。特に「郊外電車から降りて二十分も歩く場所は半年も一年も借り人がない」[18]ような状況に陥り，震災直後に急騰した「新規家賃」の下落調整が促された。

　以上のように，郊外では新設住戸が激増する反面，「郡部は交通不便だからとの理由で大分市内へ転居する」[19]という相対的な需要減退も重なり，1925年以降，絶対的住宅難は「大体に於て緩和の傾向」[20]を示すに至った。絶対的住宅難の解消は，空家率と家賃水準の地域間格差を拡大した。

東京市内の空家率上昇と借間市場の拡大

　震災復興期における住戸供給の増加にともなう空家率の上昇は，高所得層あるいは郊外に住戸を求める人々の住宅難を解消した。表5-3は東京市社会局

表 5-3　東京市社会局の貸家・貸間無料紹介業の成績（1922～29年，各年の月平均件数）

	貸家紹介業					貸間紹介業				
	申込件数 (A)	紹介件数 (B)	契約成立 (C)	A/B	C/A (%)	申込件数 (D)	紹介件数 (E)	契約成立 (F)	D/E	F/D (%)
1922年	1,674	454	332	3.7	19.8	2,311	520	438	4.4	19.0
1923	1,343	263	171	5.1	12.7	1,792	496	400	3.6	22.3
1924	896	326	204	2.8	22.7	1,392	366	288	3.8	20.7
1925	641	356	185	1.8	28.9	703	301	182	2.3	25.9
1926	507	215	104	2.4	20.4	494	243	124	2.0	25.1
1927	475	175	99	2.7	20.9	470	242	134	1.9	28.6
1928	277	193	61	1.4	22.0	329	305	98	1.1	29.9
1929	184	161	69	1.1	37.7	200	179	82	1.1	41.2

出所：東京市社会局『東京市社会局年報』各年次より作成。

が実施した貸家・貸間無料紹介業の成績を示している。事業開始直後から震災後にかけての数年間は借家・借間の申込件数が紹介件数を大幅に超過していたため需給差が大きかったが，復興の進展とともに需給差は縮小し，1928年以降は申込件数と紹介件数が接するに至った。空家が目に見える形で現れると社会局の無料紹介業の果たす役割は小さくなり，申込件数，紹介件数ともに減少している。ただし，成約率［契約成立件数／申込件数］は低く，需要者の求める条件に合致する貸家の供給が少なく，需給のミスマッチが発生していたことを意味している。郊外居住を選択することが可能な高所得層にとって，空家率の上昇は住宅難の解消に結びついた。

　1920年代末には東京市内においても空家戸数の増加が顕著となり，表5-4に示されるように，1929年11月現在，市内の空家戸数は約3万戸に達していた。しかし，市内に住戸を求める人々のなかで，とりわけ中所得層以下の世帯にとって，空家戸数の増加は借家需要の充足に結びつかなかった。空家戸数の増加は，家賃負担力の低下にともなう借家需要潜在化の表象にほかならず，潜在化した借家需要は借間に対する有効需要として顕在化した。したがって，空家戸数の増加と借間世帯の増加は，表裏一体の関係にあった。

　関東大震災による厖大な住戸ストックの喪失は，住空間の分割・創出により借間世帯を急増させた。震災から1年余が経過した1924年10月現在，東京市内

表5-4　地域別空家戸数，貸間貸主・借間世帯数（東京市，1929年11月）

区	空貸家戸数 普通住宅	店舗併用	他	計	空家率(％)	世帯数 普通世帯	同居世帯 貸間貸主	借間	計	借間世帯率(％)
麹町	339	98	0	437	3.5	9,544	1,148	1,684	12,376	13.6
神田	884	1,099	8	1,991	7.1	20,925	2,887	4,275	28,087	15.2
日本橋	657	1,025	7	1,689	9.2	16,520	877	1,024	18,421	5.6
京橋	979	626	9	1,614	5.0	24,241	3,561	4,589	32,391	14.2
芝	1,084	376	0	1,460	3.4	32,874	4,279	5,758	42,911	13.4
麻布	671	102	0	773	3.6	17,856	1,728	2,081	21,665	9.6
赤坂	447	47	0	494	3.9	10,990	765	962	12,717	7.6
四谷	470	111	0	581	3.2	15,135	1,374	1,714	18,223	9.4
牛込	1,019	125	0	1,144	3.5	25,068	3,196	4,244	32,508	13.1
小石川	1,068	183	0	1,251	3.2	31,500	3,263	4,323	39,086	11.1
本郷	1,195	240	0	1,435	4.4	25,878	2,737	3,694	32,309	11.4
下谷	1,516	1,266	2	2,784	6.0	36,228	4,614	5,775	46,617	12.4
浅草	2,442	2,340	5	4,787	8.1	47,621	5,083	6,046	58,750	10.3
本所	3,001	2,366	7	5,374	9.7	46,485	3,990	4,659	55,134	8.5
深川	2,412	1,718	8	4,138	9.3	35,739	4,150	4,837	44,726	10.8
計	18,184	11,722	46	29,952	6.0	396,604	43,652	55,665	495,921	11.2

出所：東京市社会局『東京市内の空家に関する調査』1930年，1頁，東京市社会局『東京市内同居世帯に関する調査』1930年，20頁より作成。

注：空家率＝空家戸数／総世帯数。
　　借間世帯率＝借間世帯数／総世帯数。

には依然として全世帯数の約2割に相当する8.5万世帯の借間世帯が存在した[21]。貸主世帯も含めれば，市内全世帯の3割強が他の世帯と同居していたと推定される。震災により東京市内のみで37万戸に及ぶ厖大な住戸ストックが失われたことを考慮すれば，当座の住まいを確保するため，多くの世帯が一時的に借間住まいを余儀なくされたことも仕方のないことであった。より重要な問題は，震災復興が進展して住戸供給が大幅に増加，空家率が上昇したにもかかわらず，依然として間借り状態から脱却できない世帯が多数存在していたということである。

　震災以降，借家の「新規家賃」のみならず，借間の「新規間代」も俄かに高騰した。間代の相場は「自炊可一畳に付市内二円五十銭，郊外はその一割五分安」[22]であった。1畳あたりで比較すれば家賃と間代との間に大差はない。火

災の被害を免れた借家ストック内の住空間を分割することによって，1世帯あたり居住面積を縮小し，家賃・間代の負担を低減しつつ，職場に近い市内の住まいを確保しようとする人々が増加したのである。東京市社会局は「郊外は住宅過剰にして市内は依然として借家難を脱せず。殊に自炊間借り希望者の増加せるは市況不振と借家難とより来れる現象」であると指摘しているが[23]，この「借家難」が指す具体的内実は，家賃負担力に起因する問題である。東京市社会局は経済的住宅難の深刻化を認識し，各種調査を通じて借家をめぐる現状の把握を試みた。

東京市社会局は『借地，借家争議に関する調査』の序文で震災後6年間を振り返り，以下のように総括した。

> 一時は住むに家なかりし焼野原も今や復興事業の進捗と共に面目全く一新して名実共に帝都の偉容を整ふるに至つた。当時を忍ばせるバラック住宅も年々其の影を没して新しい文化的住宅が之に代はるに至つた。甚しい住宅難時代から今や寧ろ住宅過剰の時代に入つた[24]。

この「住宅過剰」の原因について，第1に「目覚しき郊外への発展に連れ，今や市内よりの移出時代である事」，第2に「深刻なる経済不況の結果一戸を構ふること能はざる階級の増加」に起因する「市内同居世帯数の激増」を挙げている。東京市社会局はこの「住宅過剰の時代」が「相対的には不足時代」であること，すなわち「経済的住宅難時代」であることを認識したうえで，「一方に空家が増加し，一方に同居が増加すると言ふ斯る矛盾現象も畢竟営利主義経済に於ける所有階級と非所有階級の存在によつて生ずる諸現象の一であつて，経済不況の深刻化するに従ひ益々此の現象は甚しくなる」という見解を示している。

当局の見解の妥当性について，表5-5を用いて実証的な裏付けを行いたい。表5-5は東京市内における1畳あたり家賃，1坪あたり地代および製造業賃金指数の推移を示している。ただし，1畳あたり家賃については基礎となる

表5-5 家賃, 地代, 賃金指数の推移 (東京市, 1914～29年, 指数:1914年 = 100)

	1畳あたり家賃 (円)	指数	1坪あたり地代 (円)	指数	製造業賃金指数
1914年	0.55	100	0.30	100	100
1915	0.55	100	0.31	101	99
1916	0.56	102	0.32	107	107
1917	0.59	107	0.32	107	129
1918	0.63	115	0.34	113	164
1919	0.75	136	0.45	149	218
1920	0.92	167	0.49	160	292
1921	1.17	213	0.52	171	297
1922	1.39	253	0.49	162	322
1923	1.53	278	0.59	196	328
1924	2.51	456	0.69	227	356
1925	2.26	411	0.81	268	346
1926	2.22	404	0.83	274	348
1927	2.18	397	0.92	304	344
1928	2.24	407	0.99	327	333
1929年上期	2.14	388	1.15	380	337
1929年下期	1.92	349			315
1930	1.75	318			
1933	1.51	275			

出所:1914～1922年の1畳あたり家賃は前掲『中等階級住宅調査』90頁, 1923年は協調会『第3回全国家賃調査 (大正12年11月現在)』1924年, 1924年は「家賃は今はさがつて市内二円, 郡部一円七十銭」(『読売新聞』1925年10月24日付), 1925～29年は東京市社会局『貸家貸間紹介要覧』1930年, 1930年は「有り余つて下がらぬ家賃, 間代」(『国民新聞』1931年2月6日付), 1933年の家賃は「市内貸家住宅家賃調査速報」『東京市公報』1934年9月22日付, 1坪当地代は『東京市統計年表』各年次, 平均賃金は商工大臣官房統計課『明治33年乃至昭和4年賃金統計表』1930年, 27～37頁より作成。

データが時期によって異なるため, 一貫性の点で信頼度が低下するが, 目安として家賃水準の大まかな動向を捉えることは可能であろう。大戦景気期に高い伸び率を示した製造業賃金指数は, 1924年をピークとして長期的な低下傾向に転じた。特に1927年の昭和金融恐慌は, 賃金水準の下落に拍車をかけた。震災復興期を通じて物価水準も低下傾向を示し,「大正七八年頃と比し [物価] 全体では二割, ある種類は三四割安くなってゐる。これに引かへ東京市を中心とした家賃間代, 地代等は好景気時代の馬鹿げた高い直段ほとんどそのままで」[25] 概ね横ばいに推移した。表5-5に示されるように, 1畳あたり家賃は震災後に急騰し, 1925～29年上期にかけて緩やかな低下傾向を示しつつも, 2

円台前半を維持した。地代の持続的な上昇も家賃水準の高止まりに寄与したと考えられる。慢性不況下における賃金・物価水準の長期的下落は，東京市内の家賃水準の相対的な高さを際立たせた。家賃負担力の低い低所得層を中心に「一般に住宅費の縮少を図るの結果，間借と下宿の却つて繁盛を来す」[26]という現象が拡大した。

第 2 節　昭和恐慌期の経済的住宅難

5-2-1　東京市内の借家市場と借間市場との関係

借家市場のミスマッチ──空家ストックと同居世帯との関係──

　東京市内に一定の借間世帯と多数の空家が並存し，借家市場のなかに借間市場が重層的に形成される経済的住宅難の構造について分析する。1929年度の東京市社会局貸家貸間紹介部が認識する住宅難に関する「具体的事実」は，第1に「所謂中間層に属する人々」が「漸次［家賃の］低廉なる住宅へ移動して行くこと」であり，第2に「店舗向住宅に貸家が激増しつつあること」であった。この2つの現象をもたらす要因は，以下のように説明されている。

　　最近市内には貸家［空家］が数万ある事実は需要者の求むる条件が供給者
　　の提供する条件と一致し得ざる為，此等の需要者達が家賃の低廉なる郊外
　　へ移動するか若くは間借住ひへ転落しつつあるによるものなり[27]

　すなわち，家賃負担力の低い新規の借家人がとり得る選択肢は，郊外の貸家または市内の借間であるが，特に雇用や交通費等の点で居住地選択の制約が大きい低所得層にとって，郊外の貸家という選択肢は，容易にとり得るものではない。では，東京市内における「需要者の求むる条件」と「供給者の提供する条件」とは，客観的にいかなるものであるのか。1929年11月に実施された東京市の空家と同居世帯［＝貸間貸主世帯＋借間世帯］に関する2つの悉皆調査を

用いて,「条件」の不一致から両者が並存する状況を明らかにする。

表5-4は1929年11月の東京市における地域別の空家戸数と世帯数の構成をまとめたものである。同表によれば,空家戸数は2万9,952戸,総世帯数は49万5,921世帯であった。東京市の空家率［空家戸数／総世帯数］は平均6.0%で,地域により大きな偏差が生じていた。特に空家率が高いのは,本所区［9.7%］,深川区［9.3%］,日本橋区［9.2%］,浅草区［8.1%］,神田区［7.1%］など「下町」を中心とする伝統的商工業地域である。「下町」の空家率を押し上げている主な要因は,不況にともなう店舗併用住宅に対する需要減少である。一方,「下町」とは対照的に,「山の手」の空家率は3〜4％程度に止まっていた。震災直後の時期と比べれば,平均空家率は上昇傾向にあり,特に「下町」の1割近い空家率は「空家の洪水」と表現されるほどであった[28]。空家の39％が店舗併用住宅であるという用途上の不一致も,借家市場の需給不一致を生み出す重要な要因の1つである。

同表によれば,1929年11月現在,東京市内の総世帯数は50万世帯弱であったが,このうち自宅［持家・借家を問わず］の一部を他の世帯に賃貸する貸間貸主世帯が4万3,652世帯［総世帯数の8.8％］・15万8,141人［1世帯あたり3.6人］存在し,その借り手である借間世帯は5万5,665世帯［同11.2％］・9万8,784人［1世帯あたり1.77人］に上った。両者を合わせて全世帯の約2割が,家計を異にする他の世帯と1住戸内に同居していたことが判明する。震災直後と比べれば,1929年11月時点の同居世帯比率は半減しているが,依然として同居世帯が大きな比重を占めていることに変わりはない。

多数の空家と多数の同居世帯が東京市内に並存する状況について,賃貸料別および住空間の規模別の分布から,その基本構造を把握したい。第1に,表5-6を用いて,賃貸料［家賃・間代］階級別の空家と同居世帯の分布状況を比較する。家賃階級別の「空家」の分布は,家賃20〜40円未満が60.0％を占め,家賃15円未満は4.3％に過ぎなかった。同様に家賃階級別の「借家／貸間貸主」［持家を除く］の分布も家賃20〜40円未満が69.3％を占め,家賃20円未満は1割に満たなかった。一方,間代階級別の「借間」の分布は,間代15円未満が

第5章 慢性不況下の経済的住宅難 123

表5-6 賃貸料階級別の空家戸数，同居世帯数（東京市，1929年11月）

賃貸料 （家賃・間代）	空家戸数	構成比率（％）	同居世帯数 貸間貸主世帯（借家）	構成比率	借間世帯	構成比率
5円未満	12	0.0	5	0.0	869	1.7
5〜10円	174	0.6	123	0.3	12,578	25.2
10〜15円	1,105	3.7	}2,928	}8.3	24,373	48.7
15〜20円	3,404	11.4			9,813	19.6
20〜25円	4,684	15.6	}13,396	}37.8	1,618	3.2
25〜30円	5,698	19.0			427	0.9
30〜40円	7,592	25.4	11,181	31.5	209	0.4
40〜50円	3,526	11.8	4,766	13.4	59	0.1
50〜70円	2,432	8.1	2,396	6.8	54	0.1
70〜100円	802	2.7	500	1.4	0	0.0
100円以上	518	1.7	174	0.5	0	0.0
計	29,947	100.0	35,469	100.0	50,000	100.0

出所：前掲『東京市内の空家に関する調査』63頁；前掲『東京市内同居世帯に関する調査』37，174頁より作成。
注：持家居住の貸間貸主世帯，「家賃なし」の貸主世帯を除く。

75.6％を占め，間代20円以上は4.7％に過ぎなかった。第2に，表5-7と表5-8を用いて，住空間の規模［室数・畳数］別の空家と同居世帯の分布状況を明らかにする。室数階級および畳数階級からみた空家分布は，1戸あたり3〜4室が69.6％，畳数13〜18畳が43.1％を占めた。同様に貸間貸主の住戸は1戸あたり3〜4室が70.5％，畳数13〜18畳が44.4％を占めた。一方，借間の分布は1室・9畳未満に集中しており，2室以上は14.9％に止まる。

以上の空家，貸間貸主の借家，借間の分布状況の比較から明らかなように，「需要者の求むる条件」は1室・家賃15円未満の小規模・低家賃の借家である。一方，「供給者の提供する条件」は3室以上・家賃20円以上の中規模以上・中家賃以上の貸家である。家主は「自己の欲する条件を容れぬ以上いつまでもこれを空家として放置しておくことの出来る絶対自由の権利」[29]を保持しており，特に借家需要が大きく地代水準の高い東京市内では，郊外と比べて家賃水準が下方硬直的であった。家賃負担力に規定される借家人の条件と期待利回りに規定される家主の条件との不一致，借家人が許容し得る家賃水準と空家の家賃水

表5-7 室数階級別の空家戸数, 貸間貸主・借間世帯数 (東京市, 1929年11月)

室数	空家戸数	構成比率(%)	同居世帯数 貸間貸主世帯 借家	構成比率	持家	構成比率	借間世帯	構成比率
1室	957	3.2	13	0.0	8	0.1	47,354	85.1
2室	4,644	15.5	3,260	9.1	322	4.1	7,941	14.3
3室	11,716	39.1	12,948	36.2	1,599	20.3	298	0.5
4室	9,118	30.4	13,940	39.0	2,274	28.8	72	0.1
5室	2,378	7.9	3,838	10.7	1,422	18.0	0	0.0
6室	664	2.2	1,062	3.0	877	11.1	0	0.0
7室以上	474	1.6	707	2.0	1,382	17.5	0	0.0
計	29,951	100.0	35,768	100.0	7,884	100.0	55,665	100.0
平均室数	3.4		3.7		4.9		1.2	

出所:前掲『東京市内の空家に関する調査』16頁;前掲『東京市内同居世帯に関する調査』34〜35頁より作成。

表5-8 畳数階級別の空家戸数, 貸間貸主・借間世帯数 (東京市, 1929年11月)

畳数	空家戸数	構成比率(%)	同居世帯数 貸間貸主世帯	構成比率	借間世帯	構成比率
6畳未満	936	3.1	45	0.1	21,376	38.4
6〜9畳	2,528	8.4	1,160	2.7	28,963	52.0
9〜13畳	6,508	21.7	7,077	16.2	4,905	8.8
13〜18畳	12,919	43.1	19,373	44.4	337	0.6
18〜24畳	4,955	16.5	10,080	23.1	84	0.2
24〜30畳	1,318	4.4	3,137	7.2	0	0.0
30畳以上	788	2.6	2,780	6.4	0	0.0
計	29,952	100.0	43,652	100.0	55,665	100.0

出所:前掲『東京市内の空家に関する調査』60頁;前掲『東京市内同居世帯に関する調査』36, 172〜173頁より作成。

準との隔たりは,市内に大量の空家ストックを生み出す一方で,潜在的な借家需要は借間市場を通じて有効需要として顕在化し,当局の調査を通じて経済的住宅難の存在が客観的に把握されたのである。

借間市場の形成——住戸の分割と住空間の創出——

　1920年代末の東京市内において，家賃負担力が低下しつつある中間層ないし低所得層が求める小規模・低家賃の借家の供給戸数は需要に比して過少であり，一方で家賃20円以上の中規模・中家賃の空家は増加傾向にあった。換言すれば，生活の器としての住空間が不足し，一方で投資収益を生み出すハコとしての住戸が過剰に供給されていた。借家市場の機能不全による住戸の過剰下の住空間の不足を補完する機能を果たしたのが，ハコの分割による生活の器としての住空間の創出，すなわち，借間市場の機能である。借間市場の特徴は，貸間の供給主体である貸主世帯の住戸の8割以上が借家である点である。すなわち，借家人が自己の賃借する1戸内の住空間を分割し，家計を異にする他の世帯に転貸することにより，借家市場のなかに借間市場が重層的に成立している。

　1住戸内に同居する貸間貸主世帯と借間世帯との関係について，賃貸料階級別および住空間の規模別の分布状況から，その基本構造を把握したい。両者の世帯人員数を比べると，貸主世帯が3.6人であるのに対して，借間世帯はその半数の1.8人であり，後者は2人世帯もしくは単身世帯が多くを占めていたと考えられる。ゆえに，表5-7に示されるように，借間世帯の住空間の85.1％は1室のみである。借家・持家別に貸主世帯の住戸の室数をみると，持家の場合，5室以上が46.7％を占めるのに対し，借家の場合，5室以上は15.7％に止まる。また，貸主世帯の住戸を構造別にみれば，1戸建が37％，2戸建以上の長屋形式が63％であり，階数は2階建が92％を占めた[30]。一般に借間世帯は2階の1室を借りることが多く，階数により1戸内の住戸を上下に分割していた。

　以上から当該期の貸間供給には，大きく分けて2つの型が存在することがわかる。第1の型は，貸間貸主世帯の住戸が持家の場合，または5室以上の部屋を有する比較的大規模な借家の場合であり，空き部屋の活用による家計補助が主な目的である。戦前の旧中間層以上の世帯では，使用人等の親族以外の同居人を含めて1つの大きな世帯を構成する［戦前期では，統計上も使用人は主たる世帯に含まれる］ことは一般的であったが，第1の型は居住形態の面からみればこれに近い。貸主世帯が「主」で借間世帯が「従」の関係である。

第2の型は，貸間貸主世帯の住戸が3～4室以下の借家の場合であり，家計補助を目的としている点は第1の型と共通であるが，前者と後者とでは，家計補助の指す意味内容が異なる。すなわち，前者が一般的な意味における家計補助であるのに対し，後者は1住戸内の住空間を複数世帯で分割することにより，1世帯あたりの家賃負担を引き下げることを主たる目的としている。居住形態の面からみれば施設共用の集合住宅に近く，貸主世帯と借間世帯との関係は，第1の型ほど「主」，「従」が明確ではない。分割対象の借家の室数が概ね3室以下であり，決して室数に余裕があったわけではない点からも裏付けられる。表5-6から分割対象である借家の借主である貸間貸主が負担する家賃と，その一部を転借する借間世帯が負担する間代とを比較すると，家賃に対する間代の割合は40～60％の階級が4割以上を占め，20～40％の階級も含めれば全体の7割近くに達する。したがって，貸間貸主が負担する分割対象である借家の家賃と，その一部分を転借する借間世帯が負担する間代との関係からみても，第2の型が家賃の折半に近い性格のものであることがわかる。

　貸主世帯が形式上は「主」であることには変わりないが，第1の型と比べて，第2の型は「借家人／貸間貸主」と「借間人」との関係がよりフラットである。家賃負担力の低さを克服しつつ市内居住を維持するために，借家人は自ら住空間を主体的に創出せざるを得ず，その方法が第2の型，柔軟なハコの分割による住空間の創出とその転貸借であった。なお，借間世帯の世帯主の職業をみると，「公務自由業」や「会社員」などの俸給生活者世帯が29％，「工業」などの労働者世帯が28％を占めている[31]。労働者世帯のみならず，「洋服細民」と呼ばれた薄給の俸給生活者世帯の住宅事情の一端が窺える。

5-2-2　家賃値下運動の展開と家賃水準の低下

家賃値下運動と借家争議の激化

　1920年代の借家人運動を主導した人物のひとりは，借家人同盟を創設した布施辰治であり，機関誌『生活運動』上に借家人保護の論陣を張った。成田龍一は1920年代前半の借家人運動を「住宅問題の当事者＝借家人の立場から住宅問

題解決を志向した対応」であり，「住宅問題に対処する都市民衆運動として都市史上に足跡を残した」と高く評価する一方で，「昭和恐慌期の借家争議は激烈で衆目を集めるが，無産政党傘下の団体が中軸となることで借家人運動が各党派の戦略に規定され，そもそもの自発的な住宅問題への対応が不鮮明との感がぬぐいえない」と，運動の性格変化に起因する問題点を指摘している[32]。本書では，昭和恐慌期の借家人運動が「各党派の戦略に規定」されるとはいえ，実質的に借家市場に大きな影響を及ぼした点に着目する。特に無産政党各派に共通する要求項目の1つである「家賃三割値下」が，実際の賃金水準に与えた影響について考察したい。無産政党各派が「家賃三割値下」を目標に掲げたのは，「［1920年と比べて］凡そ三割方物価は低落してゐるのである，然るに唯家賃のみは反対に年々高くなる一方」[33]という認識が共有されていたからである。

一般物価と家賃水準との乖離に関する反論として，家主側は以下のような論理で家賃の下方硬直性を正当化しようとした。

　　家主側のいい分によれば，家をたてる時に一定の資本が投ぜられてゐるから急に物価が下つたからといって家賃だけ下げるわけに行かないといふ。そしていはゆる家賃なるものは土地の値段，建築費，諸税，修繕費，火災保険料，空家期間の家賃及び家賃停滞の見越しなど一切の投下資本を加へ二十年間で割つたものが家賃構成の基礎になつているやうで，税金も保険料もその他これらの投下資本が少しも値が下つてないのに家賃を下げろといふのは無理だといふ[34]

家主側の主張の妥当性はともかく，借家人側からみれば「中産以下のものが家に困り，やすい家が中々空かないことが数字によっても明かな以上，空家を見越しての年八朱［の利回り］というのは不当」[35]であり，「家主側の言分も何か金利のみを算出した高利貸」的なもので「借家人の苦しい胸算用等は頭脳の片隅にも置いてもみない家主の態度」に対して心情的な不満を募らせていた[36]。投資利回りから導かれる家主側の論理［ハコとしての住戸の論理］と社

会的矛盾から導かれる借家人側の論理［ヒトの生活の器としての住空間の論理］はかみ合わず，借家争議を一層激化させた。

　震災以前から家賃値下運動は「個人的」に行われていたが，「今夏［1929年］以来財界不況，物価の下落等を理由として家賃値下の声全国的に起るや前記各派［労働農民党，日本大衆党など］は活動を開始」[37]し，より組織的な運動へと発展した。「無産政党によつて夙に唱導され来つた家賃値下要求の運動は不景気の深化と共に独り労働階級のみならず広く一般俸給生活者及小商人階級をも含む中産借家人階級の全国的運動と化するに至つた」のである[38]。当該期の借家人運動が党略に規定される側面が強いものであったとしても，彼らの主張する「家賃三割値下」は経済的住宅難に直面する都市借家人層の切実な要求に合致するものであり，「無産各派」のみならず「一般民衆派」［本所民衆自治会，深川民衆自治会等］を含む幅広い支持を得た。1929年11月24日，全国各地の借家人団体の代表者らが日比谷公会堂に集結し「家賃地代値下全国同盟」を発足するとともに，「家賃三割値下即断行」，「敷金廃止」等の要求項目を決議した[39]。1929年末に家賃値下運動の盛り上がりは最高潮に達した。

家賃の一斉値下げ

　1929年末から1930年にかけて，地方自治体を中心に家賃値下運動を支持する動きがみられた。「家賃値下げの声」という世論形成を受けて，東京市営住宅では1戸あたり6〜15％の家賃値下げ[40]，同潤会住宅では平均1割の家賃値下げが実施された[41]。全国的な家賃値下運動の興隆に対して「家主地主階級の態度は時に自発的に一割乃至二割位の引下をなした」[42]と指摘されるように，「地主及家主側ニ於テハ多クハ相当［借地人・借家人の］要求ヲ容レ」たのである[43]。

　この潮流は借家争議の調停内容にも端的に示されている。1930年の東京区裁判所における借家調停件数は7,393件であったが，その内訳は「家屋明渡請求」4,461件，「延滞家賃支払請求」2,033件ほかであり，前者のうち3,730件が解決した[44]。この内訳は「明渡すこととなりたるもの」1,049件［28.1％］，「従前通

りの家賃にて引続き賃貸のもの」918件［24.6％］,「［家賃］値下の上引続き賃貸のもの」1,763件［47.3％］で,「［借家争議調停の］結果に於て家主側に譲歩, 妥協の率多く借家人側に於て貫徹せるもの多きは, 生活費の大部分たる家賃の延滞を余儀なくされ, 所謂『無い袖は振られぬ』の例への通りその間の消息を具現せるもの」[45)]であった。くわえて, 1930年9月には家賃値下請求訴訟において, 初めて借家法第7条に基づく家賃値下げの判決が下され「頻発せる家賃値下争議に異常な刺戟を与へ」[46)]たのである。

表5-9 時期別の家賃変動（東京市, 1927～30年上期）

家賃変動年月		値下		値上
			構成比率（％）	
1927年		237	0.7	163
1928年		565	1.7	178
1929年	1～9月	3,542	10.5	201
	10～12月	8,636	25.6	67
	月不明	85	0.3	2
	計	12,263	36.4	270
1930年上期	1～3月	14,266	42.4	50
	4～6月	4,626	13.7	56
	月不明	144	0.4	5
	計	19,036	56.5	111
時期不明		1,569	4.7	336
計		33,670	100.0	1,058

出所：東京市社会局『東京市住宅調査』1931年, 418頁。
注：調査対象は小学生の児童をもつ世帯である。

　無産政党が主導する家賃値下運動の興隆とこれを支持する各方面からの値下げ圧力は, 家主の自発的な家賃値下げの機運を醸成した。たとえば, 浅草日本橋署管内元吉町では町会長が町会で「［家賃］一割乃至二割の値下方を計り, 同日の不参加家主にも同様勧告したが大体賛同を得たので, 更にけふ管内他の町会にも夫々共同歩調を取られたき旨賛同を求めた」のである[47)]。これらの一連の動きは, 家賃水準を実質的に引き下げる効果を発揮した。

　時期別の家賃変動をまとめた表5-9によれば, 1929年第4四半期から1930年第1四半期にかけて, 東京市内の貸家において家賃の値下げが集中的に実施されている。家賃の値下げ率は専用住宅で5～20％程度であった。関東大震災という特殊な要因により形成された高い家賃水準は, 一般物価の下落過程で相対的な高さを持続していたが, 全国規模の家賃値下運動の興隆により, 多数の

貸家で一斉に家賃値下げが実施された。まさに「昭和四年度後半ニ於テ著シク家賃ノ下落セシハ家賃値下運動等ノ為」であった[48]。

　短期間に広範囲で一斉に家賃水準が低下したことは，東京市内の経済的住宅難が実質的な緩和に向かったことを意味する。ただし，東京市社会局貸家貸間紹介所の職員は，家賃値下運動後の東京市における家賃水準の動向について，以下のように語っている。

　　最近 [1931年] 家主の側でもかたい人であれば少し位は安くてもいいからといって来る人がかなりありますが，それでも家賃は他の諸物価に比して二三割位高いやうに思つてゐます……こんなに沢山の空家があつてそれでもまだ家賃が下らないといふことは全く当局でも想像外のことで，ことに市内の貸家は市外に比して大変な割高です[49]。

　家賃の値下げ幅は最大で2割程度に止まり，相対的な家賃水準の高さが完全に解消されたわけではない点に留意が必要である。

小 括

　本章では，関東大震災後の絶対的住宅難が経済的住宅難へと移行していく1920年代後半以降の東京借家市場について分析した。1920年代後半に入ると，郊外では空家率の上昇とともに家賃水準も低下傾向を示したが，東京市内では震災直後の暴騰が下落調整されたあと，高止まりの傾向を維持していた。特に1927年以降，東京市内で空家率が顕著に上昇しはじめると，高い家賃水準，高い空家率，および借間世帯の増大は，社会的矛盾として当局，あるいは都市住民に認識されるに至った。

　この矛盾は，生活・生存の器としての住空間と投資収益を生み出すハコとしての住戸の不一致から生じていた。「中間層以下」に属する「需要者の求むる条件」とは，家賃15円未満の小規模借家であり，一方，「供給者の提供する条件」

とは3室以上の部屋数をもつ家賃20円以上の中規模貸家であった。地価・地代の高い市内で，宅地の条件さえあえば，最も期待利回りを確保しやすい型は中規模1戸建貸家であり，多くの需要者が求める小規模・低家賃の1戸建貸家を建設する家主は相対的に少なかったのである。貸家投資を規定する根本的な要因は，建築費と家賃水準から導かれる期待利回りであり，「空家として放置しておくことの出来る絶対自由の権利」をもつ家主にとって，借家需要の大小は空家リスクとして織り込まれる副次的要因に過ぎない。

「空家の洪水」が意味する住戸は，店舗併用住宅，または家賃20円以上，畳数13畳以上の借り手の付かない中規模貸家であった。低所得の2人ないし単身世帯が求める1室で家賃15円未満という条件の借家は，供給戸数が需要に比して過少であり，需要者は自らこの型の住空間を創出しなければならなかった。この機能を果たしたのが，借家市場のなかに重層的に形成される借間市場であった。夫婦2人に子供が平均1.6人，合計3.6人からなる標準的な「借家世帯／貸間貸主世帯」にとって，30円前後の家賃は過重な負担であった。そこで，彼らは1住戸内の住空間を分割［主に1階と2階で分割］し，その一部を他の世帯に転貸することにより，家賃水準と家賃負担力の格差問題を克服しつつ，望まない郊外生活を強いられることなく，労働市場に近接する東京市内で「生活の器」を手に入れたのである。

とはいえ，「空家の洪水」のなかで1住戸＝複数世帯という居住形態が一般化する状態，換言すれば，借間市場の存在を前提として成り立つ歪な借家市場の姿は，昭和恐慌期における社会的矛盾の象徴の1つであった。経済的住宅難に起因する矛盾の蓄積は，無産政党に唱導される「家賃値下運動」へ，一般借家人層を駆り立てる原動力となり，家賃の一斉値下げへと結実したのである。

注
1） 前掲『東京大正震災誌』177頁。
2） 前掲『帝都復興事業誌　土地区画整理篇』464頁。
3） 「地上権係争続出」（『東京朝日新聞』1923年11月22日付）。

4) 「あるのは大きな空家」(『読売新聞』1923年11月8日付)。
5) 岡野昇「郊外地道路計画樹立の急務」8〜9頁(『都市問題』1巻2号, 1925年6月)。
6) 「最近の住宅事情」(『時事新報』1925年1月16日付)。
7) 山口由等「1920年代の慢性不況下の都市化」45頁(『経済と経済学』96号, 2002年2月)。
8) 以下, 前掲「最近の住宅事情」に拠る。
9) 「『貸しや』札眺めて大家さん吐息」(『東京日日新聞』1926年2月13日付)。
10) 前掲「震災後市内罹災地域ニ於ケル居住事情概況」。
11) 「ちっとも家賃の下らない空家が三万五千六百戸」(『東京朝日新聞』1925年7月3日付)。
12) 「市郡を通じて空家が五万」(『読売新聞』1926年6月23日付)。
13) 民間の耕地[土地区画]整理組合のみならず, 土地会社[田園都市会社など]や鉄道会社[目黒蒲田電鉄など]も震災以降, 積極的な住宅地開発を行った。当該期の郊外私鉄による住宅地開発の事例については, 小野浩「戦間期における東京郊外私鉄の経営」(『立教経済学論叢』65・66巻, 2004年12月)を参照されたい。
14) 「鳴物入の宣伝も効のない貸家」(『萬朝報』1926年2月27日付)。
15) 前掲「震災後市内罹災地域ニ於ケル居住事情概況」。
16) 「敷金なしの貸家」(『読売新聞』1926年6月26日付)。
17) 前掲「市郡を通じて空家が五万」。
18) 同上。
19) 「家賃は今はさがつて畳一枚あたり市内二円」(『読売新聞』1925年10月24日付)。
20) 東京市市役所『東京市社会局年報(第6回)』1925年, 182頁。
21) 中村瞬二『大東京総覧』大東京総覧刊行会, 1925年, 189頁。
22) 前掲「最近の住宅事情」。
23) 東京市役所『東京市社会局年報(第7回)』1926年, 114頁。
24) 東京市社会局『借地, 借家争議に関する調査(昭和4年)』1931年, 序1頁。以下, 同書に拠る。
25) 「物価はガタ落ち」(『東京朝日新聞』1927年9月22日付)。
26) 前掲『東京市社会局年報(第6回)』182頁。
27) 東京市役所『東京市社会局年報(第10回)』1929年, 35頁。
28) 「住宅組合の乱脈に内務省警告を発す」(『読売新聞』1927年5月12日付)。
29) 黒田生「住宅難と空家の処分」9頁(『生活運動』2巻4号1925年2月)。
30) 東京市社会局『東京市内同居世帯に関する調査』1930年, 33頁。

31) 同上，巻末付表より算出した。
32) 成田龍一「1920年代前半の借家人運動——借家同盟を中心に——」54～55，71頁（『日本歴史』364号，1981年3月）。
33) 小田忠夫「全国都市の家賃値下運動」285頁（『都市問題』10巻1号，1930年1月）。
34) 「家賃値下問題」『大阪朝日新聞』1929年11月8日付。
35) 同上。
36) 鈴木福子「情で解決したい家賃値下問題」（『読売新聞』1929年11月21日付）。
37) 社会局労働部『昭和4年　労働運動年報』1930年，967頁。
38) 前掲，小田「全国都市の家賃値下運動」283～284頁。以下，同論文に拠る。
39) 「借地借家人団体が集まり全国同盟発足」（『中外商業新報』1929年11月25日付）。
40) 「明年一月から一斉に値下げ」（『読売新聞』1929年12月19日付）。
41) 「安い家賃を更に安く」（『読売新聞』1929年12月22日付）。
42) 前掲『昭和4年　労働運動年報』968頁。
43) 内務省警保局『昭和四年中ニ於ケル社会運動ノ状況』1930年，1034頁。
44) 東京市社会局『借地借家争議調査（昭和5年）』1932年，41頁。
45) 同上，2頁。
46) 「『家賃を値下せよ』と暗示深き新判決」（『東京朝日新聞』1930年9月2日付）。
47) 「町会を招集して家賃値下げ」（『読売新聞』1929年6月17日付）。
48) 東京市社会局『貸家貸間紹介要覧』1930年。
49) 「有り余つて下らぬ家賃，間代」（『国民新聞』1931年2月6日付）。

第6章　戦間期のRC造アパートの実践と木造アパート市場の形成

　本章では，1920年代の先進的な鉄筋コンクリート造アパート［以下，RC造アパート］の試みと1930年代の木造アパート市場の形成について分析する。

　1920年代の日本におけるRC造アパート導入の先駆的な試みとして，関東大震災後の住宅供給を担った財団法人同潤会の事業展開と，財団法人文化普及会の「文化アパートメント・ハウス」の事例について，当該期の住宅市場の動向を踏まえながら検討する。1930年代の木造アパート市場の形成過程については，借間市場との代替性という視点から，供給者と需要者の双方に便益をもたらす新しい住宅様式の普及過程として捉える。

第1節　震災復興期における同潤会の住宅供給事業

6-1-1　同潤会の設立

集団バラック入居者の収容問題

　1923年9月1日の関東大震災発生直後から，政府は戒厳令による治安の維持，臨時震災救護事務局の設置による食料・飲料水の調達，および配給等の応急的な措置を講じた。併せて，被災者の当座の住居については，第1次的な措置として学校などの公共施設の開放，華族・富豪等の邸宅開放の勧説を行った。第2次的な措置として集団バラックを建設し，必要最低限度の住居の確保に努めた。

　1924年3月の調査によれば，東京市とその近郊において公的主体が管理する集団バラック居住世帯数は1万9,767世帯，収容人員は6万9,358人であった[1]。

この約7万人に及ぶ集団バラック居住者を収容するための代替住戸［「小住宅」］の建設が急務であった。「小住宅」の建設にあたり「真ニ住宅ヲ建築シ又ハ高価ナル家賃ヲ支払フ能力カナキ者ノミニ限ラサルヘカラス」という事情から，入居者に対し一定の制限を設ける必要があり，その基準を定めるべく，バラック居住者の実態を把握するための調査が実施された。その結果，「労働者階級及俸給生活者階級」または「日収一円五十銭以内ノ者」，「無収入者」，「収入不定ノ者」が「高価ナル家賃ヲ支払フ能力ナキモノ」として認定され，その人数は集団バラック居住者全体の約3分の2に相当していた。すなわち，少なくとも1.3万戸程度の代替住戸が必要であることが判明したのである。

　第3次的な措置として，応急的に設置された集団バラックの整理・撤去を順次進め，その代替施設として5,000戸［東京市2,000戸，東京府下1,500戸，神奈川県1,500戸］の半恒久的な「小住宅」を建設することが決定された。政府は東京市・府に対し266万円，用材5万石を交付し，「小住宅」の建設・経営に従事させた。しかしながら，同計画の供給戸数は必要戸数［1.3万戸］の38%程度に過ぎなかったため，別途，住宅供給を専門的に実行する公的機関の設立が強く要請されたのである。

同潤会の住宅供給事業の変遷

　1924年5月23日，政府は義捐金から1,000万円を交付し，「罹災地ニ於ケル小住宅ノ建設経営」を主たる目的とした財団法人同潤会を設立した[2]。同潤会の歴史は，その目的と事業内容を定めた「同潤会寄付行為」の改正を節目として，大きく3つの時期に区分される[3]。

　同潤会草創期にあたる第1期［1924〜29年］の目的は「大正十二年九月ノ震火災ニ関シ必要ナル施設ヲ為ス」ことであり，この目的を達成するための具体的な事業が「住宅ノ経営」であった。本章でとり扱うのは第1期の事業であるが，震災復興の進展と借家市場の変動に対応して，同潤会の「住宅ノ経営」が変化している点に着目し，第1期を以下のように2つの時期に区分する。第1期前半［1924〜25年度］は，郊外における木造賃貸住宅の供給を行った時期で

表 6-1　同潤会の貸付・分譲戸数（東京府・神奈川県，1924～38年度）

			木造賃貸住宅		RC造		木造分譲住宅		計
			仮住宅	普通住宅	アパート	共同住宅	勤人向	職工向	
第1期	前半	1924年度	2,160	3,420	—	—	—	—	5,580
		1925	—	73	—	—	—	—	73
	後半	1926	—	2	288	—	—	—	290
		1927	—	23	1,061	—	—	—	1,084
		1928	—	0	241	140	60	—	441
		1929	—	0	424	114	100	—	638
第2期		1930	—	4	208	288	52	—	552
		1931	—	0	11	0	36	—	47
		1932	—	14	11	0	75	—	100
		1933	—	0	0	0	82	—	82
		1934	—	50	260	0	30	94	434
		1935	—	38	1	0	0	96	135
		1936	—	0	1	21	44	66	132
		1937	—	0	1	82	26	183	292
		1938	—	0	0	162	2	73	237
計			2,160	3,624	2,507	807	507	512	10,117

出所：同潤会『同潤会十八年史』1942年，9～10頁より作成。

ある。第1期後半［1926～29年度］は，東京市内とその近郊において RC 造アパートの供給を行った時期である。

　第2期は1930～38年度までの約9年間である。1930年6月，同潤会の目的は「震火災ニ関シ必要ナル施設ヲ為ス」ことから「震火災関係地方ノ住宅施設並之ニ伴フ社会施設ヲ為ス」ことに変更された。同潤会の目的と事業内容は，震災復興に寄与する住宅供給から京浜地域における一般的な住宅供給へと拡大したのである。表6-1に示されるように，第2期を通じて，同潤会は既存の住宅・アパートの維持・管理を行いつつ，新たに郊外分譲住宅の供給を開始した。

　第3期は1939年から同潤会が解散する1941年までの時期である。1939年3月，同潤会寄付行為に「其ノ他ノ地方ニ於ケル住宅施設並之ニ伴フ社会施設ヲ為スコトヲ得」の一項が付けくわえられた。同潤会は戦時体制を住宅供給という側面から支援する組織へ転換したのである。

6-1-2 震災直後の応急的住宅供給

「仮住宅」団地建設と集団バラック居住者のニーズ

1923年11月，政府は義捐金から資金を交付し，東京府・神奈川県の両知事ならびに東京市長に対して合計5,000戸の住戸建設を委任した。しかし，5,000戸のみでは集団バラック居住者のすべてを収容することは不可能であり，「急速適当なる住居に安定せしむるの策を講ずる」必要性が認識されていた[4]。そこで1924年9月29日，内務省社会局長官は同潤会に対し，「小住宅ノ完成ニ至ル迄差当リ整理ヲ要スル『バラック』居住者ヲ転住セシムル」ための「仮住宅」の建設を命令し，その建設・管理費として122万円を交付した[5]。この資金は同潤会の設立時に政府から交付された1,000万円［一般会計］とは区別され，特別会計として処理された。したがって，第1期前半［1924～25年度］には，一般会計による「普通住宅」団地建設と特別会計による「仮住宅」団地建設が並行して進められた。

住宅団地の建設に際して同潤会は多くの候補地を選定し，事前に入念な調査を行ったうえで決定した[6]。調査項目は地形や地代のみならず，交通事情，飲料水の良否，労働者の職場となるべき工場等の有無，日用品入手の難易，付近の家賃相場などに及び，居住者の利便性と生活の安定に配慮する姿勢がうかがわれる。同潤会は集団バラックの撤去に合わせて，当初の計画通り「仮住宅」2,000戸を竣工した。さらに，余剰資金が生じたため建設戸数を増やし，1925年3月までに2,158戸の「仮住宅」を完成させた。

「仮住宅」は平屋の長屋形式で，軸部には米松が使用され，壁はエゾ板張であった。表6-2に示されるように，1戸あたりの面積はいずれも約6坪，1

団地名	所在地	敷地借地面積（坪）	地代（銭/坪）
方 南	豊多摩郡	10,289	5.5
平 塚	荏原郡	5,571	12.0
中新井	北豊島郡	4,266	6.0
碑 衾	荏原郡	6,000	8.0
奥 戸	南葛飾郡	5,859	5.0
砂 町	南葛飾郡	4,220	12.0
塩崎町	東京市深川区	5,495	20.0
計		41,700	9.3

出所：同潤会『仮住宅事業報告』1929年，10～14．
注：建設費の「その他」とは浴場，事務所等付帯施

表6-2 同潤会の「仮住宅」団地一覧

戸数(A) (戸)	延面積 (B)(坪)	B/A	建築費 (千円)	その他 (千円)	計(C) (千円)	C/A (円)	C/B (円)	譲渡・撤廃時期	鉄道運賃 (片道) (銭)
405	2,487	6.1	140	18	158	391	64	1927年9月撤廃	9
304	1,848	6.1	114	15	128	422	69	1926年12月譲渡	12
238	1,452	6.1	82	10	92	387	63	1925年9月譲渡	18
291	1,780	6.1	99	15	114	391	64	1925年12月撤廃	13
312	1,870	6.0	99	17	116	371	62	1925年9月譲渡	13
256	1,551	6.1	85	17	102	399	66	1926年12月譲渡	13
352	2,168	6.2	94	23	117	510	54	1927年12月撤廃	―
2,158	13,156	6.1	713	115	827	375	63	―	―

107~108頁より作成。
設の建築費および井戸，道路，下水などの敷設費である。

室7~8畳［店舗向は別に土間1.5~2坪］であった。「仮住宅」の家賃は東京市内7円［店舗向12円］，郡部5円［店舗向10円］であり，汲取り・電気・水道料金等の諸費用は同潤会が負担した。入居者は「集団『バラック』ニ収容セル罹災者中ニツキ政府ノ指定シタル者」に限定されるとともに，同潤会の建設する「普通住宅」へ優先的に入居できる権利が与えられた。また，仮住宅居住者救助規定に基づき生活費，教育費，帰国旅費，葬儀費等の補助が行われた。

　居住者に対する様々な特典が付与された「仮住宅」であったが，1925年3月までの収容戸数は2,158戸中1,274戸［うち96世帯が退去］に止まった。集団バラックから「仮住宅」への転居が予期したとおりに進まなかった要因は，主に3つ考えられる。

　第1の要因として，「仮住宅」の質が集団バラックと大差なかったからである。「仮住宅」はそもそも「小住宅完成までの中間施設」という位置付けであり，建設主体の同潤会自身が「トタン葺のバラック長屋で，誠に御粗末千万なるもの」という低評価を与えている[7]。第2の要因として，「仮住宅」への入居権をもつ集団バラック居住者のうち，低廉とはいえ月額5~12円の家賃を負担できる者が少なかったことが考えられる。「仮住宅」の家賃納入成績は当初こそ

完納に近かったが，1925年下半期に入ると急速に悪化しはじめた点からも裏づけられる。同潤会による家賃納入推奨の努力にもかかわらず，1926年3月に「仮住宅」居住者の家賃納入率は14％にまで低落した。

第3に最も根本的な要因として，「仮住宅」団地の立地の悪さを挙げられる。深川区塩崎町の「仮住宅」以外は，地代を低く抑えるため，いずれも郊外の交通不便な「僻陬ノ地」に立地しており，市内の枢要地に立地する集団バラックに比して利便性が著しく劣った。結果として，「来ル［1925年］三月二十五日ヲ以テ第二ノ整理ヲナサムトスル［集団］バラック数ハ六千二百世帯アリ，然ルニ同潤会ハ当然バラック住民ノ為支出スヘキ巨額ノ金ヲ擁シナカラ到底バラック住民ガ生活上居住スル能ハサル僻陬ノ地ニ住宅ヲ建築シテ千余戸ヲ空家ノ侭放置」[8]する状況となった。「労働市場」との近接を重視する工場労働者層や低所得層にとって，郊外は魅力的な居住地ではなかった。「［集団バラック］居住者ノ多ハ市内ヲ希望」したため，東京市長は市内に「仮住宅」団地を建設するよう社会局長官に要求し，その建設用地として深川区塩崎町の市有地を同潤会に貸し付けたのである[9]。

深川区塩崎町を除き，「仮住宅」団地はいずれも郊外鉄道の最寄駅から1km前後［8〜13丁］の位置に建設されたが，東京市内へ通勤する場合，往復18〜36銭の鉄道運賃に市内交通機関の運賃を加算した金額を要した。「仮住宅」居住者にとって，通勤に要する交通費負担は軽くなかった。事実，「居住者ハ収容セル住宅付近ニ職ヲ求ムル者多ク」といわれるように，市内へ通勤する者は少なかった[10]。同潤会は事前に建設予定地の入念な調査を実施していたが，限られた予算の範囲内で一定規模のまとまった土地を借地し，必要戸数を団地として建設するためには，地代の安さを優先せざるを得ず，その条件を満たしたなかで最善の候補地が選択された。当初の計画によれば，同潤会の「仮住宅」は1926年3月限りで処分し，その「居住者は本会及び府市建設の小住宅其の他一般貸家に分散転居せしむる方針」であったが[11]，居住者の退去は容易に進まず，措置期間延長のすえ1927年4月にようやく処分が完了した。これにより，「仮住宅」は撤去または所在地の自治体，各種社会事業団体に移管された。

「普通住宅」の建設とその特徴

　「仮住宅」団地建設による集団バラック居住者の受け入れと並行して，一般会計による「普通住宅」団地建設も開始された[12]。これは「仮住宅」と区別して，当初「本住宅」と呼ばれていた同潤会の木造賃貸住戸を指す。震災復興のための住宅供給を専門的に担う財団法人の設立を目的とする資金交付が閣議決定されたのは，1924年3月31日のことであった。閣議決定後，内務省社会局は調査研究を開始し，当時の新聞記事の伝えるところによれば，「二間若しくは三間位」の「小住宅」を「なるべく市外を選び三百戸乃至五百戸」単位の団地で建設し，「理想的と迄は行かなくとも田園都市の一部を形勢する」という構想が示されていた[13]。ただし，この時点ではまだRC造アパートの建設に関して，具体的な言及はない。

　その後，同局の方針には「市内の住宅は敷地の制限があるのでアパートメント式のもの」を「各区に一箇所ずつの割合」で建設することがくわえられ，具体的には「三階建鉄筋コンクリートの耐震耐火設備をするはずで各室とも家賃は二十円内外にし，ゆくゆくは一般貸家貸間の標準値段を設定する計画」であり，「同時に郊外には集団住宅を設け田園都市をつくる計画」へと発展した[14]。このように，同潤会の設立に当たって，その生みの親である内務省社会局は，都心部におけるRC造アパート団地の建設と郊外における「田園都市」的な木造賃貸住戸団地の建設という青写真を描いていた。

　上記の構想は1924年6月27日に開催された同潤会の第1回評議員会で決定された継続事業計画［表6-3のⅠ］に反映されている。すなわち，2年間で東京市内を中心にアパートメント・ハウスを約1,000戸，東京府下および横浜市内を中心に木造賃貸住戸を約7,000戸を建設する計画である。ただし，「事業計画ノ概要」[15]には「アパートメント（鉄筋コンクリート建）約1,000戸　地区ノ状況ニ依リ木造トスルコトアルヘシ」，「普通住宅（木造平屋又ハ二階建）約7,000戸　実施ニ際シ一部ハアパートメントニ変更スルコトアルヘシ」と記されており，継続事業計画におけるアパートと「普通住宅」の供給比率は目安であることが判明する。したがって，借家市場の変動や建設現場の状況に応じて，

表6-3　同潤会一般会計による住宅供給事業計画の変遷と竣工戸数
（1924～28年度）

			普通住宅	アパート	計
I	計画	1924年度計画	3,000	300	3,300
		1925年度計画（1）	4,000	700	4,700
		計（当初の供給予定）	7,000	1,000	8,000

↓

II	竣工	1924年度実績	3,420	0	3,420
	計画	1925年度計画（2）	2,500	1,500	4,000
		計	5,920	1,500	7,420

↓継続事業期間延長（2年間）

III	竣工	1924年度実績	3,420	0	3,420
	計画	1925年度計画（3）	73	866	939
		1926～27年度計画（1）	207	1,134	1,341
		計	3,700	2,000	5,700

↓

IV	竣工	1924年度実績	3,420	0	3,420
		1925年度実績	73	0	73
	計画	1926～27年度計画（2）	77	1,492	1,569
		計	3,570	1,492	5,062

↓継続事業期間再延長（1年間）

V	竣工	1924～25年度実績	3,493	0	3,493
		1926年度実績	0	703	703
		1927年度実績	29※	652	681
		1928年度実績	60※※	601	661
		計（継続事業完了）	3,582	1,956	5,538

出所：同潤会『同潤会十年史』1934年，35頁；同潤会『大正14年度事業報告』1926年，1 ～2，14～15頁；同潤会『大正15年昭和元年度事業報告』1927年，2～3，15～21 頁；同潤会『昭和2年度事業報告』1927年［1928年の誤りか］2～3，15～22頁； 同潤会『昭和3年度事業報告』1929年，3～4，13～21頁より作成。
注：継続事業は2度の期間延長のうえ1928年度に完了した。
　　特別会計住宅（仮住宅，共同住宅，低利資金住宅）は含まない。
　　※は火災により焼失した住宅を新築したものである。※※は分譲住宅を示す。

　同潤会の事業計画は流動的に変化［表6-3のI～V］していった。
　表6-3は第1期における一般会計の住宅供給事業計画と竣工戸数について，その流れをまとめたものである。表6-3のIによれば，事業開始1年目の

1924年度には,「普通住宅」3,000戸, アパート300戸を建設し, 残りは翌1925年度中に建設し, 2カ年度で事業を完了させる予定であった。しかしながら,「アパートメント・ハウスは敷地の選定並に建設季節の関係上年度内に竣成せしむること困難となり, 一方木造小住宅建設の必要頗る急なるものがあつた」という理由により, 建設予定のアパート300戸の建設を中止し,「普通住宅」の建設へ移行した[16]。「建設季節の関係」とは, 当時のコンクリート施工技術上の問題により, 冬季の建設が困難であったことを意味する[17]。したがって, 表6-3のⅡに示されるように, 1924年度には予定戸数より多い3,420戸の「普通住宅」が供給されたが, 反面, アパートの建設は技術的な問題から先送りにされたのである。

郊外の「普通住宅」供給を優先する初期の計画は, 建築技術上の問題にくわえて, 根本的には建設用地の取得問題に規定されていた。つまり, 1924年度において同潤会が「最モ苦心ヲ重ネタルハ敷地問題」であり, 特に「東京市内ノ如キハ区画整理未決定ノ為用地ヲ定ムルコト能ハス」という事情があったためである[18]。団地を建設するにあたり, 一定規模のまとまった土地を確保することが前提となるため, 将来的な区画整理の対象となる東京市内の焼失地を建設用地として選択することができなかった。したがって, 必然的に建設用地は区画整理の対象外である焼け残った「山の手」方面, あるいは郊外から選択せざるを得なかった。

しかしながら,「隣接町村ニシテ便利ノ地ハ震災後罹災者ノ移住スルモノ多キヲ以テ俄ニ大発展ヲナシ地代ノ昂騰ニ加フルニ借地ニハ権利金ヲ支出セサルヘカラス」と指摘されるように, 東京市近郊の比較的便利な地域では, 地代の高騰や権利金の発生により, 震災後の借地費用が急騰していた。東京市内の地代は第一次大戦期に高騰し, 1920年恐慌を経て1922年にはピーク時に比して5％程度の下落をみたが, 関東大震災後に再び上昇に転じた[19]。とりわけ, 1923年は2割の上昇という著しい高騰であった。東京市近郊においても同様の傾向をたどったと推察される。

ゆえに, 東京府内の同潤会「普通住宅」団地の建設地は候補地のなかから「比

表6-4 同潤会「普通住宅」

団地名	所在地	敷地 当初の借地面積(坪)	地代(銭/坪)	戸数(戸)	建 延面積(坪)	1戸あたり(坪)
赤羽	王子区（旧北豊島郡）	14,243	8	470	4,354	9.3
十條	王子区（旧北豊島郡）	10,484	15	365	3,338	9.1
西荻窪	杉並区（旧豊多摩郡）	4,779	5〜9	222	2,041	9.2
荏原	荏原区（旧荏原郡）	7,125	17	356	2,906	8.2
大井	品川区（旧荏原郡）	1,735	14	85	810	9.5
砂町	城東区（旧南葛飾郡）	7,266	14	354	2,748	7.8
松江	江戸川区（旧南葛飾郡）	25,560	5	568	4,936	8.7
尾久	荒川区（旧北豊島郡）	1,254	15	73	597	8.2
計		72,445	—	2,493	21,729	8.7

出所：前掲『同潤会十年史』129〜155頁；前掲『大正14年度事業報告』23〜26頁より作成。
注：貸付開始時期は1925年3〜4月である。建設費の「その他」とは「付帯工事費」と「福祉施設費」の付帯工事費とは，水道，道路，ガス，電気，樹木等の敷設費である。
福祉施設費とは，診療所，託児所，浴場，食堂，公園，娯楽室，テニスコート等の建築費である。
1畳あたり家賃は専用住宅のみ（店舗併用住宅を除く）。

較的便利ニシテ且借地料ノ低廉ナル敷地」である松江，赤羽，大井，平塚［荏原］，十條，西荻窪，砂町が選定され，合計7万坪余が借地された。これらの「普通住宅」団地は，砂町を除いて，いずれも東京市に隣接していない遠隔の町村内に位置していた。表6-4によれば，各団地の地代は1坪あたり5〜17銭であった。1924年の東京市内の平均地代［1坪あたり69銭］と比べれば，「普通住宅」団地の地代は著しく低廉であり，建設候補地の選定において「仮住宅」と同様に地代が最も重要な条件の1つであったことが窺える。

以上のように，第1期前半［1924〜25年度］における同潤会の住宅供給方針は，建築技術上の問題や敷地難に規定されたものであったとはいえ，郊外における借家需要の増大への対応という積極的な側面も併せもつものであった。被災者の多くが「山の手や郊外に家を求めたので一時［1910年代末］住宅難の声に，建てすぎてクモの巣が張つてゐた空家がどんどん塞がつて行き，震災前にペタペタ貼つてあつた貸家の札は全くその後を絶つ」[20]といわれるように，震災直後の郊外は借家需要が集中し，空家率が大幅に低下した地域であった。し

団地一覧（東京府内のみ）

物				1畳あたり家賃			
建設費				1925年		1934年	
建築費 (千円)	その他 (千円)	計 (千円)	1戸あたり (円)	1坪あたり (円)	最高 (円)	最低 (円)	最高 (円)	最低 (円)
408	89	498	1,059	114	1.18	1.00	0.96	0.80
269	80	349	957	105	1.17	0.83	1.08	0.70
157	39	196	884	96	1.11	0.72	0.72	0.63
239	57	295	829	102	1.39	1.00	1.00	0.81
77	15	92	1,088	114	1.50	1.22	1.10	0.93
220	50	270	763	98	1.17	0.73	0.85	0.65
239	139	378	665	76	0.67	0.50	0.58	0.42
47	12	59	808	99	1.20	0.93	0.85	0.68
1,655	482	2,137	857	98	—	—	—	—

合計である。

たがって，当該期の同潤会の住宅供給方針は，消極的には技術的制約と用地取得問題，積極的には郊外における借家需要拡大への対応という2つの側面から，その方向性が決定付けられたものである。結果として，1924度中に東京府および神奈川県内において，普通住宅3,420戸，仮住宅2,160戸，合計5,580戸の木造賃貸住戸が同潤会により供給されたのである。

同潤会の「普通住宅」は1戸あたり8～9坪，家賃4.5～19円である。1925年の1畳あたり家賃は0.5～1.5円で相場より低めに設定されていたが[21]，それは「社会政策的使命」の下に「大体付近一般住宅家賃に比較して一割乃至二割五分安」が目標とされ，採算がある程度は度外視されたためである[22]。たとえば，荏原住宅では3室［6畳＋4畳半＋3畳＝13.5畳］タイプの家賃が18円［1畳あたり1.33円］であるのに対し，付近の同じ間取りをもつ貸家の家賃は25円［同1.85円］であり[23]，前者の1畳あたり家賃は28％ほど低廉である。家賃の安さにくわえ，もう1つ注目すべき点は団地としての公共施設の充実であり，「社会政策的使命」を帯びた同潤会の独自性を見出すことができる。建設費の

8.5％が「福祉施設費」に費やされ，各団地には診療所，託児所，児童遊園等の施設が併設された。同潤会は単なるハコとしての住戸の量的な確保ではなく，「生活の器」としての「田園都市」的な住環境を郊外に造り出そうとしたのである。ただし，限られた予算のなかで，できる限り多くの住戸を割安な家賃で供給しようとしたため，地代の低廉な都心からの遠隔地に立地せざるを得ないという限界を有していた。

6-1-3　借家市場の変化と事業方針の転換

東京市郊外における「普通住宅」の空家率上昇

　同潤会は郊外に立地する「仮住宅」団地と「普通住宅」団地の建設を通じて，関東大震災後の絶対的住宅難に対応しようとした。ところが，それらの住戸の入居率は，同潤会の予想を大きく下回るものであった。当時の新聞は同潤会の「普通住宅」について，「何分建築の場所が余りに交通不便のため労働者や通勤人の如きは移転する事を好まぬ許りではなく，一旦移転した者もバラックより粗末な建築でその上，家賃も安くないので，すぐ他へ移るといふ始末」であったと報じている[24]。この記事から，2つの問題点を読み取ることができる。

　第1は立地の問題である。別の記事では「普通住宅」に対して「通風採光衛生等に就ても充分注意してあるから棲み心地がよさそう」と住戸の品質の面でよい評価を与えているが，やはり立地の面では「市内に出るのに幾分遠い」という欠点を指摘している[25]。「普通住宅」の家賃は民間貸家と比べれば割安に設定されていたが，「労働市場」から離れた郊外の「普通住宅」を借りるよりも，東京市内で間借りすることを選択した人も多かった。東京市内から遠隔地に位置していた同潤会の「普通住宅」では，人々が「労働市場トノ交通不便ナル地ニ借家ヲ求メサル」ため，家賃値下げ等の努力にもかかわらず，1925年度の空家率は平均33％という極めて高い水準に達していた。特に空家率の高い松江住宅では，「付近ノ工場閉鎖縮少」が，その主たる原因となっていた[26]。

　第2は住戸の品質の問題である。「普通住宅」供給事業の目的は，郊外に数百戸単位の「比較的小額収入者」向けの木造賃貸住戸団地を建設することであっ

た。居住者の生活を支援するために適切な公共施設を併設し，住宅地の設計に創意工夫を凝らし，団地としての水準は同時代的にみれば非常に高いものであった。しかし，個別の住戸についてみれば，2～6戸建の長屋形式であり，民間の1戸建貸家と比べれば質の点で見劣りした。「同一住宅地内に同一型式の住宅を多数に建設することは，住宅難の際は別として，一旦多少の不況に遭遇するときは忽ち空家を生ずる原因となる」という問題点を同潤会は認識していた[27]。

つまり，一般的に「労働市場」との近接を優先する中所得層以下の借家人は，東京市内の借間を選好する場合が多く，逆に居住地選択の自由度が比較的高い中所得層以上の借家人は，長屋形式の住戸を好まなかった。のちに「当時理事者が経営者として経験なかりし為め，［普通住宅の］建設工事に遺憾の点少なくなかつた」と回顧しているように，社会階層ごとの住戸に対するニーズの相違と同潤会の事業方針との不一致が，「普通住宅」における高い空家率を生み出した一因であった。この問題は第2期以降，間取りの改良や1戸建分譲住宅への転換により改善された。

東京市内・近郊におけるアパート供給への移行

表5-2は東京市と周辺5郡における建物棟数および延面積の推移を示している。棟数からみた東京市内の住宅ストックは，1925年に震災前の水準に近づいたが，この間に新築された住戸の大部分は「仮建築」であったため，延面積では依然として震災前の水準を大きく下回っていた。1926年から1929年にかけて住宅棟数は緩やかに減少し，延面積は横ばい傾向で推移した。一方，郊外では震災以後，一貫して活発な建築活動が継続していた。同潤会は当該期の借家市場の変化について，以下のように指摘している。

　　住宅ノ需給関係ハ大震災ニ依リ市街地ニ於ケル住宅焼失ノ結果郊外地区ニ於テモ住宅ヲ求ムルコト難ク従テ家賃ノ昂騰ト共ニ投資熱加ハリ本会住宅ノ建設起工当初ニ在リテハ付近住民ノ期待翹望スル者多ク竣成ノ暁ハ借家申込殺到ノ気勢ヲ示シタルモ引続ク財界ノ不振ハ遂ニ郊外ニ於ケル小工場

ノ閉鎖トナリ延テ失業者ハ職ヲ市内ニ転スルニ至リ労銀ノ減少ハ居住ノ縮少ニ及ビ同居生活ヲナス者ヲ激増セシメタリ是ヲ以テ一時異常ノ勢ヲ以テ発展シタル郊外モ俄ニ住宅ノ過剰ヲ生スルカ如キ現象ヲ呈セリ[28]

　すでに「震災ニヶ年を経過して両市［東京市・横浜市］内外に於ける小住宅需給の緩和」が供給面から明らかとなり，需要面では「交通費を多額に要する都心より遠隔の地に借家を求むる者漸次減少の傾向」がみられた[29]。市内における同居世帯の増加と郊外における空家率の上昇という借家市場の変化を受けて，同潤会は「一面家賃ノ引下ヲ断行シテ同居生活者ノ保護ニカメ他面住宅地付近ニ授産工場ヲ設置セシムル」など借家需要の喚起を促す一方[30]，当初の「普通住宅七千戸建設の事業計画を其の半ばを以つて中止して之れをアパートメント・ハウスの建設に振替へる」という方針の転換を決定した[31]。
　震災による厖大な住戸ストックの滅失は，質の如何を問わず全般的に貸家を払底させると同時に，「新規家賃」の高騰を誘発した。借家に対する著しい需要の高まりは貸家の「投資熱」を引き起こし，郊外の新設貸家は増加の一途をたどっていた。その結果，震災から２年が経過した頃には一転，供給過剰に陥った。空家率の上昇は居住地選択の自由度が高い中高所得層の借家人の住宅難を解消し，条件の悪い貸家から続々と空家に転化しはじめた。もはや震災直後と比べて借家市場の状況は大きく異なっており，同潤会が郊外の「交通不便ナル地」に長屋形式の貸家を大量に供給することの意義は失われつつあった。他方，高所得層を中心に郊外の１戸建持家に対する需要が高まっており，同潤会は1928年度から郊外における分譲住宅の供給を開始した。
　東京市内においても空家は大量に存在していたが，第５章で述べたように，市内では借間世帯も同時に多数存在していたという点において，郊外とは根本的に事情が異なる[32]。また，震災後に東京市内の焼失地区に新設された住戸の大部分は「仮建築」であり，表５-２で確認したように，住戸数ではなく延面積でみれば，依然として不足の状態が続いていた［市内の住宅延面積が震災前の水準を超えるのは1930年］。ゆえに，東京市内および市内と連担する市街地

を形成する近郊地域において，同潤会が低廉な家賃のRC造アパート団地を建設することが，当該期の住宅難の緩和にとって効果的であり，間借り生活に甘んじている階層の潜在的な借家ニーズに合致した住戸供給方式であった。そこで，同潤会は地域的に偏在する質的に異なる借家需要に対応すべく事業方針を修正した。表6-3のIIによれば，同潤会は1925年度に普通住宅2,500戸，アパート1,500戸を建設する計画を立案したが，「木造住宅建設ハ大部分之ヲ中止シ専ラ市内及市内同様ノ地ニ鉄筋混凝土造ノアパートメントハウスノ建設ニ着手」するという方針の転換をはかり，その建設費，用地買収費として200万円の交付金が新たに追加された[33]。

1925年4月の渋谷［代官山］アパートの用地買収を皮切りに，次々と用地の取得が進められ，順次着工された。当初，RC造アパートという未知の住宅様式に対して「我が国民の風俗習慣上果して一般庶民階級を借家人として獲得し得るや否やの根本問題にも議論が存在した」のであるが，結果として「一般都会人士より予想以上の好評を博し，今日都市小住宅型式に一新時期を画」することができた[34]。1926年9月からアパートの貸付が開始されたが，募集のたびに入居希望者が殺到した。1929年に至っても「申込んでからはいるまで一年もかかるといふやうな人気ぶり」であった[35]。これは市内とその近郊に1～2室の低家賃・小規模借家に対する潜在的需要が存在し，かつRC造アパートという新しい住宅様式が都市住民に受容されたことを裏付ける。同潤会は東京府と横浜市において，1928年度までに木造住宅約3,500戸，PC造アパート約2,000戸を建設し，一般会計による住宅供給計画を完了した。

同潤会アパートは「中産者以下ノ実生活ニ適合セシムヘク最新ノ技術ト和洋ノ長所ヲ採リ建設シタル我国最初ノ試ミ」であり，「位置何レモ市内又ハ市内同様交通至便ニシテ内容完備シ家賃低廉」という特長により，「入居者常ニ殺到スルノ盛況」であった[36]。表6-5によれば，東京府内の同潤会アパートの建設費は，付帯工事費等を含めて1戸あたり3,100円，1坪あたり300円であり，1坪あたり建設費は木造住戸の約3倍に相当する。アパートの住戸は世帯向，独身向，店舗向等の種類があり，多種多様な間取りが存在する。1戸あたり家賃は用途，

表6-5　同潤会アパート一覧

	アパート名	所在地	敷地 当初の買収面積(坪)	敷地 坪単価(円/坪)	貸付開始	戸数(戸)	建 延面積(坪)	建 延面積 1戸あたり(坪)
一般会計	青山	渋谷区	2,285	128	1926年9月	138	1,794	13.0
	中ノ郷	本所区	1,087	78	1926年9月	102	1,150	11.3
	柳島	本所区	1,897	116	1926年10月	193	1,904	9.9
	代官山（旧渋谷）	渋谷区	6,052	62	1927年4月	337	3,631	10.8
	清砂通（旧大工町）	深川区	5,473	107	1927年6月	663	5,927	8.9
	三田	芝区	403	115	1928年3月	68	580	8.5
	三ノ輪	荒川区	266	100	1928年7月	52	402	7.7
	鶯谷（旧日暮里）	荒川区	1,198	111	1929年5月	96	1,000	10.4
	上野下	下谷区	417	186	1929年5月	76	633	8.3
	虎ノ門	麹町区	202	375	1929年7月	64	341	5.3
	東町	深川区	200	不明	1930年10月	18	218	12.1
特別	大塚女子	小石川区	363	155	1930年6月	158	1,126	7.1
	江戸川	牛込区	2,061	100	1934年8月	260	3,712	14.3
	猿江	深川区	8,729	73	1927年11月	294	2,934	10.0
	計	―	30,631	―	―	2,519	25,352	10.1

出所：前掲『同潤会十年史』，『同潤会十八年史』，『事業報告』各年度より作成。
注：虎ノ門アパートの延坪数は，本部事務所601坪を除いた値である。
　　虎ノ門アパートは後日，すべて事務室に改築された。
　　1畳あたり家賃は，家族向専用住宅のみである（独身向住宅，店舗併用住宅を除く）。

立地，間取りにより異なるが，11〜35円［店舗向を除く］の範囲内であった。家賃設定をみる限り，低所得層から中所得層に至るまで幅広い階層を対象としていることが判明するが，1畳あたり家賃は概ね2円未満に抑えられており，一般の木造貸家の家賃水準よりも低廉もしくは同等程度に抑制されていた[37]。

ただし，家賃設定から想定される借家人像と実際の居住者には相違がみられた。時期はやや下るが，1934年現在，同潤会アパートに居住する世帯の所得は，俸給生活者の多い青山アパート・渋谷アパートでは平均139円，労働者の多い清砂通アパート・柳島アパートでは平均96円であった[38]。一方，同時期に内閣統

(東京府のみ)

物	建設費				1畳あたり家賃	
建築費 (千円)	その他 (千円)	計 (千円)	1戸あたり (円)	1坪あたり (円)	1929年 (円)	1934年 (円)
517	65	582	4,220	325	1.85	1.55
269	47	315	3,092	274	1.60	1.35
529	84	614	3,179	322	1.60	1.35
964	147	1,111	3,298	306	1.60	1.40
1,655	226	1,881	2,837	317	1.70	1.30
161	24	184	2,711	318	1.80	1.50
119	14	132	2,547	329	1.70	1.40
289	34	323	3,367	323	1.90	1.50
188	17	205	2,694	324	2.30	1.80
296	4	300	4,683	879	―	2.10
50	9	59	3,257	269	―	1.30
235	64	299	1,895	266	―	1.90
584	207	790	3,040	213	―	1.60
922	99	1,021	3,472	348	―	―
6,777	1,040	7,817	3,103	308	―	―

計局が行った家計調査の結果によれば，新東京市［35区］に居住する世帯の所得は，俸給生活者世帯が平均103円，労働者世帯が平均93円であった[39]。両者を比較すると，同潤会アパート居住者の平均所得は東京市内居住者の平均的な所得水準を上回っており，特に俸給生活者世帯では高所得層の居住する割合が高い。

表6-5に示されるように，1934年の青山アパート・渋谷アパートの1畳あたり家賃が1.40～1.55円，清砂通アパート・柳島アパートのそれが1.30～1.35円であるのに対し，1933年6月の旧東京市内［15区］における民間アパートの1畳あたり家賃は，木造2.02円，鉄筋コンクリート製2.73円であった[40]。同時代の民間RC造アパートと比べて，同潤会アパートの家賃水準は5割ほど低く，さらに民間木造アパートの水準さえ下回っている。したがって，同潤会アパートはあらゆるタイプの居住者を想定し，低所得層から高所得層に至るまで，幅広い階層と多様なニーズに対応すべく，あらゆる間取りとそれに応じた家賃の住戸を用意しており，かつ社会政

策的な意図から相場より低い家賃を設定していたが，実際の入居者は中所得層以上が主流であり，同潤会が想定した借家人像と実際の居住者との間には，やや隔たりがあったといえよう。

第2節　1930年代における木造アパート市場の形成

6-2-1　1930年代初頭の住宅状況

東京市内の住宅状況

　本項では，1930年代の「大東京」におけるアパート市場の形成過程を分析する。その基礎作業として，はじめに，1930年代初頭に実施された2つの調査[41]を用いて，東京市15区＋周辺5郡＝新東京市35区における住宅市場の全体像を素描したい。

　はじめに，『住宅調査』を用いて1930年の東京市内［15区］における住宅状況を概観する。『住宅調査』は市内の各小学校に通う20.6万人の児童を通じて各世帯に調査票を配布し［記入済みとなって回収された分から市外居住者や重複分等を削除した総計は11.4万票］，1930年6月現在の東京市内の住宅状況に関する調査結果を集計したものである。調査対象が小学生の子供をもつ世帯に限定されるとはいえ，従来の同様の調査に比して調査世帯数が桁違いに多く，専用住宅のみならず店舗併用住宅も調査対象に含まれており，また調査範囲が東京市内全域をカバーしているという特長がある。

　表6-6によれば，東京市内の借家戸数と持家戸数の割合はおよそ7対3であり，併用住宅が47％を占める。従来の調査と比べて持家および併用住宅の割合が高いが，この要因は調査対象が小学生の子供をもつ世帯に限定されるからである。すなわち，借家［専用住宅］あるいは借間に居住することが想定される単身世帯や夫婦2人世帯等の小規模な世帯が除外されており，調査方法の性格上，持家率が他の調査結果に比して高い。また，従来の住宅調査では対象から除外されることが多かった高所得層が対象に含まれていることも，持家率を

第 6 章　戦間期の RC 造アパートの実践と木造アパート市場の形成　153

表 6-6　住宅状況一覧（東京市，1930 年 6 月，小学生の子供がいる世帯）

<table>
<tr><th colspan="2"></th><th colspan="2">世帯数
借家</th><th colspan="2">持家</th><th rowspan="2">計</th><th colspan="2">構成比（％）
借家</th><th colspan="2">持家</th><th rowspan="2">計</th></tr>
<tr><th colspan="2"></th><th>専用</th><th>併用</th><th>専用</th><th>併用</th><th>専用</th><th>併用</th><th>専用</th><th>併用</th></tr>
<tr><td colspan="2">調査世帯数</td><td>46,300</td><td>33,405</td><td>13,443</td><td>19,542</td><td>112,690</td><td>41.1</td><td>29.6</td><td>11.9</td><td>17.3</td><td>100.0</td></tr>
<tr><td rowspan="2">戸数</td><td>1 戸建</td><td>16,138</td><td>9,542</td><td>11,238</td><td>15,869</td><td>52,787</td><td>14.6</td><td>8.6</td><td>10.2</td><td>14.4</td><td>47.8</td></tr>
<tr><td>長屋（2 戸建以上）</td><td>29,068</td><td>23,225</td><td>2,006</td><td>3,277</td><td>57,576</td><td>26.3</td><td>21.0</td><td>1.8</td><td>3.0</td><td>52.2</td></tr>
<tr><td rowspan="2">階数</td><td>平屋</td><td>16,656</td><td>4,219</td><td>2,770</td><td>1,490</td><td>25,135</td><td>15.4</td><td>3.9</td><td>2.6</td><td>1.4</td><td>23.2</td></tr>
<tr><td>2 階建以上</td><td>28,571</td><td>28,461</td><td>10,125</td><td>16,076</td><td>83,233</td><td>26.4</td><td>26.3</td><td>9.3</td><td>14.8</td><td>76.8</td></tr>
<tr><td rowspan="8">室数</td><td>1 室</td><td>3,357</td><td>954</td><td>238</td><td>144</td><td>4,693</td><td>3.0</td><td>0.9</td><td>0.2</td><td>0.1</td><td>4.2</td></tr>
<tr><td>2 室</td><td>11,200</td><td>4,836</td><td>1,040</td><td>1,025</td><td>18,101</td><td>10.0</td><td>4.3</td><td>0.9</td><td>0.9</td><td>16.2</td></tr>
<tr><td>3 室</td><td>10,987</td><td>11,078</td><td>1,837</td><td>3,401</td><td>27,303</td><td>9.9</td><td>9.9</td><td>1.6</td><td>3.1</td><td>24.5</td></tr>
<tr><td>4 室</td><td>11,185</td><td>10,310</td><td>2,587</td><td>4,672</td><td>28,754</td><td>10.0</td><td>9.2</td><td>2.3</td><td>4.2</td><td>25.8</td></tr>
<tr><td>5～6 室</td><td>6,819</td><td>4,570</td><td>3,626</td><td>5,797</td><td>20,812</td><td>6.1</td><td>4.1</td><td>3.3</td><td>5.2</td><td>18.7</td></tr>
<tr><td>7～9 室</td><td>1,791</td><td>901</td><td>2,397</td><td>2,833</td><td>7,922</td><td>1.6</td><td>0.8</td><td>2.1</td><td>2.5</td><td>7.1</td></tr>
<tr><td>10 室以上</td><td>471</td><td>346</td><td>1,607</td><td>1,493</td><td>3,917</td><td>0.4</td><td>0.3</td><td>1.4</td><td>1.3</td><td>3.5</td></tr>
<tr><td>平均室数</td><td>3.5</td><td>3.7</td><td>5.8</td><td>5.4</td><td>4.1</td><td>41.1</td><td>29.6</td><td>12.0</td><td>17.4</td><td>100.0</td></tr>
<tr><td rowspan="8">畳数</td><td>6 畳以下</td><td>3,177</td><td>1,074</td><td>217</td><td>160</td><td>4,628</td><td>2.8</td><td>1.0</td><td>0.2</td><td>0.1</td><td>4.1</td></tr>
<tr><td>6.5～10 畳</td><td>8,995</td><td>3,779</td><td>693</td><td>649</td><td>14,116</td><td>8.1</td><td>3.4</td><td>0.6</td><td>0.6</td><td>12.6</td></tr>
<tr><td>10.5-15 畳</td><td>13,879</td><td>12,153</td><td>1,876</td><td>2,886</td><td>30,794</td><td>12.4</td><td>10.9</td><td>1.7</td><td>2.6</td><td>27.6</td></tr>
<tr><td>15.5～20 畳</td><td>10,172</td><td>8,983</td><td>2,359</td><td>4,105</td><td>25,619</td><td>9.1</td><td>8.0</td><td>2.1</td><td>3.7</td><td>23.0</td></tr>
<tr><td>20.5～30 畳</td><td>6,924</td><td>5,380</td><td>3,679</td><td>6,125</td><td>22,108</td><td>6.2</td><td>4.8</td><td>3.3</td><td>5.5</td><td>19.8</td></tr>
<tr><td>30.5～50 畳</td><td>2,304</td><td>1,355</td><td>3,006</td><td>3,917</td><td>10,582</td><td>2.1</td><td>1.2</td><td>2.7</td><td>3.5</td><td>9.5</td></tr>
<tr><td>50.5 畳以上</td><td>446</td><td>320</td><td>1,497</td><td>1,509</td><td>3,772</td><td>0.4</td><td>0.3</td><td>1.3</td><td>1.4</td><td>3.4</td></tr>
<tr><td>平均畳数</td><td>15.9</td><td>16.9</td><td>29.3</td><td>27.7</td><td>19.8</td><td>41.1</td><td>29.6</td><td>11.9</td><td>17.3</td><td>100.0</td></tr>
</table>

出所：東京市社会局『東京市住宅調査』1931 年，16～35 頁より作成。
注：戸数，階数，室数，畳数不明の住宅および「其他住宅」は除いた。

上昇させている一因であろう[42]。

　建て方別にみれば，1 戸建と長屋［2 戸建以上の住宅］の割合はおよそ 5 対 5 であるが，持家と借家では状況が大きく異なる。持家の場合は 1 戸建が 84％を占めるが，借家の場合は依然として長屋が主流［67％］である。階数別にみれば，すでに東京市内の住戸ストックの主流は 2 階建であったが，平屋も 23％残存している。平均室数は 4.1 室であるが，持家と借家とで平均室数に差があり，持家の場合，専用住宅 5.8 室，併用住宅 5.4 室であるのに対し，借家の場合，専用住宅 3.5 室，併用住宅 3.7 室である。東京市内の専用住宅の平均家賃は 25.8 円，併用住宅の平均家賃は 37.2 円であり，前者と比べて後者は 11 円以上高い[43]。両

表6-7　地代別持家世帯数（東京市，1930年6月，小学生の子供がいる世帯）

		世帯数			構成比（％）		
		専用	併用	計	専用	併用	計
持地		2,925	2,221	5,146	10.1	7.7	17.8
借地		8,817	14,957	23,770	30.5	51.7	82.2
地代	0.2円以下	878	302	1,180	3.0	1.0	4.1
	0.2～0.4円	2,620	2,485	5,105	9.1	8.6	17.7
	0.4～0.6円	2,769	4,553	7,322	9.6	15.7	25.3
	0.6～0.8円	1,347	3,265	4,612	4.7	11.3	15.9
	0.8～1.0円	699	2,261	2,960	2.4	7.8	10.2
	1.0～1.2円	201	840	1,041	0.7	2.9	3.6
	1.2円～	303	1,247	1,550	1.0	4.3	5.4
平均（円）		0.52	0.70	0.63	—	—	—

出所：前掲『東京市住宅調査』422～423頁より作成。
注：不明，「其他住宅」を除く。

者の間で室数，畳数に大幅な差はないため，家賃水準の格差は店舗併用住宅が表通りに面しているという立地の違いから生じているものと推察される。1畳あたり家賃は専用住宅1.69円，併用住宅2.15円である。

　持家世帯に限られるが，表6-7を用いて，東京市内の宅地の所有・賃貸状況について明らかにしたい。持家世帯のなかで，専用住宅の75.1％，併用住宅の87.1％は借地上の建物であった。したがって，東京市内の自己所有地上の持家世帯は少なく，大部分は借家世帯，借間世帯，借地上の持家世帯であった。1坪あたり地代は63銭であったが，地代も家賃と同様に立地によって金額が異なるため，専用住宅より併用住宅の方が平均で18銭ほど高い。

市内地代の上昇と貸家投資の変容

　震災以降，地代は1923～30年にかけて，約2倍の水準に上昇した[44]。1930年の東京市内における1坪あたり地代は，麻布区の33銭，小石川区35銭など「山の手」の住宅地では一般に低い傾向にあった。一方，市内で最も地代が高いのは，京橋区4.06円，日本橋区3.00円であったが，この2区は東京市の中心部に位置する伝統的商業地域であり，かつ区域の大部分が震災復興土地区画整理事

業の対象地区に指定されていた。したがって，区画整理の実施と建物の再建により，地代も大幅に上昇した。結果として，東京市内でも都心の一等地と周辺部に位置する住宅地との間では，1坪あたり地代に大幅な格差が生じていた。また，前章で明らかにしたように，1929年第4四半期から1930年第1四半期にかけて多くの借家で家賃値下げが実施されたが，これとは対照的に，地代については値上げ件数が値下げ件数の4倍以上に上っていた[45]。

地代の持続的上昇と昭和恐慌期の家賃水準の全般的下落によって，借地上の貸家投資の利回りは低下した。ある家主は「家賃を値下し，且つ空家も続出して採算不能となり経営困難となつた」ことを理由に，1坪あたり地代を40銭から30銭へ引き下げることを地主に対して要求したが，地主はこれに応じず，借地人／家主は裁判所に対して申し立てを行った[46]。1930年度において，東京区裁判所に対して行われた地代値下げの調停申し立て件数は260件であったが，そのうち201件において調停が成立し，その値下げ率は概ね10～25％であった[47]。震災復興土地区画整理事業の減歩による宅地面積の絶対的な減少と利用価値の増進は，東京市内の地価を上昇させ，それは地代の上昇を通じて借地人に転化された。

東京市内の地代水準の上昇は，小規模・低家賃の長屋を中心とする従来の貸家投資を減退させるとともに，一定の利回りを期待し得る中規模・中家賃の1戸建貸家に供給を傾斜させた。一方で小規模・低家賃の借家に対する潜在的需要は高く，需給の不一致は市内における空家率の上昇と借間世帯の増加を通じて経済的住宅難を加速させた。借家をめぐる社会経済的矛盾の拡大が，1920年代末に家賃値下運動の興隆をもたらすとともに，木造アパートという新しい集合住宅の爆発的な流行を生み出す背景となった。

郡部間の住宅状況の相違

つぎに，『賃貸事情調査』を用いて1932年4月の周辺5郡の住宅状況について概観する。同調査は周辺5郡のうち東京市に近接する54町村［外延部の町村を除く］の「家屋」[48]［住宅以外を含む］について悉皆調査したものである。東京市内を調査対象とする『住宅調査』と併せて利用することにより，1930年

表6-8 近接町村の借地率，借家率（1932年4月）

		持家戸数			借地率(%)	借家戸数	借家率(%)
		持地	借地	計			
郡別	荏原	2,628	26,025	28,653	90.8	86,440	75.1
	豊多摩	13,972	12,548	26,520	47.3	75,515	74.0
	北豊島	7,318	14,302	21,620	66.2	118,663	84.6
	南足立	1,866	2,472	4,338	57.0	15,528	78.2
	南葛飾	3,942	8,616	12,558	68.6	63,384	83.5
	計	29,726	63,963	93,689	68.3	359,530	79.3
圏別	Ⅰ	8,966	17,372	26,338	66.0	145,341	84.7
	Ⅱ	10,138	20,651	30,789	67.1	141,634	82.1
	Ⅲ・Ⅳ	10,622	25,940	36,562	70.9	72,555	66.5
	計	29,726	63,963	93,689	68.3	359,530	79.3

出所：東京府学務部社会課『東京府五郡に於ける家屋賃貸事情調査』1932年，16～25，137～141頁より作成。
注：1）店舗併用住宅，店舗，工場等を含まない。
　　2）「圏」の区別は表1-9と同じ。

代初頭の「大東京」における住戸ストックの全貌を把握できる。

　表6-8によれば東京市に近接する54町村［以下，近接町村］の借家率［店舗併用住宅等を除く］は79.3%で，東京市内と変わらない高さである。同表には詳細な内訳を掲載していないが，近接町村内で持家率が3割を越える町村は，荏原郡世田谷町［31.3%］，大森町［31.1%］，碑衾町［33.4%］，羽田町［65.7%］，駒沢町［38.6%］，豊多摩郡野方町［33.2%］，和田堀町［43.5%］，杉並町［36.2%］，落合町［30.9%］，北豊島郡練馬町［49.0%］，中新井村［38.1%］，志村［38.0%］，南足立郡綾瀬村［38.2%］，西新井村［34.2%］，梅島町［35.5%］，南葛飾郡小岩町［49.2%］，奥戸町［55.4%］，松江町［52.8%］の18町村である。

　このなかで荏原郡，豊多摩郡に属する町村の持家率の高さは，いわゆる新中間層の持家取得が進展しつつあることを示唆しており，北豊島郡，南足立郡，南葛飾郡に属する地域の持家率の高さは，それらの町村が都市化の影響をあまり強く受けておらず，依然として農村的な性格を残していることを示唆している。対照的に借家率が9割前後に達する地域は，尾久町から大島町にかけての

城東方面の工業地帯である。また，持家の68.3％が借地上の住戸であり，借家を含む全住戸のなかで，自己所有地上の持家は6.6％に過ぎない。東京市内のみならず近接町村においても，宅地と住戸の所有者［または居住者］が異なる場合が多かった。また，データを圏別に整理すると，都心から遠ざかるほど借家率が低下する傾向を確認できる。

表6-9　地域別平均家賃（東京市［1929年］，近接町村［1932年］）

（単位：円）

		専用住宅	店舗併用住宅
東京市		25.8	37.2
近接町村	荏　原	19.3	26.7
	豊多摩	23.3	29.1
	北豊島	15.4	22.9
	南足立	11.5	17.4
	南葛飾	11.8	20.1
	計	17.2	23.9

出所：東京市は前掲『東京市住宅調査』，近接町村は前掲『賃貸事情調査』より作成した。

　表6-9は東京市および近接町村の平均家賃であるが，近接町村の家賃水準は市内と比べて低く，両者の差は専用住宅で8.6円，店舗併用住宅で13.3円である。表6-10を用いて家賃階級別の分布状況を確認すると，東京市内の借家は家賃15～30円前後を中心に幅広く分布しているのに対し，近接町村の家賃は10～15円階級をピークとして，家賃20円未満の借家が全体の3分の2を占めている。ただし，表6-9に示されるように，郡別の家賃水準には格差があり，最も高い豊多摩郡と最も低い南葛飾郡との間には，専用住宅で1戸あたり11.5円の差がある。郡部内の家賃水準の格差を生み出す1つの要因として，地域間の所得水準の格差が影響していると考えられる。1930年の1世帯あたりの平均年収は，東京市内居住者1,976円が最も高く，ついで豊多摩郡1,701円，荏原郡1,523円，北豊島郡1,329円とつづき，最も低いのは南足立・南葛飾両郡1,259円であった[49]。すなわち，豊多摩郡の居住者と南足立・南葛飾両郡の居住者との間には500円近い平均年収の格差が存在し，この差が月額11.5円［年額138円］という地域間の平均家賃の格差を生み出す一因であったと考えられる。

社会階層間の所得格差と家賃水準

　地域間の平均所得の差を規定する一因として，世帯主の職業構成の相違を挙

表6-10 家賃階級別の借家戸数（東京市［1929年］，近接町村［1932年］）

家賃	東京市		近接町村	
		構成比（％）		構成比（％）
10円未満	4,218	5.5	64,064	13.8
10〜15円	8,396	11.0	142,762	30.8
15〜20円	11,922	15.7	98,882	21.3
20〜25円	11,346	14.9	61,096	13.2
25〜30円	11,701	15.4	37,427	8.1
30〜35円	7,321	9.6	21,675	4.7
35〜40円	6,395	8.4	12,604	2.7
40〜45円	3,583	4.7	7,635	1.6
45〜50円	3,034	4.0	4,365	0.9
50円以上	8,130	10.7	12,836	2.8
計	76,046	100.0	463,346	100.0

出所：表6-9と同じ。
注：近接町村は住宅，店舗併用住宅以外の用途も含む。
　　市内は小学生の子供をもつ世帯のみ。

げることができる。「勤労階級」を構成する俸給生活者層と労働者層との間の所得格差の存在により，有業人口に占める前者の割合が大きい地域では平均所得が上昇し，後者が大きな割合を占める地域では平均所得が相対的に低下する傾向を確認できる。表6-11は東京市の「勤労階級」の家計収支について職業別に集計したものであるが，俸給生活者世帯の平均収入が100.7円であるのに対し，労働者世帯の平均収入は94.1円であり，「勤労階級」の枠内においても両者の月収に6.6円の差があった。

　両者の支出の内訳をみると，飲食費の差は0.3円に過ぎないが，家賃は3.2円の差が生じており，収入に占める家賃の比率も俸給生活者世帯では高く，労働者世帯ではやや低い傾向がある。家賃は借家の面積・室数に比例する傾向があるため，労働者世帯では居住密度が高くなる。また，各郡の鉱工業従事者の比率と各郡の所得水準との間には，強い負の相関がある[50]。つまり，鉱工業従事者の比率が増大するほど，その地域の所得水準が下がる傾向が強い。したがって，各地域の居住者の職業構成に起因する平均所得の格差が，地域間の平均家賃の格差として反映されやすいと考えられる。

　郡部の家主は各地域の平均的な借家需要者の家賃負担力に見合うタイプの貸家供給を行っており，この点は地価・地代の高い市内の家主とは事情が大きく異なる。表6-11で示したように，労働者世帯は俸給生活者世帯に比して家賃水準は低いが，1畳あたり家賃は割高である。城東方面のような工業地帯では，労働者世帯の所得水準に合わせて，1戸あたり家賃の低い［1畳あたり家賃は

表 6-11 世帯主職業別の家計収支（東京市，1932年9月〜33年8月）

	調査世帯数（世帯）	世帯人員数（人）	収入 (A)（円）	支出 飲食物費（円）	支出 家賃 (B)（円）	B/A（%）	1畳あたり家賃（円）
官公吏	38	3.8	101.1	28.6	15.2	15.1	—
銀行・会社員	67	3.9	98.9	29.3	15.5	15.6	—
教職員	20	3.1	106.0	24.2	18.4	17.4	—
計	125	3.8	100.7	28.3	15.9	15.8	1.15
工場労働者	158	4.1	92.8	28.9	12.5	13.5	—
交通労働者	38	4.0	99.5	28.7	13.3	13.4	—
計	196	4.1	94.1	28.9	12.7	13.5	1.21
合計	321	3.9	96.7	28.6	13.9	14.4	1.18

出所：東京市役所『東京市勤労階級家計調査』1934年より作成した。

相対的に高い] 貸家が供給されていた。家主は長屋形式の貸家投資を選択して，1戸あたり延面積と建築費を切り詰めて投下資本を節約しつつ，相対的に割高な家賃を設定することにより，需給不一致による空家リスクを回避しつつ，一定の投資利回りを確保しようとしたのである。この方式に「近代性」と合理性を加味して発展させたものが，1930年代に急速に普及した木造アパートである。

6-2-2 木造アパート市場の形成

「素人下宿」と「営業下宿」

1920年代末の東京市内における小規模・低家賃な借家の需要は，供給不足により有効需要とはなり得ず，主に借家人を貸主とする貸間供給を通じて，代替的に充足されていた。このような貸間供給は一般に「素人下宿」と呼ばれ，旧来の貸家経営より手軽に行える副業として，都市化が進みはじめた日露戦後の頃から流行した。明治末期の「素人下宿」とは「己れの住居の一部分を割いて他人に貸し与へ，幾分かの賃金を取つて生計の足しにする」副業の一種であり，主な借り手は「下宿屋は多勢で煩さい素人屋［素人下宿］が可いなどといふ男女学生，或は一人者の官吏会社員」であった[51]。当時の「東京に於ける普通労働者の月収は大抵十五円位で」，「[家賃を3円と仮定すると] 到底一戸を借り

る事は不可能のことであるて、他家の二階等を借りるのである、間代は其の場所にもよつて大分異なつて居るが、普通六畳三円位である、故夫婦に子供一人なれば六畳で充分である」、「さもない者は二人共同して二間位ある家を借り受け其れへ同居」していた[52]。この場合の「素人下宿」は、副業の一種というよりは、借家の分割により小規模・低家賃な住空間を借家人自ら創出するという性格が強い［第5章で述べた貸間供給の第2の型］。

「素人下宿」は貸間経営を専業として行う「営業下宿」［下宿屋］とは代替関係にあった[53]。東京市内の「営業下宿」は1918年に1,535軒存在したが、関東大震災により975軒に減少した。1924〜25年にかけて1,000軒台を回復したものの、1926年以降、再度減少傾向に転じた。1928年6月1日現在,「営業下宿」軒数は940軒であり、空室率は32％の高さであった。

震災以降、「営業下宿」を退潮傾向に追い込んだ要因は、第1に、震災後の各種学校・大学の郊外移転にともなう需要の変化であった。「営業下宿」在室者の63％を学生が占めており、残りは俸給生活者27％、その他10％であった。したがって、各種学校・大学の郊外移転とともに、主要な下宿客である学生も市外へ移動したため、市内の「営業下宿」に対する需要が減少した。

第2に、「素人下宿」の台頭である。「営業下宿」経営者のなかには「素人下宿及貸間ノ増加ヲ理由トシ経営困難ヲ訴フル者カ少ナクナカツタ」のである[54]。市内の「営業下宿」1室あたり面積は5.2畳、下宿室料は平均10.8円［賄料を除く］であった。1室あたり畳数、室料において「営業下宿」と「素人下宿」は代替関係にあり、他の条件も含めて後者を好む需要者が多かった。

「営業下宿」の空室率上昇は同経営の採算性を悪化させ、多くの業者が廃業した。東京市内の「営業下宿」軒数は1918年以降の10年間で約4割の減少をみたのである。また「将来アパートメントノ増加発達等モ之亦下宿業経営ニ付テハ相当考慮中ニ措クヘキモノテアラウ」と指摘されるように[55]、木造アパートの台頭が既存の「営業下宿」経営に影響を及ぼすことが予見されていた。1936年6月の新聞記事によれば、「市中の旅館下宿屋さんは最近続出する素人下宿とアパートに客を奪はれ、日毎に客が減つてゆく」事態に直面し、東京下宿組

合連合会の会長は「アパートや素人下宿は家屋税だけで営業税を支払つてゐない」点などを是正するよう陳情を行っている[56]。小規模・低家賃な住戸・住空間の需要をめぐり，1930年代に「営業下宿」，「素人下宿」，木造アパート間の競合が激化した。

近代的アパートメント・ハウスの実践

関東大震災以前の東京市内には，「欧米に於けるアパートメント」のような「共同式住居の貸家」は少なくとも2カ所存在したが，「いづれもほんの名ばかりで，設備から云つても，規模から云つても，殆んど云ふに足らない程度のもの」であった[57]。具体的な事例として，麹町三年町にある「佐藤別館」の1918年時点の概況をまとめると，建物は3階建で，住戸の型は8・3畳と6・3畳の2種が各階に2室ずつ，計12戸であった。家賃は16.5〜17円，敷金は家賃2カ月分，居住者は主に「勤め人」で「相当地位のある人ばかり」であった[58]。

森本厚吉によれば，「アパートメント・ハウス」は「普通には中流階級及び上流階級の都市住宅問題を解決するに必要なる合同住宅」と考えられているが，彼は「アパートメント・ハウス」を「真の新式アパートメント・ハウス」と「テネメント・ハウス」に区分し，前者を「中流階級，即ち資産に依らずして自分の精神的或は肉体的労働に依つて家族の生活を支へ，現代科学の示す合理的生活を営むに足る所得を受くる人達の日常生活を益する合同住宅」，「自ら稼いで能率生活を営み，上の贅沢な階級を引き下げ，下の貧民階級を引き上げ，社会を指導して行く資格を有する階級」のための集合住宅と定義した[59]。後者は「小さな安い借室が主なもの」で「安い借家の集つた合同住宅とか貧民長屋とかに解されて」いるもので，「真の新式アパートメント・ハウス」とは区別している。森本は「日本住宅の改善に関して，少なくとも一つだけでもアパートメント・ハウスの実例を示すことが学問上からも，実際上からも必要」であると主張し，内務省社会局の理解を得て低利資金の融通を受け，東京でこれを実践したのである。

1922年，森本は財団法人文化普及会を設立し，御茶ノ水に「文化アパートメ

ント・ハウス」[以下，文化アパート]の建設を計画した。同計画は翌年の震災により頓挫しかけたものの，1925年に54万円の資金［うち建設工事費31.2万円，坪単価372円］を投じて竣工した。森本は「真の新式アパートメント・ハウス」である文化アパートの利点について，「たとへ一時の建築費は高価でも，新式設備を有する永久的建物」であるため「結局最も合理的で経済的な現代住宅」であると説いた。文化アパート建設の目的は中流階級の生活の合理化である。文化アパートの特長は「出来るだけ費用を少くして，出来るだけ労力を省いて，出来るだけ生活の目的を充分に達しうる住居」，「換言すれば，生活に休息と慰安を与へると同時に，生活の能率を高めると云ふ住居の目的を，出来るだけ費用と労力を省いてなす」ことであり，その方法は第1に「現代的設備」[60]の活用であり，第2に土地の高度利用であった。

「中流階級」の「合理的生活」の場となる「真の新式アパートメント・ハウス」を目指した文化アパートの理念は，当該期の日本の住宅水準からかけ離れており，実質的には「中流階級」の住宅とはなり得なかった。1925年の文化アパートの構成は，2階が1戸あたり12.0〜31.4坪，家賃190〜360円，計8戸，3・4階が1戸あたり4.6〜18.9坪，家賃47〜136円，計34戸であり[61]，入居者の3分の1は外国人であった。「現代的設備」が完備されているとはいえ，同時代のRC造アパートである同潤会アパートと比べて，家賃がはるかに高額であり，文化アパートは「日本の現代生活より進みすぎて居るとか，上等すぎるとの批評」を受けた。

文化アパートの理念と実践に関する歴史的評価は別途検討すべき課題であるが，文化アパートは当該期の日本の借家・借間市場の実情から隔絶した存在であり，市場への影響という論点に限定すれば，それほど大きなものとはいえない。そもそも，「アパートメント・ハウス」なる住宅様式は，当時の多くの日本人にとって未知の存在であり，森本のような欧米視察の経験がある人々や近代建築に携わる専門家を除いて，「アパートメント・ハウス」に関する一般的な知識・認識はほとんど存在しなかった。

このような状況のなかで「アパート」という言葉を世間一般に広め，その言

葉に目にみえる実体を与えたものが，同潤会アパートであった。同潤会アパートが建設された当初は，「アパートといつても知らない者が多く」，「絵看板でアパートを説明して宣伝しなければならないほど」であったが[62]，理想的なRC造アパートと団地としての住環境，および合理的生活のモデルを提示することにより，同潤会アパートの存在は社会に認知されるに至った。同潤会は1932年に新たに住宅相談部を設置し，住宅の建築・改善に関する相談にくわえ，アパートの建設・管理に関する相談にも応じるなどして，蓄積したノウハウを公開した。

1930年代における「合理性」の受容

　同潤会アパートが1930年代の東京の借家・借間市場に与えた影響は大きかったが，同時に限界性を有していた。すなわち，森本が目指した「真の新式アパートメント・ハウス」の理念，すなわち，「中流階級」の生活の合理化という理念は捨象され，単に新しい集合住宅の形式的な合理性のみが，日本の実情に適合するかたちで家主と借家人・借間人に受容された。1930年代以降，「アパート」という名称は小規模・低家賃の木造賃貸集合住宅の代名詞として急速に普及したのである。

　1930年代における木造アパート流行の背景にあるものは，昭和恐慌期の都市における厖大な空家と同居世帯の並存という需給不一致であった。この不合理な不一致の是正に向けた１つの潮流が家賃値下運動であり，１～２割程度の家賃一斉値下げという家主側の譲歩を引き出すことに成功したが，なお少人数世帯の低所得層にとって，１住戸の中規模借家を借りてその家賃を負担することは，経済的に困難であった。一方，家主側にとっても空家の継続は投資利回りを低下させるため，望ましいものではない。収益を生み出すハコとしての貸家と，借家人の家賃負担力とニーズに見合った生活の器としての住空間との不一致を解消する方法として一躍脚光を浴びたのが，新しい住宅様式として登場した木造アパートであった。

　家主にすれば「貸し家を何件も建てるよりはアパート一軒建てた方が，資本

の集中ができて安全」[63]であり，投資利回りの点からみても従来の貸家［１戸建・長屋］投資より有利であった。1930年代の木造アパートの流行は，以下のように伝えられている。

> 古板にペンキを塗つたバラック建てでも，アパートと云へば如何にも近代的に聞こえるので，簡易生活を望む学生，サラリーマン，職業婦人は勿論のこと夫婦者であらうが何だらうが，やれ行け，それ行けといふわけで，アパートは今正に大繁盛である……［アパート経営は］少くとも一二割の利回りがあり……銀行利子が，やれ三分三厘だ，郵便貯金は三分だといふやうな低金利時代に，アパート経営は，何と素晴らしい金儲けではないか[64]。

アパートは従来型の貸家投資と比べて，１棟あたりの規模を大きくすることにより建築費坪単価を抑制しつつ，１棟あたり住戸数を増やすことにより，１棟あたりの期待利回りを向上させることが可能であった。１畳あたり家賃を従来の借間と同程度に抑えつつ，１住戸あたり家賃の絶対価格を低下させることにより，それまで借間［素人下宿］という手段によって充足されていた小規模・低家賃借家に対する潜在的需要を吸収することに成功した。

建築費を切り詰めて短期間で投下資金を回収する方法は，従来の貸家投資の基本的思想を踏襲したものであるが，木造アパート投資は従来型の貸家投資の矛盾を解消しつつ，家主のより高い利回り追求を可能にした。一方，それまで住空間の分割による他の世帯との同居を強いられてきた借間世帯および貸間貸主世帯にとって，木造アパートという新たな選択肢の登場は，独立した空間としての住戸を確保できる利点があり，小規模・低家賃の「簡易生活」を実現できる新しい住宅様式として広く受容された。供給者である家主と需要者である借家人・借間人の双方に便益をもたらす特長が，木造アパートの爆発的な普及と借家市場の調整機能の進化を促したのである。

ただし，木造アパートの急速な普及は問題点も内包していた。1930年代半ば

に至り，行政は「簡便な能率的な都市文化生活を享受し得る様に設備されたアパートメント・ハウス」の「健全な発達」を図る必要性を認識していたが[65]，現状は「名前だけの中途半端な間貸の延長みたいな粗雑なアパート」[66]の乱造であり，住宅としての品質に大きな難点を抱えていた。

アパートの数量的拡大と質的限界

　1922年10月現在において，東京市内の民営アパートは6棟203戸に過ぎなかったが[67]，関東大震災以降，とりわけ昭和期に入ると，市内とその近郊におけるアパート棟数は急激に増加しはじめた[68]。1928年から1934年にかけてのアパート棟数の対前年増加率は平均約4割という著しい高さであり，「ねずみ算」式の爆発的な伸びを示していた。なかでも1933年と1934年の増勢は著しく，まさにアパートの「氾濫時代」であり，棟数は1927年以降の7年間で約10倍に膨れ上がった。1934年の新東京市［35区］のアパート棟数は1,400棟［推計］，2万2,652戸で，居住者数は3万5,000人［推計］であった。分布の地域的内訳は，旧市内15区の民営アパート451ヵ所，新市域629ヵ所，計1,080ヵ所，公的アパートは同潤会13ヵ所，府営10ヵ所，市営2ヵ所，計25ヵ所であった。その後もアパート増加の勢いはますます強まり，1935年末に1,800棟，1936年末に2,150棟，1937年3月には3,000棟を超え，「［アパートの］増加率は一日に一棟以上といふ超スピード振り」であった[69]。また，表5-2に示されるように，震災以前に22坪であった東京市内の住宅1棟あたり面積は，1930年代以降に拡大傾向をたどったが，これは従来の貸家に比して1棟あたり延面積の大きい木造アパートの増加が寄与していると考えられる。

　1934年の新東京市における家賃階級別のアパート戸数の分布を示す表6-12によれば，アパート1戸あたり家賃は5〜16円の価格帯に集中しており，1戸あたり家賃が20円を超えるアパートは1割弱に止まる。このデータを賃料階級別の借間世帯数の分布を示す表5-6と対比すると，アパートの家賃分布状況は借間世帯の間代分布状況と相似していることがわかる。ただし，アパートのなかには一部の高級アパート［御茶ノ水の文化アパートなど］が含まれるため，

表6-12　家賃階級別アパート戸数（新東京市，1934年）

家賃	民営 旧市内	民営 新市域	公営 同潤会	公営 市府営	計	構成比（％）
5円以下	271	176	5	34	486	2.1
5～10円	1,778	4,491	194	344	6,807	30.1
10～14円	2,095	4,144	1,098	312	7,649	33.8
14～16円	1,302	1,498	281	72	3,153	13.9
16～20円	1,413	795	258	0	2,466	10.9
20～30円	783	454	181	0	1,418	6.3
30～50円	386	53	94	0	533	2.4
50円～	140	0	0	0	140	0.6
計	8,168	11,611	2,111	762	22,652	100.0

出所：東京府社会課『アパートメント・ハウスに関する調査』1936年，65～71頁より作成。

家賃30円以上も3％ほど存在する。また，アパート1戸あたりの室数は1室が85.5％を占め，2室が12.7％であり，3室以上は稀である点も[70]，アパートと借間の代替的性格を見出すことが可能である。したがって，両者は賃料と室数の面で代替関係にあったが，需要者である借家人・借間人にとっても供給者である家主にとっても，アパートの方がより望ましい住宅様式であった。

　ワンルームの賃貸住戸の供給戸数が需要に比して過少であった1920年代において，1戸あたり室数が1室で家賃15円以下という条件を満たす小規模・低家賃の住戸は一部の長屋しか存在せず，不足するこの型の住戸は，借家人が自ら住空間を分割し，借間市場［素人下宿］を通じて供給せざるを得なかった。ところが，1930年代に入りアパートという名称とともにその「合理性」に関する知識がひとたび普及すると，一転して爆発的な供給の増加をもたらした。このアパートの普及に先鞭をつけた存在が同潤会アパートであった。供給戸数の面からみて，同潤会アパートが住宅市場に与えた直接的影響は限定されるが，「企業としての一般アパートの建設熱を刺激し，普通貸家を建設せんとする者は之をアパートに代え，既存の下宿は之をアパートに模様替するものさへ生ずる情勢を生じ，並にアパートが一般大衆的のものとなる一エポックを画」[71]したという間接的影響の面からみて，単なるモデルハウジング以上の積極的な役割を果たしたといえよう。

　以上のように，借家市場の機能不全を補完する借間市場の機能は，木造アパート市場の形成によって再び借家市場に包摂され，借家人・借間人と家主，

表6-13 昭和初期の民間RC造アパート（東京市）

名称	所在地	敷地面積（坪）	延坪数（坪）	戸数（戸）	家賃（円）最高	家賃（円）最低	建物
文化アパート	本郷区	545	1,389	96	200	40	RC造5階建
本町アパート	日本橋区	150	700	50	65	30	RC造6階建
新宿ハウス	渋谷区	300	—	88	43	27	RC造4階建
宝橋アパート	京橋区	130	—	64	45	20	RC造5階建
野々宮アパート	麹町区	182	—	63	248	—	RC造7階建

出所：下郷市造『来るべきアパートと其経営』斗南書院、1937年、79〜90頁より作成。

双方の社会経済的厚生が増大した。ただし、同潤会のように創意工夫のある住戸、付帯設備の整ったRC造の住棟、共同施設を併設した団地として建設された民間アパートはほぼ皆無であり、大部分が個別家主の利回りを追求した木造アパートであったという点において限界を有していた。表6-13は昭和初期の東京市における民間RC造アパートの事例を示したものであるが、いずれも地価の高い場所に立地しており、地価と建築費の高さに見合う高家賃を設定している。したがって、これらの民間RC造の高級アパートは小規模・低家賃の借家・借間とは代替関係にはなく、当該期に成立した木造アパート市場とは異なる領域の住宅市場を形成していた。

日本におけるアパートの啓蒙主体である同潤会は、「木造アパートの保安、衛生上の見地より不適当なることを認め」、「寧ろ其の弊害を説き鉄筋コンクリート製アパートへの転向を勧め」なければならないほどであった[72]。都市住民の生活基盤となる近代的で理想的な住戸を適切な価格で提供するという同潤会の理念は、同潤会アパートの構内で完結しており、一部の高級アパートを除き、単に長屋形式の住戸を縦に積み重ねて共用施設を配置するアパートの形式的な「合理性」のみが、旧来の貸家投資思想の枠内で家主層に受容され、アパートの看板を掲げた新式下宿屋の爆発的流行をもたらした。1942年現在、新東京市のアパート棟数［1棟あたり10戸以上に限る］は、旧市内15区1,250棟、新市域4,504棟、合計5,943棟に達した[73]。1930年代から戦時期にかけて、木造アパートは都市における一般的な住宅様式の1つとして定着したのである。

小　括

　本章では，1920年代のRC造アパートの実践と1930年代における木造アパート市場の形成について分析した。

　関東大震災後の「小住宅ノ建設」を担った同潤会は，借家市場の動向に対応しながら事業を展開した。すなわち，震災直後の郊外における借家需要の著しい高まりと「新規家賃」の高騰に対応すべく，低廉な家賃の木造賃貸住戸を共同施設等に配慮した団地として供給した。しかし，住戸それ自体の品質や立地の問題から，一部の団地では多くの空家が生じた。すなわち，入居者である集団バラック居住者のニーズと同潤会が想定したそれとの相違が，空家率の高さとして露呈した。くわえて，震災後の郊外における貸家投資の激増により，震災から1年余が経過した頃から需要の低い地域で家賃が下落しはじめると，同潤会は郊外における木造賃貸住戸の供給を打ち切った。

　震災直後の東京市内外にわたる絶対的な住戸不足が解消する一方で，東京市内の家賃水準の高止まりと小規模・低家賃貸家の供給不足問題が深刻化しつつあった。東京借家市場における住宅難の焦点は，1924年から1925年にかけて，絶対的住宅難から経済的住宅難へ移行しつつあった。同潤会は市場の変化を見据え，市民のニーズに応えるべく事業計画を変更し，東京市内とその近郊において「中産者以下ノ実生活」に適合したRC造アパート団地の建設を開始した。市内屈指の工業地区である本所・深川区に立地した柳島・清砂通アパートでは，概ね同潤会の想定した収入階層が居住した。一方，「山の手」方面に立地したアパートでは，家賃水準から推測される同潤会の想定よりやや収入の高い階層が入居した。したがって，実際の入居者は必ずしも「中産者以下」ではなかったが，幅広い階層を対象として，同潤会は近代的な新しい都市の住まいのモデルを実践的に提示した。

　同潤会以外の先駆的なRC造アパートの試みとして，森本厚吉が設立した文化普及協会の文化アパートがある。森本の目指した「真の新式アパートメン

ト・ハウス」はその理念とは裏腹に，むしろ，日本における高級RC造アパートの1つのモデルを提示しており，一般の借家市場から隔絶した存在であった。1930年代の日本で爆発的に普及したのは木造アパートであり，それは森本が「テネメント・ハウス」に分類した「安い借家の集つた合同住宅」にほかならなかった。戦前期の日本では，森本の目指した「真の新式アパートメント・ハウス」は，同潤会などの一部の例外を除いて実現しなかった。

同潤会アパートの成功は，多くの家主に「アパート」なる住宅様式の存在とその有望性を認識させた。借家市場における木造アパート市場の形成は，従来の借家市場の構造を転換させた。すなわち，従来の借家市場は借間市場の存在を前提として成立し得たのであるが，木造アパート市場と借間市場は直接的に競合する関係にあり，家主にとっても借り手にとっても，前者のもたらす便益の方が大きかった。伝統的な「営業下宿」と「素人下宿」からなる借間市場のなかに潜在化していた小規模・低家賃借家需要，すなわち，単身者や若年夫婦世帯の家賃負担力に見合った小規模住戸に対する潜在需要を有効需要に転化し得る新しい住宅様式として，木造アパートは爆発的に普及したのである。

木造アパート市場の形成は，貸家投資家のイノベーションであり，戦前期借家市場の進化であったが，当該期に新設された民間アパートの大部分が，設備の不完全な木造アパートであったという点において，限界性を有していた。住戸・住棟の品質の面から，あるいは長期的な都市形成の面から，木造アパートの急速な普及は否定的な評価を与えられてきたが，木造アパートは従来の借家市場が抱える問題を是正し，家主の投資利回り向上と同居世帯の分離により，貸し手と借り手，双方の社会経済的厚生の増大に寄与したのである。

注
1) 社会局統計課『東京市ニ於ケル集団バラック及天幕居住者ヲ収容スルニ要スル小住宅建築所要戸数調』1924年6月（[［内田祥三資料］所収，東京都公文書館所蔵）。以下，集団バラックに関しては同資料に拠る。
2) 「同潤会寄付行為」によれば，同潤会の行う事業は「住宅ノ経営」以外に，「不具廃疾収容所並授産場ノ経営」および「其ノ他必要ト認ムル施設」が含まれるが，

本章では冒頭で掲げた主題に鑑み，住宅関連事業のみを対象とする。
3) 内田青蔵・藤谷陽悦『同潤会基礎資料』第1巻，柏書房，1996年，6頁。
4) 「八千戸の住宅建築」（『時事新報』1924年6月29日付）。
5) 同潤会『仮住宅事業報告』1929年，2頁。以下，「仮住宅」事業の詳細については同書による。
6) 同潤会「理事会及評議員会関係資料」1924～25年（［内田祥三資料］所収，東京都公文書館所蔵）。
7) 同潤会『同潤会十八年史』1942年，31頁。
8) 「東京集団バラック連合協議会ニ関スル件」1925年2月23日（東京都公文書館所蔵）。
9) 「同潤会仮住宅建設ニ関スル件」1924年12月（東京都公文書館所蔵）。
10) 前掲『仮住宅事業報告』107頁。
11) 前掲『同潤会十年史』112頁。
12) 以下，各年度の事業内容の詳細については，当該年度の同潤会『事業報告』に基づく。
13) 「理想と迄は行かなくとも田園都市の目論見」（『読売新聞』1924年4月14日付）。
14) 「住宅緩和に市内アパートメント郊外に田園都市」（『報知新聞』1924年5月4日付）。
15) 「経過報告及事業計画ノ概要」（［内田祥三資料］所収，東京都公文書館所蔵）。
16) 前掲『同潤会十年史』43頁。
17) 前掲，佐藤『同潤会のアパートメントとその時代』18頁。
18) 同潤会『大正13年度事業執行状況報告書』［刊行年不明］，8頁。以下，敷地問題に関する引用は同書に拠る。
19) 東京市内の地代については，東京市役所『東京市統計年表』各年次より算出した。
20) 「郊外到る処で貸家の奪合」（『報知新聞』1923年11月6日付）。
21) 1925年の東京市内における平均家賃は1畳あたり2.26円であった（前掲『貸家貸間紹介要覧』）。
22) 前掲『同潤会十年史』147頁。
23) 「住宅候補地調査書」1924年8月（［内田祥三資料］所収，東京都公文書館所蔵）。
24) 「数千戸の小住宅がガラあき」（『読売新聞』1925年4月12日付）。
25) 「遠方御苦労の小住宅出来上る」（『読売新聞』1925年4月19日付）。
26) 同潤会『大正14年度事業報告』1926年，3頁。
27) 前掲『同潤会十八年史』37頁。
28) 前掲『大正14年度事業報告』20～21頁。

29) 前掲『同潤会十年史』130頁。
30) 前掲『大正14年度事業報告』21頁。
31) 前掲『同潤会十年史』185頁。
32) 前掲, 中村『大東京総覧』189頁によれば, 1924年10月の東京市内における間借世帯は8.5万世帯であった。
33) 前掲『大正14年度事業報告』15頁。
34) 前掲『同潤会十年史』73頁。
35) 「新時代を表象するアパートの生活」(『読売新聞』1929年2月18日付)。
36) 同潤会『昭和3年度事業報告』1927年［1928年の誤りか］, 23頁。
37) 同時期の東京市内における平均家賃は2.2円前後である（前掲『貸家貸間紹介要覧』）。
38) 同潤会『アパート居住者生計調査報告』統計編, 1936年, 32〜35頁。
39) 内閣統計局『自昭和9年9月至昭和10年8月家計調査報告』1936年, 100〜101頁。
40) 同潤会『アパート居住者生計調査報告』記述編, 1936年, 21〜22頁。
41) 東京市社会局『東京市住宅調査』1931年［以下,『住宅調査』］と周辺5郡の建物［住宅以外を含む］を調査対象とした東京府学務部社会課『東京府五郡に於ける家屋賃貸事情調査』1932年［以下,『賃貸事情調査』］。
42) 大正・昭和初期の家計・住宅等に関する調査は, 社会政策的な関心から低所得層や「勤労階級」に調査対象を限定するものが多かった。
43) 前掲『東京市住宅調査』40〜43頁から推計した。
44) 以下, 東京市内の地代については, 前掲『東京市統計年表』各年次より算出した。
45) 前掲『東京市住宅調査』430〜433頁。
46) 前掲『借地借家争議調査（昭和5年）』16〜17頁。
47) 同上, 99〜100頁。
48) 調査対象の「家屋」には「現存住家屋［住宅, 店舗併用住宅, 店舗, 倉庫, 事務所, 医院, 銭湯, 活動写真館等］は勿論空家, 工場, 共用家屋及び単独性を有する付属建物」等が含まれ, 「公官署, 学校, 幼稚園, 教会, 寺院, 公会堂」等は含まれない（前掲『賃貸事情調査』3〜4頁）。
49) 東京市役所『東京市民の所得調査』1933年, 42〜43, 50頁より算出した。
50) 相関係数は−0.96である。東京市役所『東京市市勢統計原表』1932年より算出した。
51) 以上, 岡部学三『損害予防だまされぬ策』楽山堂書房, 1909年, 126頁。
52) 酒巻源太郎『東京生活』盛文社, 1909年, 30〜31頁。
53) 以下, 営業下宿に関する記述, 数値は東京市統計課『統計ニ表ハレタル下宿屋

ノ種々相（其1）』1929年；同前『下宿屋ノ種々相（其2）』1929年に拠る。
54) 前掲『下宿屋ノ種々相（其2）』4頁。
55) 前掲『下宿屋ノ種々相（其1）』6頁。
56) 「下宿屋さん悲鳴！憎いアパートと警視庁へ陳情」（『読売新聞』1936年6月11日付）。
57) 以上，橋口信助「都市中流住宅の根本的更改」2頁（『住宅』3巻10号，1918年10月）。
58) 「東京最初のアパートメント」6～7頁（『住宅』3巻10号，1918年10月）。
59) 以下，文化アパートについては，森本厚吉『アパートメント・ハウス』文化普及会，1926年に拠る。
60) 「進歩した料理器，掃除器，洗濯器，乾燥室，暖房，給水給湯，衛生設備，電話，ラヂオ，自動車，客間，食堂，倉庫等凡て僅少の実費で利用することが出来る」（『アパートメント・ハウス』37～38頁）。以下，同書に拠る。
61) 面積は前掲『アパートメント・ハウス』25～27頁，家賃は「東京に初めて生れた理想の文化アパート」（『時事新報』1925年10月14日付）に拠る。
62) 同上「東京に初めて生れた理想の文化アパート」。
63) 「1936年のねずみ算（下）アパート時代日に一軒づつ」（『読売新聞』1936年1月4日付）。
64) 篠原雅之「アパート経営は斯うしてやれ」60頁（『商店界』16巻16号，1936年10月）。
65) 東京府社会課『アパートメント・ハウスに関する調査』1936年，3頁。
66) 内藤一郎『アパート・ライフ』住宅問題研究社，1937年，4頁。
67) 前掲『アパート居住者生計調査報告書』8頁。
68) 前掲『アパートメント・ハウスに関する調査』。以下，アパート戸数に関しては同書に拠る。
69) 下郷市造『来るべきアパートと其経営』斗南書院，1937年，56頁。
70) 前掲『アパートメント・ハウスに関する調査』43～45頁より算出した。
71) 前掲『アパート居住者生計費調査報告書』記述編，9頁。
72) 同潤会『昭和8年度事業報告』1934年，71頁。
73) 警視庁『第52回警視庁統計書』1944年，102～103頁。

終 章 総 括

　本書では，戦前期「大東京」における人口増加と「無秩序」な都市化を媒介する自生的秩序として，「地主」，「借地人／家主」，「借家人／貸間貸主」，「借間人」の重層的関係が織り成す借家・借間市場の特質に着目し，投資収益を生み出すハコとしての住戸と生活空間としての住空間との不一致がもたらす慢性的な住宅難という視点から，都市形成の歴史像を提示することを目指した。さいごに，本書の要点をまとめたうえで，若干の展望を試みる。
　戦前期「大東京」の住戸ストックは，主に「家作を持つだけの預金」のある中小家主の借地上の貸家投資により供給されていた。長期的な期待利回りの向上を目指す家主にとって，投資の判断基準となる主たる要素は建築費であり，副次的な要素は「新規家賃」水準と地代である。第一次大戦中から「大正バブル」の絶頂期に至る過程において，短期的に借家需要が急増して1910年代末に「新規家賃」の上昇をもたらしたが，建築費の暴騰と地代の上昇により東京市内の新規投資は手控えられ，家主は資金をより有利な他の投資対象に向けたのである。借家需要の増大期＝貸家投資の不適期に東京市内は供給不足に基づく量的住宅難に陥り，住戸の過密化が進行した。一方，圧倒的な貸手市場化に資金早期回収の機会を見出した短期収益型の新家主は，東京市内との時間的距離が小さく，かつ地代が低廉で豊富な宅地供給が行われていた東京市近郊において，極度に建築費を切り詰めた粗悪な貸家を濫造した。大戦景気期の量的住宅難，関東大震災直後の絶対的住宅難の下では，新規借家需要者の住居選択の余地は限られており，借家費用や居住地等の悪条件を受け入れることにより，借家需給は均衡へ向かったのである。
　1920年代の慢性不況期に入ると，貸家投資環境は大きく変化した。すなわち，

建築費と賃金の水準がピークを過ぎて下落ないし横ばい傾向に転じる一方で，「新規家賃」の高騰に数年のタイムラグをともなって「継続家賃」が追随し，借家ストック全体の家賃水準が絶対的かつ相対的に上昇したのである。家賃水準の上昇に拍車をかけたのが関東大震災であり，震災直後に「新規家賃」水準は暴騰した。一方，建築費の低下は，家賃水準の高止まり傾向と相俟って，貸家投資の期待利回り向上させた。期待利回りの上昇により，東京市内外で貸家供給が増加すると，郊外から空家率が上昇しはじめた。関東大震災後は空家を含む住戸の外延的拡大の時代であるが，一方において，市内回帰と市内住空間の創出＝借間世帯の増加が同時並行的に進行していた。1927年以降，東京市内で空家率が顕著に上昇しはじめると，高い家賃水準，高い空家率，および借間世帯の増加は，経済的住宅難がもたらす社会的矛盾として一般に認知されるに至った。

　借家市場の調整機能の不全から生み出される矛盾の内実は，投資収益を生み出すハコとしての住戸と生活空間としての住空間との不一致であった。「継続家賃」の値上げが困難であることを織り込む家主は，生業ではなく副業としての貸家投資の性格上，借家需要の低下［潜在化］に対して，「新規家賃」の値下げではなく，「空家として放置しておくことの出来る絶対自由の権利」の行使を選択した。こうして東京市内の数万戸の中規模・中家賃貸家が空家のまま放置される一方，小規模・低家賃貸家は需要に比して供給が過少となり，需要者は自らこの型の住空間を市内に創出しなければならなかった。この機能を果たしたのが，借家市場のなかに重層的に形成される借間市場であり，需要者は主体的に家賃水準と家賃負担力の格差問題を克服しつつ，望まない郊外生活を強いられることなく，労働市場に近接する東京市内で生活空間を確保し得たのである。

　借家市場の調整機能の限界を克服する役割を果たしたのは，第1に，昭和恐慌期の「家賃値下運動」であり，第2に，1930年代の木造アパート市場の形成であった。特に後者は借家市場における1つの革新であったが，その契機は同潤会によるRC造アパートの実践であった。同潤会の実践は，「アパート」という近代的な響きをもつ言葉を世間に普及させたが，同潤会の理念や「アパー

ト」の概念は，一面的にしか受容されなかった。1930年代に爆発的に普及した木造アパートの内実は，同潤会が提示したモデルとは異なる，また森本厚吉の目指した「真の新式アパートメント・ハウス」とも異なる，日本独自の「テネメント・ハウス」であった。木造アパートは住戸・住棟の品質や都市形成の側面において問題点を抱えていたが，同時に従来の借家市場が抱える問題を是正し，貸し手と借り手，双方の社会経済的厚生の増大に寄与した新しい住宅様式であり，借家市場の進化を示すものであった。

本書で取り扱った量的住宅難，絶対的住宅難，経済的住宅難という3つの現象は，西山のいうように「表面的な現れ方」の相違である。低所得層の家賃負担力の低さに起因する住戸の不足と質的低下という問題は，慢性的であった。住宅難に「現れ方」の相違をもたらすのは，短期的な需要の量的かつ質的な変化である。戦前期の「大東京」では，住戸供給の大部分を中小家主の貸家投資に依存している構造上，長期の時間軸＝期待利回りで変動する貸家投資の動向は，短期の借家需要の変化に対して基本的に非弾力的であり，一方，需要の変化に対して弾力的な短期収益型家主の投資戦略は，貸家の品質の低下と家賃水準の上昇をもたらす。いずれにせよ，住まいが人間の生存・生活に必須の財である以上，短期的に硬直的な供給構造の問題を克服するためには，短期的な需給調整を需要者側が能動的に行う必要があり，その機能を果たしたのが借間市場であった。

戦前期「大東京」の借家・借間市場の特質を都市形成という視点から捉え直してみると，従来の都市形成史研究においてしばしば指摘されるように，住戸需要の代理変数である人口増加によって，長期的な都市の「膨張」を説明することは可能であるが，短期の時間軸でみれば，その内実はもう少し複雑な展開を遂げていたことが明らかとなる。すなわち，都市形成の歩みは単線的あるいは一方向的なものではなく，矛盾を内包する借家市場を通じて供給される住戸を基盤としつつ，生活空間としての住空間が形成される過程であった。相対的に居住地選択の自由度が高い一部の高所得層は，持家取得や郊外住宅地への移住により住宅難から逃れることが可能であったが，居住地選択の制約が強い低

所得層は，慢性的な住宅難の下で，都市に定着し，生活を維持するための能動的な対応を迫られたのである。都市住民の階層性に基づく外方向と内方向の住空間の創出が同時並行的に進行していくことが，人口の定着＝生活空間の形成という視点からみた都市形成の内実である。これは郊外住宅地の形成という外形的側面からは補足されない，借家市場の分析を通じてはじめて把握できる「生きられた空間」としての都市形成の姿であり，都市の「膨張」という言葉で表現される現象の社会経済的実態である。

　戦前期「大東京」における借家・借間市場の分析を通じて明らかになった都市形成の特質の1つは，長期の時間軸に基づく貸家投資が，住戸の供給という側面から外形的な都市形成に対して積極的な意義を有し，その速度，規模，方向性などを規定していたということである。一方，短期の時間軸に基づく量的・質的な借家需要の変動は，前者との不一致から慢性的な住宅難［量的住宅難・経済的住宅難］をもたらすが，これは需要者である借家人の柔軟な住戸の運用により克服されてきた。このような需給構造上の特質は，戦前期の低賃金＝家賃負担力の低さという制約条件下で，都市の労働力再生産を可能にする重要な基盤であり，都市における安価な労働力の供給を通じて，近代日本経済の成長に寄与したのである。

　本書では，1910年代から1930年代前半に至る東京借家市場の軌跡を追究し，特に住戸の供給主体である家主の行動について，需要主体である借家人の行動と照応させながら検討した。本書の意義は，都市形成史研究，不動産業史研究，住宅政策史研究などを進めていくうえで，基本的な対象の1つとなる住宅市場を，一貫した視座から長期的に分析した点にある。また，戦前期東京の都市形成の歴史像を，住空間という切り口から提示した点にある。一方で，論理を明確にするために，分析対象を限定しつつ，市内と郊外という大雑把な枠組みにおいて，住戸と住空間をめぐる各主体を「家主」や「借家人」という抽象的な概念として把握するに止めざるを得なかった。したがって，本書の提示した分析視角を活かしながら，捨象された様々な要素を盛り込みつつ精緻化し，より豊かな「生きられた空間」の歴史像を構築していく余地は多分に残されている。

あとがき

　本書は筆者が2006年度に立教大学大学院に提出した博士論文「戦前・戦時期における東京住宅市場の研究」から「戦時期」の部分を除外し,「戦前期」の部分を大幅に加筆修正し, 書き下ろしをくわえて再構成したものである。なお, 引用文献・資料中の旧漢字は新字に改めるとともに, 読みやすくするために, 適宜, 句読点を付した。また, 引用文中の……は［中略］を示す。
　本書の基礎となった既発表論文と対応する章は以下の通りである。

序章　書き下ろし
第1～3章　「第一次世界大戦前後の東京における住宅問題――借家市場の動向を中心に――」『歴史と経済』192号, 2006年7月
第4～5章　「関東大震災後の東京における住宅再建過程の諸問題――借家・借間市場の動向を中心に――」『社会経済史学』72巻1号, 2006年5月
第6章　「戦間期の東京における住宅市場と同潤会――1930年代におけるアパート市場の形成――」『立教経済学研究』60巻1号, 2006年7月
終章　書き下ろし

　本書から博士論文の「戦時期」の部分を除外した理由は,「戦時期」と「戦後復興期」［統制下の1940年代］を通じて住宅市場の構造が大きく変容するとともに, それが戦後の住宅市場・住宅政策の展開を規定する側面が強いと考えられるからである。詳しくは, 拙著「1940年代後半の戦災都市における住宅復興――戦後統制下の住空間の創出と分配――」『社会経済史学』79巻2号, 2013年8月, 拙著「1950年代の東京住宅市場――家賃統制一部解除後の貸家供

給構造の再構築——」『熊本学園大学産業経営研究』33号，2014年3月を参照されたい。

　本書は200頁に満たない小著であるが，研究成果を1冊にまとめるまで，多くの先生方，先輩方，研究仲間ほか，関係者の皆様に大変お世話になった。この場を借りて御礼を申し上げます。特に2人の恩師に出会えたことは，私の人生のなかでも最も幸せなことのひとつであった。埼玉大学経済学部在籍中，中村尚史先生のゼミに参加させて頂いたことは，本当に幸運であった。学問に対する漠然としたイメージしかもっていなかった私に，中村先生は歴史研究の難しさ，幅広さ，奥深さ，そして何よりも楽しさを教えてくださった。立教大学大学院に進学してからは，助教時代も含めて10年間にわたり，老川慶喜先生のお世話になった。老川先生のご指導を受けるという幸運に恵まれなければ，今の私はなかったと断言できる。そもそも本書の基になる研究をはじめたきっかけは，「都市化」というキーワードで研究テーマを模索していた修士1年の私に，老川先生が「荏原土地というおもしろい会社があるのだけど，研究してみないか」と同社の資料を与えてくださり，それを基に短いレポートを書いたことであった。院生室の小さな机に座り，畳半畳ほどの空間に堆く積み上げられた本や資料を読み耽る時間は楽しいものであったが，老川先生は院生室に引きこもりがちな私をいろいろな研究会やプロジェクトに誘ってくださり，普段，接する機会のないさまざまな分野の方々と出会うきっかけを与えてくださった。垣根を越えて多くの人々と接していくなかで，少しずつ世界が広がったように思う。両先生をはじめとする多くの皆様のご厚意に深く御礼を申し上げます。

　さいごに，私に素晴らしい研究環境を与えてくださる熊本学園大学と，厳しい出版状況のなかで，本書の刊行を快諾してくださった日本経済評論社の谷口京延氏に御礼を申し上げます。

小野　浩

〈付記〉
　本書は熊本学園大学産業経営研究所の助成を得て刊行された。

索　引

あ 行

赤坂区 ……………………………… 33, 92, 94
浅草（浅草区）……… 22, 23, 27, 40, 92, 94, 111, 118, 122, 129
麻布区 …………………………… 33, 40, 92, 154
綾瀬村 ……………………………………… 156
池袋 ……………………………………… 69, 73
板橋町 …………………………………… 71, 85
入新井町 ………………………… 54, 55, 65, 70, 85
牛込区 ………………………………… 56, 92, 150
梅島町 ……………………………………… 156
営業下宿 ………………………… 159-161, 169, 172
荏原郡 …………………… 29, 65, 70, 85, 138, 144, 156, 157
荏原土地 …………………………… 63, 72, 85, 178
王子 …………………………………… 69, 144
大井（大井町）……………………… 54, 55, 144
大崎（大崎町）……………………… 54, 73, 100
大森（大森町）………………… 54, 55, 68, 70, 156
奥戸町 ……………………………………… 156
落合町 ……………………………………… 156

か 行

家屋税 ………………………………… 56, 59, 161
家作経営 ……………………………………… 11, 12
貸地業 …………………………… 47, 48, 61, 71
貸家業 ………………………… 11-13, 47, 48, 61, 99
貸家周旋業者 ……………………………………… 79
貸家札 ……………………… 31, 34, 79-81, 99, 112
華族 ………………………………… 46, 80, 86, 135
亀戸 ………………………………………… 69
仮建築 ……………… 15, 91, 93-103, 105, 106, 109, 111, 112, 114-116, 147, 148, 183
仮住宅 ……… 104, 105, 108, 137-142, 144, 145, 146, 170, 186
神田区 ………………………… 23, 25, 40, 56, 94, 97, 122
関東大震災 ……… 3, 4, 7, 13, 15, 16, 19, 21, 28, 33, 37, 41, 71, 75, 77, 84, 89, 91, 92, 105, 114, 117, 129, 130, 135, 143, 146, 160, 161, 165, 168, 173, 174, 177
寄宿舎 …………………………………… 2, 16
北豊島郡 ………………… 29, 85, 138, 144, 156, 157

木賃宿 ………………………………………… 2
旧中間層 …………………………………… 125
京橋（京橋区）……… 22, 23, 25-27, 33, 57, 97, 100, 111, 118, 154, 167
居住地選択 … 13, 30, 55, 75, 77, 121, 147, 148, 175, 176
経済的住宅難 ……… 13-15, 51, 54, 55, 62, 67, 78, 79, 82, 83, 101, 109, 115, 119, 121, 124, 128, 130, 131, 155, 168, 174, 175, 176
警視庁 ………………… 24, 48, 58, 82, 93, 103, 107, 108, 110, 172
継続家賃 ………… 35, 48, 50, 51, 55-62, 74, 80, 81, 83, 84, 106, 116, 174
下宿屋 ………………………… 2, 16, 159, 160, 172
建築技術 …………………………………… 143, 144
建築自由 …………………………………… 8, 9, 12
建蔽率 ……………………………… 24, 26, 27, 183
権利金 ……………… 58, 60, 61, 84, 96-102, 104, 143, 183
小石川区 ………………………… 26, 33, 92, 150, 154
小岩町 ……………………………………… 156
郊外住宅地 ………………… 17, 64, 75, 91, 114, 175, 176
郊外生活 ……… 32, 54, 55, 62, 65, 75, 77, 78, 82, 131, 174
郊外鉄道 ………………………… 68, 73, 91, 140
麹町区 ……………………… 23, 25, 33, 92, 150, 167
耕地整理組合 ………………………………… 71, 114
耕地整理事業 ……………………………………… 7, 71
駒沢町 ……………………………………… 156

さ 行

差配 ………………………………… 41, 48, 57, 65, 85
敷金 ……… 58, 60, 61, 73, 74, 78, 79, 84, 92, 96-99, 104, 105, 113, 115, 116, 128, 132, 161, 183
下町 ……………………… 26, 27, 32, 33, 92, 101, 105, 116, 122
下谷区 …………………………… 12, 18, 33, 40, 94, 150
品川（品川町）………………………… 54, 55, 144
芝区 ……………………………… 23, 25, 33, 59, 92, 94, 183
渋谷（渋谷町）……………… 54, 69, 82, 85, 100, 149-151, 167
志村 ………………………………………… 156
借家人運動 …………………………… 102, 125-128, 133
借家人同盟 ………………………… 49, 65, 126, 133
集団バラック ……… 93, 94, 99, 103-106, 108, 109, 135, 136, 138-141, 168-170

素人下宿 ………………… 16, 53, 159-161, 164, 166, 169
新規家賃 ………… 35, 48, 50, 57, 58, 60-62, 72-74, 76-78,
　　　　　81, 83, 84, 92, 101, 102, 104-106, 112-114, 116, 118,
　　　　　148, 168, 173, 174
人口移動 ……………………………… 3, 5, 6, 8, 9, 44
新中間層 ………………………………………… 156
杉並町 …………………………………………… 156
スプロール ……………………………… 7, 8, 62, 77
住み込み …………………………………… 2, 16, 32
関（関一）………………………… 38, 63, 66, 77, 81, 86
世田谷町 ………………………………………… 156
絶対的住宅難 ………… 13-15, 91, 92, 99, 101, 105, 109,
　　　　　112, 114-116, 130, 146, 168, 173, 175

た 行

大東京 ……… 3, 4, 8, 9, 11, 15, 21, 28, 30, 34, 67, 76, 77,
　　　　　86, 132, 152, 156, 171, 173, 175, 176, 183
宅地開発 ………………………………… 6, 7, 84, 132
宅地形成 ……………………………… 5-8, 17, 71, 73
通勤 ……………………………………… 13, 140, 146
月島 …………………………………………… 55, 56, 183
田園都市 ……………………………… 4, 5, 9, 132, 141, 146, 170
東京市社会局 ……… 34, 81, 86, 87, 100, 116-121,
　　　　　129, 130, 132, 133, 153, 171, 183
同潤会アパート …… 7, 149-151, 162, 163, 166, 167,
　　　　　169, 186
都市化 ……… 3-9, 13, 16, 29, 62, 77, 91, 114, 132, 156,
　　　　　159, 173, 180
都市計画 …………… 4, 7-9, 17, 63, 66, 72, 86, 87, 93, 94
都市形成 …… 1-9, 11, 15-17, 30, 38, 62, 68, 70, 77, 84,
　　　　　169, 173, 175, 176
豊多摩郡 ……………………… 85, 100, 138, 144, 156, 157

な 行

内務省 ……… 17, 63, 100, 104, 132, 133, 138, 141, 161
中新井村 ……………………………………… 156
中野（中野町）…………………… 7, 54, 70, 82, 85
西新井村 ……………………………………… 156
西巣鴨町 ………………………………………… 69, 85
西山（西山卯三）……… 13, 14, 18, 30, 33, 62-64,
　　　　　66, 86, 175
日本橋区 ……… 23-25, 46, 80, 94, 97, 100, 122, 154, 167
野方町 …………………………………………… 156

は 行

羽田町 …………………………………………… 156
バラック令 ………………… 93-95, 101, 102, 105
碑衾町 …………………………………………… 156
深川区 ………………………… 122, 138, 140, 150, 168
深川民衆自治会 ……………………………… 128
布施（布施辰治）……… 49, 102, 103, 108, 126
普通住宅 ……………… 100, 137, 138, 139, 141-149, 184
復興土地区画整理事業（復興区画整理）…… 6, 7,
　　　　　91, 111, 154, 155
不動産業 …………………… 10, 11, 13, 17, 18, 64, 176
分散主義 ……………………………………………… 38
俸給生活者（俸給生活者世帯）…… 12, 39, 51-56,
　　　　　114, 126, 128, 136, 151, 158, 160, 183
本建築 ……… 17, 18, 93, 94, 97, 99, 101-103, 105, 106,
　　　　　108-112, 114, 116, 183
本郷区 ………………………………… 33, 40, 92, 167
本所区 ……………………………… 33, 96, 97, 122, 150
本所民衆自治会 ……………………………… 128

ま 行

間借り …………………………… 2, 118, 119, 146, 149
松江町 …………………………………………… 156
三菱財閥 ………………………………………… 47, 65
南足立郡 ……………………………………… 28, 156
南葛飾郡 ……………………… 138, 144, 156, 157
無産政党 ……………………………… 127-129, 131
無秩序 …………………… 4, 7-9, 15, 62, 71-74, 76, 84, 173
目黒（目黒村）…………………… 54, 69, 85, 132
木材 ……………………………… 43, 75, 97, 98, 107, 112
木造アパート …… 16, 77, 135, 152, 155, 159-161, 163-
　　　　　169, 174, 175
森本（森本厚吉）……… 161-163, 168, 169, 172, 175

や 行

家賃値下運動 ………… 16, 109, 126, 128-131,
　　　　　133, 155, 163, 174
山の手 ……… 4, 26, 27, 33, 57, 92, 100, 101, 105, 115,
　　　　　116, 122, 143, 144, 154, 168
四谷区 …………………………………… 23, 34, 76, 92
米松 ……………………………………………… 112, 138

ら 行

量的住宅難 ……… 14, 15, 32, 33, 35, 62, 67, 75-79,

81-84, 173, 175, 176
労働者（労働者世帯）…… 39, 51, 52, 55, 56, 59, 65, 77, 87, 114, 126, 136, 138, 140, 146, 150, 151, 158-160, 183

わ行

和田堀町 ……………………………… 156

図表索引

- 表1-1　用途別建物棟数，延面積（東京市，1916・22年）22
- 表1-2　私有有租地1,000坪あたり用途別建物延面積（東京市，1916・22年）22
- 表1-3　住宅ストックの増減（東京市，1916年末→1922年末）23
- 表1-4　竣工建物棟数，延面積（東京市，1921・22年の合算）24
- 表1-5　世帯数，人口，住宅ストックの推移（東京市，1915年末〜22年末）25
- 表1-6　私有地の建蔽率の推移（東京市，1915年末〜22年末）26
- 表1-7　地域別建蔽率（東京市，1922年末）27
- 表1-8　建物棟数の推移（東京市・周辺5郡，1910〜22年）28
- 表1-9　推計宅地率（東京市・周辺5郡，1921年）29
- 表2-1　震災以前の貸家投資利回りの実例　40
- 表2-2　震災以前の土地・建物売買価格，件数（東京市，1910〜22年，指数：1910年＝100）46
- 表2-3　地代，家賃，物価，賃金指数（東京市，1914年＝100）50
- 表2-4-①　労働者世帯の家計（東京所在工場勤務，1912年3月）52
- 表2-4-②　労働者世帯の家計（東京所在工場勤務，1912年5月）52
- 表2-4-③　俸給生活者世帯の家計（大阪瓦斯株式会社社員，1912年）52
- 表2-5-①　労働者世帯の家計（東京府在住，1916年5月）56
- 表2-5-②　労働者世帯の家計（東京市月島在住，1919年1〜12月）56
- 表2-6　入居時期別家賃水準（東京市・近郊，1922年9月）58
- 表2-7　労働者向け貸家家賃推移の事例（東京市芝区三田豊岡町，1914〜22年）59
- 表3-1　地主組合施行区画整理事業認可件数，面積（周辺5郡，1931年まで）72
- 表3-2　「大東京」の人口の推移（1910・15・20年）76
- 表4-1　人口，世帯数，仮建築戸数（東京市，1923年9月〜24年10月）95
- 表4-2　空家の平均家賃，敷金および造作・権利金（本所原庭署管内，1924年3月末）96
- 表4-3　震災前後の住戸面積および借家費用（東京市，1922・26年）97
- 表5-1　「本建築」新設（棟数・延面積）の推移（東京市・周辺5郡，1922〜31年）110
- 表5-2　建物ストックの推移（東京市・周辺5郡，1920〜30年，指数：1920年＝100）110
- 表5-3　東京市社会局の貸家・貸間無料紹介業の成績（1922〜29年，各年の月平均件数）117

表5-4	地域別空家戸数，貸間貸主・借間世帯数（東京市，1929年11月）	118
表5-5	家賃，地代，賃金指数の推移（東京市，1914～29年，指数：1914年＝100）	120
表5-6	賃貸料階級別の空家戸数，同居世帯数（東京市，1929年11月）	123
表5-7	室数階級別の空家戸数，貸間貸主・借間世帯数（東京市，1929年11月）	124
表5-8	畳数階級別の空家戸数，貸間貸主・借間世帯数（東京市，1929年11月）	124
表5-9	時期別の家賃変動（東京市，1927～30年上期）	129
表6-1	同潤会の貸付・分譲戸数（東京府・神奈川県，1924～38年度）	137
表6-2	同潤会の「仮住宅」団地一覧	139
表6-3	同潤会一般会計による住宅供給事業計画の変遷と竣工戸数（1924～28年度）	142
表6-4	同潤会「普通住宅」団地一覧（東京府内のみ）	144
表6-5	同潤会アパート一覧（東京府のみ）	150
表6-6	住宅状況一覧（東京市，1930年6月，小学生の子供がいる世帯）	153
表6-7	地代別持家世帯数（東京市，1930年6月，小学生の子供がいる世帯）	154
表6-8	近接町村の借地率，借家率（1932年4月）	156
表6-9	地域別平均家賃（東京市［1929年］，近接町村［1932年］）	157
表6-10	家賃階級別の借家戸数（東京市［1929年］，近接町村［1932年］）	158
表6-11	世帯主職業別の家計収支（東京市，1932年9月～33年8月）	159
表6-12	家賃階級別アパート戸数（新東京市，1934年）	166
表6-13	昭和初期の民間RC造アパート（東京市）	167

【著者略歴】

小野　浩（おの・ひろし）

　1979年生まれ
　2007年　立教大学大学院経済学研究科博士後期課程修了，博士（経済学）
　現　在　熊本学園大学経済学部准教授
　主な業績：「1950年代の東京住宅市場――家賃統制一部解除後の貸家供給
　　　　　構造の再構築――」（『熊本学園大学産業経営研究』33号，
　　　　　2014年3月）
　　　　　「1940年代後半の戦災都市における住宅復興――戦後統制下の
　　　　　住空間の創出と分配――」（『社会経済史学』79巻2号，2013
　　　　　年8月）
　　　　　「住宅市場と政策」（老川慶喜・須永徳武・谷ヶ城秀吉・立教
　　　　　大学経済学部編『植民地台湾の経済と社会』日本経済評論社，
　　　　　2011年9月）

住空間の経済史　戦前期東京の都市形成と借家・借間市場

2014年3月15日　第1刷発行　　　　　定価（本体5,400円＋税）

　　　　　　　　　著　者　小　野　　　浩
　　　　　　　　　発行者　栗　原　哲　也
　　　　　　　　　発行所　株式会社　日本経済評論社
　　　　　　　〒101-0051　東京都千代田区神田神保町3-2
　　　　　　　　電話　03-3230-1661　FAX　03-3265-2993
　　　　　　　　　　　info8188@nikkeihyo.co.jp
　　　　　　　　　URL：http://www.nikkeihyo.co.jp

装幀＊渡辺美知子　　　　　　　　印刷＊文昇堂・製本＊誠製本

乱丁・落丁本はお取替えいたします。　　　　　　Printed in Japan
Ⓒ Ono Hiroshi 2014　　　　　　　　　ISBN978-4-8188-2326-6

・本書の複製権・翻訳権・上映権・譲渡権・公衆送信権（送信可能化権を含む）は，㈱
　日本経済評論社が保有します。
・JCOPY〈(社)出版者著作権管理機構　委託出版物〉
　本書の無断複写は著作権法上での例外を除き禁じられています。複写される場合は，
　そのつど事前に，(社)出版者著作権管理機構（電話03-3513-6969，FAX03-3513-6979，
　e-mail: info@jcopy.or.jp）の許諾を得てください。

名武なつ紀著
都市の展開と土地所有
―明治維新から高度成長期までの大阪都心―
A5判　四八〇〇円

資本主義発展の過程で都市の土地所有構造はどのように変容していったのか。明治維新から高度成長期までの大阪都心部を事例に、都市空間を経済史の視角から解明する。

高嶋修一著
都市近郊の耕地整理と地域社会
―東京・世田谷の郊外開発―
A5判　五八〇〇円

二〇世紀前半の東京近郊で行われた土地開発「玉川全円耕地整理」を事例に、地域における人々の経済観念や社会秩序が、事業の進展に伴って変容していく過程を実証的に描く。

鈴木勇一郎・高島修一・松本洋幸編著
近代都市の装置と統治
―1910〜30年代―
A5判　四八〇〇円

市街鉄道、上水道、市場など、様々なインフラや処理施設をはじめ、寺社、公園、墓地などの宗教・娯楽施設から戦前の都市運営や支配の構造を探る。

永山のどか著
ドイツ住宅問題の社会経済史的研究
―福祉国家と非営利住宅建設―
A5判　六〇〇〇円

一九二〇年代に非営利住宅建設がドイツで最も効率的になされたゾーリンゲン市を取り上げ、福祉国家成立と都市社会との関係を描く。

森宜人著
ドイツ近代都市社会経済史
A5判　五六〇〇円

世界の「模範」となったドイツの都市。電力がもたらしたダイナミズムを軸に、都市の近代化の歩みを実証的に解明する。

（価格は税抜）　日本経済評論社